1931
Les étrangers au temps de l'Exposition coloniale

Cet ouvrage est publié à l'occasion de l'exposition
« 1931. Les étrangers au temps de l'Exposition coloniale »
présentée à la Cité nationale de l'histoire de l'immigration,
Paris, du 6 mai au 7 septembre 2008.

1931
Les étrangers au temps de l'Exposition coloniale

Sous la direction de Laure Blévis, Hélène Lafont-Couturier, Nanette Jacomijn Snoep, Claire Zalc

GALLIMARD
CITE NATIONALE DE L'HISTOIRE DE L'IMMIGRATION

Préface

JACQUES TOUBON

Au printemps 2008 s'ouvre la première exposition temporaire conçue et produite par la Cité nationale de l'histoire de l'immigration : « 1931. Les étrangers au temps de l'Exposition coloniale », un sujet qui s'est imposé il y a trois ans déjà, avec l'accord du conseil scientifique qui se réunissait à l'époque de la préfiguration de la Cité.

Pourquoi ce choix ? D'abord, parce que ce sujet est l'une des déclinaisons temporelles de « Repères », l'exposition permanente du musée national de l'Histoire et des Cultures de l'immigration, qui offre à tous les publics une synthèse de l'histoire de l'immigration et de sa place dans la construction de la France au cours des deux derniers siècles.

Ensuite, parce que la Cité est installée dans le palais de la Porte Dorée, précisément construit pour accueillir l'Exposition coloniale internationale de 1931.

Enfin, parce que ce sujet permet d'éclairer les relations entre l'histoire des colonisés et l'histoire des étrangers et des immigrés en France à une époque charnière. En effet, alors que l'Exposition coloniale internationale donne l'image d'une France impériale à l'apogée de sa puissance, les craquements de l'Empire donnent les premiers signaux d'une décolonisation à venir. La période d'ouverture à l'immigration inaugurée à la fin du XIXe siècle se termine alors que la France est considérée comme le premier pays d'immigration avec près de 3 millions d'étrangers. Les prémices de la politique de fermeture et d'exclusion qui culminera dans les lois racistes et les dénaturalisations de Vichy apparaissent.

Nous avons confié le commissariat général de cette exposition à Jacques Hainard, directeur du musée d'Ethnographie de Genève, parce que nous souhaitons que, conformément à son expérience et à sa renommée, il exploite toutes les ressources de l'illustration, de l'interpellation, voire du décalage, à partir des données historiques.

Le musée présentera deux grandes expositions par an qui seront l'occasion de faire le point sur un aspect particulier de l'histoire de l'immigration en associant la recherche et en développant ses collections. Au fil du temps, ces manifestations, comme toutes les activités proposées par la Cité, mettront en valeur tous les aspects de l'histoire de l'immigration, en s'appuyant sur un centre de ressources, en proposant des activités pédagogiques, une programmation culturelle et artistique, un programme de recherche, et en utilisant, pour réaliser l'essentiel de ses missions, la formule du partenariat, en particulier avec les membres de son réseau.

Nous espérons que cette exposition instruira ses visiteurs sur une période cruciale de son histoire, et sur les hommes qui l'ont faite. Ou subie.

Nous avons aussi l'ambition d'en faire le premier maillon de la présentation des grandes périodes de l'immigration en France, afin d'en montrer la permanence, le caractère naturel et les aspects contradictoires, auxquels le temps long de l'histoire donne leur exacte portée.

Avant-propos

JACQUES HAINARD ET OLIVIER SCHINZ

Le musée d'Ethnographie de Genève (MEG) est heureux de collaborer avec la Cité nationale d'histoire de l'immigration (CNHI) à l'occasion de la production de sa première exposition temporaire. Avec « 1931. Les étrangers au temps de l'Exposition coloniale », la CNHI se donne les moyens de visiter une histoire mal connue et pourtant fondamentale, celle de la présence étrangère en France en 1931.

Convié par la CNHI à rejoindre l'aventure de cette exposition, le MEG est persuadé de la complémentarité des perspectives ethnologiques et historiques. Depuis la création même de la discipline, l'histoire est partie prenante de la réflexion anthropologique, tant il est évident que la profondeur chronologique est indispensable à la compréhension des événements contemporains. Mais il est peut-être moins évident de saisir en quoi le MEG – et l'anthropologie plus généralement – peut avoir son mot à dire sur des événements habituellement laissés aux mains des historiens. C'est que, pour l'exposition qui nous concerne, il s'agit de rapports entre un « nous » et un « autre ». C'est qu'il s'agit de comprendre des relations à l'altérité, et la construction d'une identité qui se trame autour de ces relations. En un mot, il s'agit d'un terrain ethnographique très classique, mais pour lequel la distanciation ne s'obtient pas par un déplacement géographique ou culturel, comme à l'habitude, mais historique et temporel.

1. Couverture du magazine Lectures pour tous, *octobre 1931. Illustration de Georges Dutriac.*

Et pourquoi donc s'intéresser à 1931 précisément ? Le prétexte est, bien évidemment, lié à l'organisation de l'Exposition coloniale internationale à Paris, et à la création du « musée permanent des Colonies » à la Porte Dorée. Celui-ci, par les vicissitudes de l'histoire, sera transformé en « musée de la France d'outre-mer » (1935), « musée des Arts africains et océaniens » (1960), « musée national des Arts d'Afrique et d'Océanie » (1990), pour finalement devenir la CNHI, suite au rapatriement des collections au sein du musée du Quai-Branly.

1931 est ainsi l'année durant laquelle l'Empire a décidé de faire le point sur son histoire récente, de se présenter et se représenter au monde. L'année qui marque, le temps d'une immense fête populaire, un « arrêt sur image » censé dire le passé en glorifiant la mission colonisatrice de la France, tout en imaginant l'avenir par la préparation d'une nouvelle génération aux différents métiers des colonies. L'époque est celle des technologies de communication qui, par la T. S. F. ou l'avènement de l'aviation commerciale, permettent à l'Empire d'affirmer sa mission civilisatrice et pacificatrice universelle.

Pourtant, tandis que les yeux du monde entier sont rivés sur cet immense théâtre, un ensemble de mouvements non moins importants d'événements quotidiens qui mettent en jeu des étrangers – coloniaux, réfugiés, travailleurs de différents pays, résistants politiques cherchant à exercer leurs activités en France – se déroule dans l'ombre de l'Exposition coloniale, et s'inscrivent dans un temps historique bien plus large que celui de la simple « récréation » organisée dans les jardins de Vincennes.

Nous avons ainsi décidé de poser notre regard là où nous n'étions pas attendus : dans les coulisses de l'Exposition coloniale. Notre position est claire : il n'est pas question de

2-3. *Le chantier de l'Exposition coloniale internationale, 20 août 1930.*

revenir sur une Exposition coloniale déjà largement étudiée, mais bien de mettre au jour une vie quotidienne métropolitaine au sein de laquelle étrangers et coloniaux, peu à peu, deviennent des enjeux de la politique intérieure française.

Différents mouvements se croisent et s'entrechoquent. La crise économique mondiale de 1929 fait sentir ses effets en France dès 1931. Les premières personnes à pâtir de la récession sont les immigrés, licenciés par leurs patrons puis renvoyés chez eux par les bons soins de l'État. Celui-ci fait preuve d'une obsession croissante pour comprendre et contrôler, à l'aide de nombreux formulaires, directives, circulaires, l'ensemble des individus étrangers présents sur le territoire national. La colonisation produit un effet sur la politique intérieure, avec l'arrivée de coloniaux désirant faire leur vie en métropole. L'État ne sait où classer ces étrangers qui ne le sont pas tout à fait et qu'il refuse de faire rentrer dans la catégorie des citoyens. L'ensemble de ces changements vont de paire avec l'intégration des immigrés dans les différents mouvements politiques de lutte ouvrière, communiste et syndicale ainsi qu'avec le goût, qui va grandissant chez les Français, pour la délectation d'une altérité cliché telle qu'elle est présentée, notamment, à l'Exposition coloniale. Il s'agit donc d'un ensemble de mouvements d'attraction et de répulsion envers les personnes étrangères qui se font sentir au sein de la société et de l'État français.

Comment, à l'aide de quels objets montrer et exposer ces histoires ? Dès le début de la préparation de l'exposition, les commissaires se sont trouvés confrontés à un problème récurrent : si l'Exposition coloniale a produit un ensemble de restes non négligeables, et qu'il est donc aisé de rappeler cet événement, la présence étrangère en France est très largement de l'ordre de l'invisible.

Espérons que le fruit de la collaboration entre le MEG et la CNHI puisse contribuer à une meilleure connaissance et compréhension de la présence des étrangers au temps de l'Exposition coloniale.

Sommaire

3/Mobilisations

4/L'oppression des papiers

5/Les uns et les autres

6/L'étrange étranger

7/Et après ?

Annexes

Introduction

CLAIRE ZALC, NANETTE JACOMIJN SNOEP, HÉLÈNE LAFONT-COUTURIER, LAURE BLÉVIS

COMMENT ON MONTE UNE EXPOSITION

Par E.-H. WEISS

4. Comment on monte une exposition *par E.H. Weiss pour le magazine* Vu, *n° 168, 3 juin 1931.*

L'histoire de cette exposition prend pour point de départ le lieu où est installée la Cité nationale de l'histoire de l'immigration (CNHI) : le palais de la Porte Dorée, construit pour l'Exposition coloniale internationale de 1931. La façade sculptée, les fresques des salons et de la salle des fêtes, tout rappelle la destination première du lieu, ce qui n'est pas sans poser problème. Aussi, l'organisation d'une exposition sur « les étrangers en France au temps de l'Exposition coloniale », à la demande de la CNHI, relevait-elle d'un pari, qui nous a semblé, au premier abord, semé d'embûches.

Évoquer la situation des étrangers en France au temps de l'Exposition coloniale n'a, en effet, rien d'évident. Quel rapport peut-il y avoir entre, d'une part, une célébration colonialiste qui prend la forme d'un immense spectacle populaire, mettant en scène la glorification de l'Empire et la soi-disant mission civilisatrice de la France et, de l'autre, la présence, dans l'ombre, d'une population étrangère cachée au fond des puits de mines, dans les usines, arrivant souvent dans le plus grand silence en France ? Est-il, dès lors, possible de tisser un lien entre ces deux phénomènes historiques ? Surtout, évoquer l'immigration au début des années 1930 par le biais de l'Exposition coloniale apparaît éminemment problématique : très vite, le débat peut se porter sur l'assimilation de l'histoire de l'immigration à un sous-ensemble de l'histoire de la colonisation alors que les images de l'immigration sont aujourd'hui fortement influencées par un certain paternalisme né durant la colonisation et les collusions si fréquentes, dans les discours et les représentations, entre « immigrés » et « originaires des colonies ». Les stigmatisations héritées de la période coloniale et post coloniale sont loin d'avoir disparu de l'inconscient collectif français.

Précisément, l'enjeu est ici de battre en brèche ces stéréotypes en questionnant les relations entre immigration et colonisation en France métropolitaine au début de la décennie 1930. À cette fin, nous avons choisi une approche résolument pluridisciplinaire, reflétée par la composition de l'équipe des commissaires-associées : Laure Blévis, sociologue, spécialiste de l'histoire de la colonisation, Claire Zalc, historienne de l'immigration, Hélène Lafont-Couturier, directrice du musée de la CNHI et historienne d'art, et Nanette Jacomijn Snoep, anthropologue et responsable des collections Histoire au musée du Quai-Branly où sont conservés la plupart des « restes » de l'Exposition coloniale, chacune face à la difficulté d'associer deux thèmes historiques qui, jusqu'à présent, n'avaient jamais été envisagés ensemble.

Le 7 mai 1931, à la une du *Journal d'Excelsior* figurent deux titres : en premier lieu « L'inauguration par Doumergue et Lyautey », annonce d'article illustrée par

5. *L'Avenue des Colonies à l'Exposition coloniale internationale, printemps 1931.*

deux photographies qui représentent la splendeur de la salle des fêtes où se tient le banquet d'inauguration et la façade sculptée du palais. En caractères plus petits, on peut lire aussi : « Ensevelis six jours durant, six mineurs belges sont sauvés », titre accompagné de deux photographies figurant le désarroi et la misère d'un groupe de mineurs. Sur la même page se superposent deux faits d'actualité, mais alors que le premier fait aujourd'hui partie de la mémoire collective, le deuxième peine à sortir de l'oubli.

Rapidement, le parti pris a été adopté de se centrer sur un moment : 1931. Pourquoi 1931 ? Parce qu'à cette date se cristallisent d'une certaine manière les liens entre immigration et colonisation. Le 6 mai de cette année-là, l'Exposition coloniale internationale, édifiée sur 110 hectares du bois de Vincennes, est inaugurée par le président de la République Gaston Doumergue et le maréchal Lyautey. Le succès est au rendez-vous : on enregistre en six mois 33 millions de billets vendus, soit près de 8 millions de visiteurs – certains revenant plusieurs fois.

À l'heure de l'Exposition coloniale, la France s'impose comme l'un des principaux pays d'immigration au monde : le recensement de la population, effectué en 1931, comptabilise 2 890 000 étrangers résidant sur le territoire métropolitain, soit près de 7 % de la population[1]. L'immigration dans les années 1930 est avant tout européenne (italienne, belge, espagnole, polonaise), mais une première immigration coloniale venant d'Afrique du Nord, d'Asie et, dans une moindre mesure, d'Afrique subsaharienne commence également à s'établir en métropole, même si elle ne représente qu'une faible partie de l'immigration totale (moins de 150 000 individus, et presque exclusivement des hommes).

1931 est une année charnière. La situation qu'on y observe porte les traces de l'avant : la Première Guerre mondiale, tout d'abord, au cours de laquelle s'impose la nécessité de faire appel, massivement, à la main d'œuvre étrangère, coloniale

Notes

1. Statistique générale de la France, *Résultats statistiques des recensements généraux de la population française de 1931*, vol. « Étrangers et naturalisés, Division de la statistique générale », Paris, Imprimerie nationale.

6. Le Tour du monde en 80 minutes. Les aventures drôlatiques de Marius à l'Exposition coloniale. *Illustrations de Marius Rossillon, dit O'Galop (1867-1946), pour son ouvrage publié en 1931 aux éditions Albin Michel.*

en particulier, pour remplir les usines, vidées par la mobilisation générale. L'immigration change d'échelle tout en se modifiant. Outre les soldats réquisitionnés par milliers, dans les colonies, par la puissance métropolitaine formant des troupes algériennes, marocaines, tunisiennes,« sénégalaises » (les fameux « tirailleurs sénégalais » sont en réalité originaires de toute l'Afrique noire) ou encore indochinoises et malgaches[2], les immigrants qui arrivent en France entre 1914 et 1918 sont, pour un grand nombre, recrutés comme travailleurs afin de remédier aux déficiences de l'appareil productif. Pendant la durée des hostilités, près d'un million de travailleurs étrangers entrent sur le territoire français ainsi que 220 000 travailleurs coloniaux et indochinois[3]. La main-d'œuvre recrutée dans les colonies, les protectorats et les pays étrangers est notamment dirigée vers certains secteurs d'emploi spécifiques de la grande industrie. L'impulsion donnée par l'État s'accélère dans les années 1920, pendant lesquelles les efforts du patronat se joignent à ceux des pouvoirs publics pour la mise en place d'une politique de recours généralisé à des travailleurs étrangers. En outre, les bouleversements géopolitiques européens provoquent l'accélération des transferts de population et des mouvements de réfugiés. La population étrangère augmente alors de manière très rapide, du fait notamment de la fermeture des frontières américaines, pour doubler quasiment entre 1921 et 1931[4].

1931, produit du passé certes, mais année annonciatrice aussi des tourments et bouleversements à venir. La crise économique de 1929, qui touche durablement et en profondeur l'ensemble des sociétés occidentales, frappe alors la France de plein fouet : l'indice de production industrielle accuse une chute brutale, importations et exportations décroissent fortement et la société française découvre avec inquiétude la montée du chômage. Le contexte favorise la montée des contestations. Alors que l'Exposition coloniale internationale tente de promouvoir l'image d'une France impériale à l'apogée de sa puissance, le pays est traversé par de nombreuses tensions : xénophobie, antisémitisme, racisme, mises en cause du droit d'asile, expulsions, mais également prémices d'une contestation de l'ordre colonial. Les craquements de l'Empire donnent les premiers signes d'une décolonisation en marche qui prend appui, pour une part, sur les immigrants présents en France : l'Étoile nord-africaine est fondée en France en 1926 par un groupe de travailleurs algériens, le Comité de défense de la race nègre est créé par Lamine Senghor la même année, encore à Paris. En 1931, Léopold Sedar Senghor est étudiant en khâgne au lycée Louis-le-Grand. Confronter la question des étrangers à celle des « sujets » de l'Empire français permet de souligner leurs différences (par exemple en matière de statut administratif et juridique) et leur communauté de situation, en particulier dans le regard qui leur est porté par la société française et les pouvoirs publics.

2. R. Schor, *Histoire de l'immigration en France de la fin du XIXe siècle à nos jours*, Paris, Armand Colin, 1996, p. 37.
3. A. Girard et J. Stoeztel, *Français et immigrés*, t. 1. *L'attitude française. L'adaptation des Italiens et des Polonais*, Paris, Travaux et Documents de l'INED, Cahier n° 19, PUF, 1953, p. 10.
4. P. Weil, « Races at the Gate. Racial Distinctions in Immigration Policy. A Comparison between France and the United States », dans A. Fahrmeir, O. Faron, P. Weil (dir.), *Migration Control in North Atlantic World*, New York-Oxford, Berghahn Books, 2001, p. 271 et suiv.
5. Archives de la Préfecture de police de Paris, registres des mains courantes du commissariat de police de Bel Air, février-septembre 1931, C/B45 art. 14 et 15.

Surtout, le parti pris de se centrer sur cette date correspond au désir d'aborder les relations entre immigration et colonisation dans leur quotidienneté. Nous souhaitons immiscer le visiteur, et le lecteur, dans l'air du temps, afin de rendre palpables les ambiguïtés et les complexités de la période, et ce en évitant tout anachronisme. Établir un tableau précis des statuts respectifs des uns et des autres – étrangers, coloniaux des différents pays, réfugiés bénéficiant du passeport Nansen... –, rappeler les conséquences de la crise, restituer autant que possible la vie de tous les jours de ces immigrants, dans les quartiers des grandes villes, les cités minières ou les campagnes françaises, rendre compte des différences locales, bref, rentrer dans les détails de l'histoire permet de mettre en lumière les contradictions de la période.

7. *Exposition coloniale internationale*, Le Tour du monde en un jour, *Victor Jean Desmeures, 1931 . Lithographie.*

Si on lève ainsi le rideau du spectacle de l'Exposition coloniale, on y découvre un chantier comme beaucoup d'autres, qui bruisse de mille langues. En janvier 1931, ils sont près de 2 500 ouvriers à travailler à l'édification des différents pavillons dans le bois de Vincennes, de toutes nationalités : Italiens, Allemands, Luxembourgeois, Polonais, Serbes, Tchèques, mais aussi « sujets » de l'Empire français. L'ombre du chômage plane : plusieurs étrangers sont interpellés « rôdant dans les chantiers de l'Exposition » ; ils déclarent qu'ils y cherchent du travail. La xénophobie s'invite : le 21 avril 1931, un maçon italien est arrêté par la police : un terrassier français l'a appelé « macaroni » et « il a riposté par un coup de poing à la figure ». Des tracts sont distribués par des Belges, des Allemands, des Italiens mais aussi des « Annamites ». Dans la nuit du 20 au 21 février 1931, le drapeau tricolore qui flottait sur la tour du pavillon de l'AEF est remplacé par un drapeau rouge[5] (ill. 9, p. 16).

Mais il n'est pas aisé de décrire l'envers du décor. Nous avons été rapidement confrontées à la difficulté d'articuler la dimension spectaculaire de l'Exposition coloniale, sa démesure, monumentales constructions éphémères, spectacles d'eau et de lumières, défilés, dioramas... et la quotidienneté, ou encore la banalité de la présence sourde bien que massive des immigrants en France, dont les traces sont tout d'abord de nature administrative (papiers d'identité, dossiers de surveillance, statistiques...). En effet, cette exposition permet de découvrir – voire de redécouvrir – un ensemble d'œuvres qui n'a plus été montré au public depuis l'Exposition coloniale internationale de 1931. Plus de 40 d'entre elles proviennent du musée du Quai-Branly, dont de nombreuses peintures et sculptures restées dans les réserves depuis près de cinquante ans, voire jamais montrées au public depuis le démontage de 1932. À cette fin, une importante campagne de restauration de toiles peintes a été menée, et leur présentation constitue en soi un véritable événement.

Mais peut-on faire co-exister, dans un même espace, ces œuvres et les « objets-témoins » des immigrants (documents tapuscrits, photographies d'identité, journaux) sans avoir forcément recours aux œuvres d'artistes étrangers de l'avant garde ?

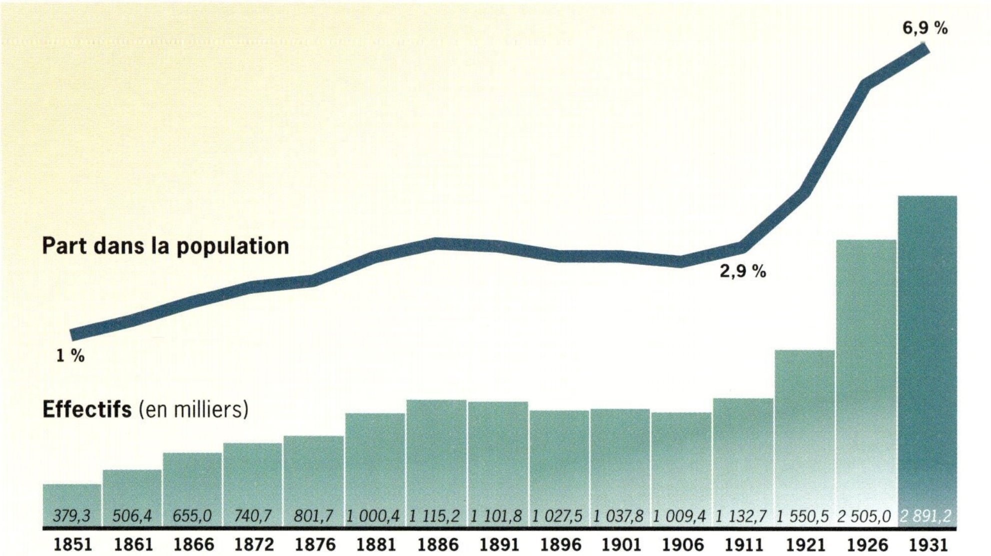

8. *L'évolution de la part des étrangers dans la population métropolitaine entre 1851 et 1931. Elle est croissante sur toute la période, mais on note une nette accélération à compter du début des années 1920 qui aboutit au « pic » de 1931. Source : Recensement général de la population, 8 mars 1931.*

Comment traduire l'invisibilité relative de l'étranger, lui donner une matérialité face au décor fastueux de l'Exposition coloniale pour laquelle les éléments qui subsistent sont non seulement nombreux mais ont une telle présence qu'ils sont susceptibles d'occulter des documents d'archives parfois poussiéreux, souvent disparates et pourtant essentiels à notre propos ? Comment faire une place à la sécheresse des rapports administratifs, à la répétitivité des listes nominatives de recensement, aux dossiers individuels, papiers d'identité et circulaires glanés dans les nombreux centres d'archives municipales et départementales visités ? L'un des principaux enjeux de cette manifestation a été de veiller à leur lisibilité et à leur lecture. L'accumulation des papiers traduit aussi une expérience tangible, parfois traumatique, et rend compte, pour une part, du vécu des immigrants en France. En outre, une partie des documents présentés provient d'archives privées, objets et papiers de famille[6] ; ils témoignent de moments, de bribes d'itinéraires singuliers qui permettent d'aborder, par le biais de l'histoire individuelle, une partie de l'histoire collective.

Le recours à la photographie, art dans lequel excellent de nombreux artistes étrangers présents en France dans l'entre-deux-guerres, s'est également imposé.

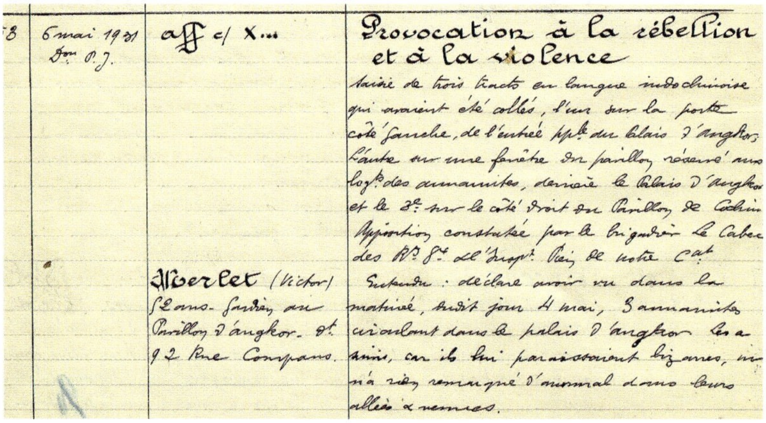

9. *Registre de mains courantes du commissariat de Bel-Air (Paris XIIe) consacré à l'Exposition coloniale. Les nombreux faits divers et incidents qui y sont relatés mettent souvent en scène des étrangers : ouvriers employés sur le chantier, visiteurs mais également participants à l'Exposition. Les affaires les plus courantes concernent les vols et les ventes de faux tickets d'entrée. Mais d'autres sont plus étonnantes.*

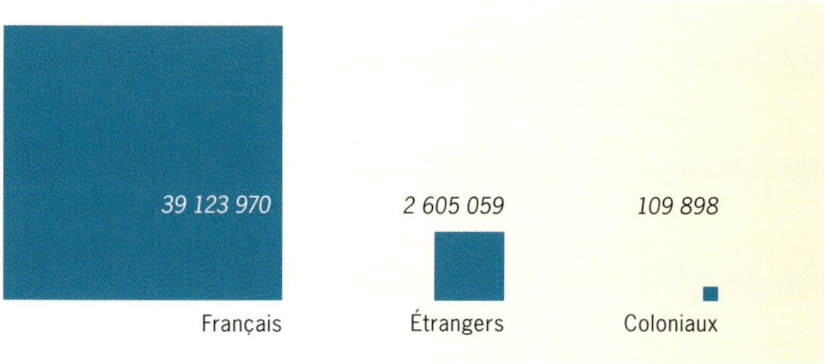

10. La population recensée en France métropolitaine en 1931. L'immigration en France devient un phénomène de masse : 7% de la population. Elle est alors très majoritairement composée d'étrangers, surtout européens, mais commence aussi une première immigration venue des colonies. Source : Recensement général de la population, 8 mars 1931.

Pourtant, un grand nombre de clichés taisent leur sujet : légendes souvent absentes, trop succinctes ou difficiles à vérifier. Nous nous sommes attachées à ne pas détourner leur signification originale lorsque ces dernières avaient une destination autre que purement esthétique.

C'est enfin l'une des particularités de cette exposition : la grande majorité des objets et des archives qui y sont présentés sont en quelque sorte des « inédits », exhumés des réserves du musée du Quai-Branly, de cartons d'archives peu ou prou dépouillés, dénichés dans les caves et les greniers. Leur présentation contribuera, nous l'espérons, à susciter intérêt et travaux autour de la question, encore si mal connue, des rapports entre immigration et colonisation[7].

Au terme du voyage dans l'année 1931, un certain nombre de silences demeurent. Si l'image du colonisé est particulièrement présente dans notre imaginaire collectif, souvent réduite d'ailleurs à quelques caricatures, les traces du vécu des immigrants coloniaux en France, hors du regard des « autres », sont rares. Oubliés des premiers temps de l'histoire de l'immigration, préoccupée de décrire la construction de la frontière entre le national et l'étranger, particuliers dans leur relation à la France[8], connue dès le pays d'origine comme puissance dominatrice, et parfois combattue pour ces mêmes raisons, les immigrants originaires des colonies présents en France dès l'entre-deux-guerres attendent encore de voir leur histoire s'écrire.

6. Nous remercions vivement ici toutes les personnes qui ont généreusement et amicalement accepté de nous ouvrir et de prêter ces archives privées.
7. Voir les actes du colloque international sous la direction de N.L. Green, « Histoire et immigration : la question coloniale », 28, 29 et 30 septembre 2006, BNF-CNHI, à paraître à la Documentation française, ou encore « La colonie rapatriée », numéro spécial de la revue *Politix*, n° 76, 2006.
8. J. Costa-Lascoux et É. Temime (dir.), *Les Algériens en France. Genèse et devenir d'une migration*, Paris, Publisud, 1985 ; G. Massard-Guilbaud, *Des Algériens à Lyon, de la Grande Guerre au Front populaire*, Paris, L'Harmattan, 1995.

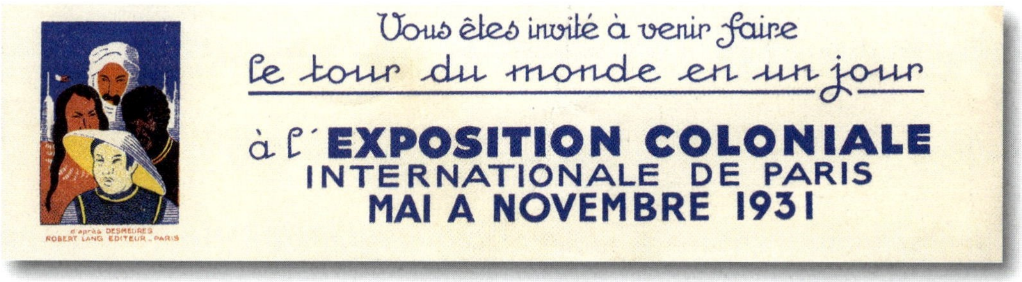

11. Marque-page publicitaire. Ce marque-page était glissé dans l'édition du Dictionnaire Larousse *de 1931.*

1/ L'envers du décor

Du 6 mai au 15 novembre 1931, des millions de visiteurs se rendent à l'Exposition coloniale de Vincennes et découvrent la « plus grande France ». Cette même année, le recensement de la population comptabilise 2 890 000 étrangers. Si l'immigration est avant tout européenne, une première immigration coloniale venant d'Afrique du Nord mais aussi d'Asie commence à s'établir en métropole. Tous les secteurs d'activité, y compris celui du chantier de l'Exposition, emploient de nombreux étrangers.

11. Tirailleurs sénégalais devant le palais d'Angkor Vat, 1931.

L'Exposition coloniale internationale de 1931

MICHEL PIERRE

Dans son *Dictionnaire des idées reçues*, au mot « Colonies (Nos) », Gustave Flaubert écrit : « s'attrister quand on en parle ». C'était le temps des expéditions lointaines et coûteuses, des aventures d'outre-mer considérées comme inutiles et mangeuses d'énergie, on s'interrogeait même alors sur l'intérêt de la possession de l'Algérie. Un état d'esprit qui a perduré pendant des décennies, au point de scandaliser ceux qui œuvrent pour la gloire de la France outre-mer, tel l'explorateur Francis Garnier au retour d'une épopée qui l'a conduit jusqu'aux sources du Mékong et qui déplore en 1873 l'indifférence de ses compatriotes : « Quand on revient en France après de longues années de séjour en pays lointain, pendant lesquelles on s'est trouvé plus ou moins directement mêlé à toutes les luttes, à toutes les entreprises, à tous les efforts tentés en vue du Pavillon ou de l'intérêt du pays, on reste singulièrement impressionné de la profonde indifférence de l'opinion pour tout ce qui se rattache à ce côté de la grandeur nationale. Il semble qu'il n'y ait aucun lien apparent entre ces intérêts lointains que l'on vient de défendre et cette puissante métropole qui, repliée sur elle-même, paraît ne pas songer à chercher au-dehors un aliment à l'activité inquiète qui la dévore. »

Il faut tous les efforts de la IIIe République pour convaincre peu à peu les Français de l'intérêt politique, économique, social et militaire de conquêtes lointaines censées s'opposer aux ambitions des autres puissances européennes, favoriser la croissance de l'économie française par de nouveaux débouchés et de nouvelles matières premières et exalter le sentiment d'apporter culture et développement à des peuples démunis. Tout cela avec l'aval bienveillant des penseurs du nouveau régime, tel Ernest Renan écrivant dans *La Réforme intellectuelle et morale* en 1871 : « La conquête d'un pays de race inférieure par une race supérieure qui s'y établit pour la gouverner n'a rien de choquant. Autant les conquêtes entre races égales doivent être blâmées, autant la régénération des races inférieures ou abâtardies par les races supérieures est dans l'ordre providentiel de l'humanité. »

Signe d'un temps de conquête qui vise l'implantation en Afrique noire, organise le contrôle du Maghreb et investit l'Indochine, la gestion des colonies devient celle d'un ministère de plein exercice en 1894, alors que celles-ci ne relevaient jusqu'alors que d'une direction du ministère de la Marine. Afin d'enraciner dans les esprits ces nouvelles ambitions françaises, l'école, la presse, l'édition et les sociétés savantes relayent peu à peu un message colonial que l'on s'attache aussi à mettre en scène.

Lors de l'Exposition universelle de 1889, une cité exotique s'édifie sur le Champ-de-Mars avec un pavillon célébrant quatorze colonies et protectorats. Onze ans plus tard, sur l'esplanade du Trocadéro, la section coloniale devient un vaste quartier exotique, où sont également présents des invités étrangers tels la Grande-Bretagne, le Danemark, les Pays-Bas, la Russie et les États-Unis. Dès lors, les constructions éphémères célébrant les horizons lointains sous pavillon français deviennent de règle et l'on songe de plus en plus

13. Ticket d'entrée de l'Exposition coloniale.

14. Le musée permanent des Colonies.

à organiser des manifestations spécifiques ayant l'Empire colonial comme unique objet.

Le projet prend corps à Marseille qui, par son rôle portuaire, ses compagnies maritimes et ses industries de transformation, se veut la capitale coloniale de la France.

De Marseille à Paris

En 1906, sans que le pouvoir central y porte grande attention, Marseille organise une exposition importante qui séduit le public et les milieux d'affaires au point de susciter la création d'un « Comité national des expositions coloniales en France, aux colonies et à l'étranger ». L'idée est d'organiser, toujours à Marseille, une exposition tous les dix ans.

Le rendez-vous de 1916 est reporté, du fait de la guerre, mais en 1922 se dressent, de nouveau, dans les jardins du Prado, un grand palais des colonies et des pavillons emblématiques des possessions françaises. Une restitution du corps central du temple d'Angkor Vat célèbre l'Indochine et l'Afrique occidentale française est magnifiée par un bâtiment évoquant la mosquée de Djenné (Mali). Fêtes, spectacles, corsos fleuris et congrès scientifiques accompagnent cette manifestation, que ne boude plus la presse parisienne et qu'honorent cette fois de leur visite le président de la République et plusieurs ministres.

Malgré le souhait de la cité phocéenne de conserver une forme de spécificité dans l'organisation récurrente d'expositions coloniales, Paris revendique le soin de préparer le prochain rendez-vous et de lui donner une ampleur internationale, à l'égal de la Grande-Bretagne qui, en 1924, a célébré l'Empire britannique à Wembley. Une loi est votée en ce sens le 7 mars 1920, le maréchal Lyautey est nommé commissaire général en 1927 et le site choisi est celui de la Porte Dorée et du bois de Vincennes. La date est fixée à 1931, l'année 1930 étant réservée à la célébration du centenaire de l'Algérie française, et on ne saurait froisser l'allié belge qui a également prévu, cette même année 1930, de grandioses manifestations à Liège et à Anvers.

Lyautey, maître d'œuvre

Nul n'apparaît mieux placé pour diriger ce grand dessein que celui qui a construit sa carrière en Algérie, en Indochine, à Madagascar et au Maroc. Il y voit « une grande leçon d'action réalisatrice » et l'ouverture d'« autres champs d'action que les champs de bataille ». Farouchement anticommuniste, il souhaite aussi faire œuvre de propagande : « L'est de Paris, n'est-ce pas une région dont on dit qu'elle est assez gagnée au communisme ? Il est intéressant d'aller planter nos pousses coloniales au milieu de ce monde populaire, dont les neuf dixièmes ne sont ce qu'ils sont que parce qu'on n'a jamais parlé avec eux [...]. Je me réjouis pour ma part de voir cette population et de causer avec elle. Je suis convaincue que l'Exposition peut être un grand facteur de paix sociale dans cette région de Paris. »

Lyautey s'entoure d'hommes qu'il connaît bien, dont certains de ses anciens collaborateurs au Maroc. Il rêve d'urbanisme, de façonner des quartiers, comme il l'a fait à Rabat et à Casablanca. La ligne 8 du métro est prolongée, les boulevards Soult et Poniatowski agrandis, ainsi que l'avenue Daumesnil et le boulevard Carnot. La Porte Dorée, qui doit être l'entrée principale de l'Exposition, devient une esplanade de 90 mètres de largeur. Huit kilomètres d'allées nouvelles sont tracés dans

15. Vue générale de la Cité internationale des informations. Plaque stéréoscopique.

16. Des lampadaires « chenilles » devant le pavillon principal de l'Italie (restitution de la basilique de Septime Sévère à Leptis Magna, en Tripolitaine). Plaque stéréoscopique.

le bois de Vincennes et de nouveaux ponts construits pour rejoindre les îles de Bercy et de Reuilly, destinées à être le cœur de la manifestation qui se prépare. Mais Lyautey ne réalisera pas le rêve haussmannien qui le taraude ni ne parviendra à édifier une « maison des Colonies » pérenne à proximité du « musée des Colonies », qu'il est prévu de construire à l'instar de ceux de Londres et de Tervueren en Belgique.

Il s'agit aussi pour le commissaire général, fort de son prestige international, de faire de Vincennes un rendez-vous à l'échelle de la planète. Bien évidemment, les nations vaincues et dépecées de leurs possessions extérieures, comme l'Allemagne et l'Empire ottoman, ne sont pas conviées. Seuls les Alliés sont invités. L'Italie donne son accord avec d'autant plus d'enthousiasme que Mussolini aime à se présenter comme l'héritier de l'Empire romain, modèle historique de la colonisation porteuse de civilisation. La Belgique, les Pays-Bas, le Portugal et le Danemark annoncent aussi leur présence. Les États-Unis, nation formée d'anciennes colonies anglaises, goûtent peu la notion de colonisation et, ne se considérant pas eux-mêmes comme une puissance coloniale, lient leur participation à une modification de l'intitulé de la manifestation, qui prend le nom officiel, certes, d'« Exposition coloniale internationale », mais on ajoute : « et des pays d'outre-mer ». Les apparences étant sauves, les États-Unis évitent également une symbolique de possession territoriale et choisissent comme pavillon un hommage à l'allié français en présentant une reconstruction de la demeure de George Washington à Mount Vernon, là même où il reçut La Fayette…

Le Japon et l'Espagne déclinent l'invitation. Le Japon, parce que l'« ère de prospérité asiatique » qu'il veut édifier ne saurait être confondue avec des conquêtes coloniales, et l'Espagne, parce qu'en 1931, elle n'aurait eu à montrer que les vestiges d'une gloire coloniale disparue. Le grand absent est l'Empire britannique. Malgré toutes les tentatives et l'engagement personnel de Lyautey, en dépit du vaste espace proposé à Vincennes, la Grande-Bretagne reste sourde aux demandes de son allié.
Le gouvernement britannique argue des coûts de l'exposition de Wembley, qu'il considère comme non amortis, et d'engagements déjà pris, à Anvers et à Sydney. En fait, à l'heure des négociations devant mener à la création du Commonwealth, il lui paraît peu opportun de participer à une manifestation qui ne lui semble plus d'actualité.

Le montage financier des travaux à entreprendre s'appuie sur des subventions directes de l'État (80 millions de francs) et de la Ville de Paris (15 millions), avec le soutien de la presse et de fonds venant du public, de droits payés par les concessionnaires des restaurants, buvettes, kiosques à souvenirs, de la revente des matériaux après démolition des pavillons et aussi de la billetterie. Au final, l'Exposition laissera un solde bénéficiaire de 33 millions de francs sur un budget de près de 320 millions de francs.

Sur un espace de 110 hectares, le plan d'ensemble et la répartition des pavillons doivent tenir compte des frondaisons du bois, du lac Daumesnil, des clairières. Il faut ménager des perspectives, tracer un axe majeur, organiser une route de ceinture et édifier un petit chemin de fer pour les visiteurs à l'intérieur du mur d'enceinte. Joseph-Albert Tournaire (1862-1958), grand prix de Rome 1888, qui a précédemment œuvré pour les expositions coloniales de Bordeaux en 1895 et 1907 en tant qu'architecte en chef du département de la Seine, supervise l'ensemble des constructions, chacune étant confiée à un

17. L'une des entrées de la « tour de bronze » surmontée d'un bouclier d'airain et dédiée aux Forces d'outre-mer, « sanctuaire de l'honneur militaire ». Plaque stéréoscopique.

18. Visiteuses dans l'une des cours intérieures du temple d'Angkor Vat. Plaque stéréoscopique.

architecte différent. Comme à Marseille en 1922, il est décidé, pour la partie française, d'édifier – mais en plus grandiose – une réplique du temple d'Angkor Vat et une structure fortifiée s'inspirant des constructions sahéliennes pour l'AOF.
Par ailleurs, Lyautey veille à l'édification d'une « Cité internationale des informations » et d'une « Section métropolitaine » de style contemporain, où, loin des exotismes livrés au grand public, seront montrées l'économie moderne et les perspectives d'avenir de l'aventure coloniale.

Pendant des mois, de la pose de la première pierre, le 5 novembre 1928, à l'inauguration, le 6 mai 1931, Vincennes devient un énorme chantier.

Le musée permanent des Colonies

Pour l'architecture du futur musée permanent des Colonies, les autorités font appel à Albert Laprade, le collaborateur d'Henri Prost au Maroc, avec lequel il dressa le plan directeur de Casablanca ; il travailla également sur les plans d'aménagement de Fès, Marrakech, Meknès, Agadir et Rabat. Attaché à la résidence générale de France au Maroc de 1915 à 1919, il est proche des ambitions urbanistiques de Lyautey, qui partage avec lui son goût de la sobriété et la rigueur des formes et des lignes, sans exotisme ni références pittoresques. Lyautay précisant : « J'aime d'abord dans l'architecture l'élégance et la simplicité. L'islam m'a donné le goût des grands murs blancs et je pourrais presque revendiquer d'avoir été un des précurseurs de Le Corbusier. »

Pour le musée, Laprade conçoit un vaste bâtiment de plan carré d'un seul étage avec une façade d'entrée ornée d'un péristyle soutenu sur toute la longueur par de fins piliers carrés et précédé par un escalier monumental menant vers de grandes portes en verre. Il est prévu que l'ensemble des 1 200 mètres carrés de cette façade soit orné d'un immense bas-relief, hiératique et dense, haut de 13 mètres et large de 110 mètres, confié au sculpteur Janniot et à son atelier. Le programme iconographique en est simple : montrer les apports de l'Empire à la mère patrie avec, en regardant le bâtiment, une partie gauche consacrée à l'Afrique (en lien avec Bordeaux et les ports de l'Atlantique) et une partie droite dédiée à l'Asie (avec Marseille comme lien portuaire). Se succèdent, s'enchevêtrent, se superposent ainsi ethnies, faune, flore, hommes et femmes au travail, richesses naturelles et productions agricoles.

19. Le pavillon de l'AOF et son architecture « soudanaise ». Plaque stéréoscopique.

À cette symbolique que l'on retrouve en pendant dans les fresques de la grande salle des fêtes du musée qui, elles, illustrent l'apport de la France aux colonies, s'ajoute celle de l'utilisation de la pierre dans le bâtiment. *L'Illustration* vante cet « édifice conçu comme un grand paravent aux colorations délicates : le gris solide du soubassement en pierre de Villebois, le granit bleu du Forez qui enveloppe les piliers grêles du péristyle, le perron et les margelles en granit du Huelgoat, les bassins bleus dans lesquels il baigne, l'immense bas-relief en pierre de Normandoux qui se déroule sur les murs [...], tendu comme une tapisserie de pierre ».

Au seuil des années 1930, le musée des Colonies se dresse comme une géologie de la France, un soubassement minéral, où s'enracinent ses nouveaux horizons.

Tableaux de la « plus grande France »

Le 6 mai 1931, à la date prévue, se déroule l'inauguration par le président de la République Gaston Doumergue et le maréchal Lyautey. L'itinéraire qu'ils vont suivre sera, peu ou prou, celui des millions de visiteurs qui, stimulés par la presse et la publicité faite autour de l'événement, vont se rendre à Vincennes. Par la grande esplanade de la Porte Dorée scandée de palmiers, on découvre d'abord à gauche le palais des Colonies, sa section rétrospective des conquêtes jusqu'à la IIIe République, la section de synthèse qui illustre l'œuvre de cette dernière et, au sous-sol, l'aquarium et le terrarium, qui font le véritable succès pour un public plus friand de poissons étranges et de crocodiles que de dioramas ou de souvenirs historiques. L'immense salle des fêtes, avec ses fresques et son plafond en degrés, est le lieu des rassemblements officiels, des congrès et des grandes conférences.

Encadrant l'esplanade, se déploient de grandes constructions Art déco, au nord les « sections métropolitaines », au sud la « Cité internationale des informations », censées exprimer les réussites et l'importance de la colonisation moderne comme gage premier de la prospérité des nations. Passé ce discours préliminaire ou conclusif s'ouvre plus au sud la grande avenue des Colonies françaises, où l'on découvre les pavillons des « vieilles » colonies (Côte française des Somalis, Océanie, Indes françaises, Guyane, Antilles), à proximité de ceux des missions catholiques et protestantes. Un hommage ardemment souhaité par Lyautey, que la République, malgré la séparation de l'Église et de l'État, s'est attachée à rendre à celles et à ceux qui apportent un appui fondamental à sa politique coloniale.

Tout visiteur qui se rend à Vincennes ne saurait ensuite manquer les pavillons de l'Indochine, avec une reproduction à l'échelle exacte du troisième étage du massif central du temple d'Angkor Vat, qui occupe 5 000 mètres carrés et dresse sa tour centrale à 55 mètres de hauteur. Habillée d'un revêtement de staff, cette restitution s'appuie sur une ossature en béton armé et une charpente de bois. Les moulages reflètent la réalité du temple khmer à l'extérieur et, à l'intérieur, des voûtes en pavés de verre laissent passer la lumière afin d'éclairer quatre-vingts dioramas répartis en plusieurs salles. Dans la galerie supérieure du temple sont exposées trente sculptures originales de l'art khmer rassemblées par l'École française d'Extrême-Orient.

Le deuxième fleuron de l'Empire se trouve à proximité du pavillon de l'AOF, construit sur le modèle d'un « tata », ou palais fortifié inspiré de ceux de Tombouctou, même si la presse se réfère plutôt à la mosquée de Djenné. Les murailles, surplombées d'une tour de 45 mètres de hauteur, entourent un grand patio et, pour restituer l'aspect des constructions du Niger, un mortier de chaux et de ciment recouvert d'un enduit imitant la latérite a été utilisé.

Face au pavillon de l'AOF se dresse, bien plus modestement, celui de l'AEF, l'Afrique équatoriale française, avec sa forme de case conique exagérément agrandie.

Au-delà des frondaisons, au centre d'un vaste espace, se devine le pavillon de Madagascar, autre symbole de l'Empire où s'illustrèrent ses bâtisseurs considérés comme les plus illustres (Mangin, Gallieni, Lyautey…), dominé par une « tour des bucranes » en écho à l'architecture de la grande île. L'origine funéraire en a été gommée et, aux crânes de zébus qui d'ordinaire la couronnent, se sont substituées quatre têtes de bœufs stylisées aux cornes de 6 mètres de long.

Une « tour de bronze » de 82 mètres de haut dédiée aux troupes coloniales ferme la perspective de la grande avenue des Colonies françaises, sur laquelle flotte un immense drapeau français. À mi-hauteur, et sur chaque côté, quatre gigantesques boucliers d'airain rappellent les parties du globe où sont situées les colonies françaises. Le rez-de-chaussée est aménagé en « sanctuaire de l'honneur militaire ».

20. Illumination nocturne du pavillon de l'Algérie. Carte postale.

21. Vue du temple d'Angkor Vat de nuit. Carte postale.

Au-delà de ce qui relève d'une administration coloniale directe commence l'univers de l'Afrique du Nord autour d'une place baptisée du même nom. Le Maroc se présente en un immense jardin bordé de cyprès, autour d'une pièce d'eau entourée de boutiques indigènes et de cafés maures qui mène à un grand palais de 3 000 mètres carrés recouvert de tuiles vernissées, imité des architectures palatiales de Marrakech. À l'intérieur, selon le souhait de Lyautey, l'accent est mis sur le Maroc moderne, notamment sur Casablanca, représenté en une immense maquette où les travaux du port doivent illustrer la geste de la France des ingénieurs : « À la rade dangereuse d'autrefois s'est substitué un ensemble de bassins, de quais, de docks de toutes natures qui permettent à cette ville de rivaliser avec les plus importantes et les plus actives du monde maritime. »

La Tunisie a aussi son palais, dominé par une coupole en bois sculpté, et ses souks, qui se veulent une restitution fidèle avec des ruelles mal pavées, des artisans au travail et des vendeurs d'oranges.

L'Algérie, tout à la fois colonie de peuplement et département français, n'échappe pas à la restitution de la couleur locale avec sa vaste coupole et son indispensable minaret quelque peu incongru dans un pavillon qui accorde une place importante à l'économie de la vigne : « L'Algérie moderne, telle que la France a su la créer ou la recréer, c'est cela en effet : un immense vignoble, un pressoir géant, d'où s'échappe, comme une source naturelle, un véritable fleuve de vin, de quoi abreuver des millions de gosiers gargantuesques. Le vin, c'est l'avenir de l'Algérie, c'est le grand bienfait dont la France a doté ce pays de soleil, qui est aussi le pays de la soif. »

Vers le lac Daumesnil, les pavillons du Cameroun et du Togo, anciennes colonies allemandes sous mandat français depuis le traité de Versailles, achèvent la présentation des possessions françaises.

Les sections étrangères

Au-delà commencent les espaces des pavillons étrangers avec, tout d'abord, la Belgique et sa mise en scène du Congo en une architecture de cases autour d'une vaste place bordée sur un côté d'immenses totems. Puis vient le Moyen-Orient, avec les pavillons (initiatives privées) du canal de Suez et de Palestine, où l'implantation du foyer juif voulue par la déclaration Balfour (1917) et décidée après la dislocation de l'Empire ottoman est valorisée. Plus imposant, le pavillon de la Syrie et du Liban (sous mandat français) s'inspire du palais Azem de Damas.

À la pointe orientale du lac Daumesnil, la section italienne se déploie en plusieurs bâtiments, où sont

22. Le théâtre d'eau, décor des spectacles de nuit avec son plateau pour les musiciens et danseurs. Carte postale.

évoqués Rhodes, la Tripolitaine, la Cyrénaïque, l'Érythrée et la Somalie. Le plus impressionnant consiste en une restitution de la basilique de Septime Sévère à Leptis Magna selon les travaux des archéologues italiens. Visitant le bâtiment, Lyautey se réjouit de voir dans la participation italienne à l'Exposition l'« union de la force et de la beauté ».

La section hollandaise célèbre l'Indonésie sur 3 hectares, avec un palais de 6 000 mètres carrés détruit par le feu le 28 juin et rapidement reconstruit, mais sur une surface réduite de moitié. Un théâtre balinais, un village indigène et une immense salle où se déroulent deux dioramas, l'un sur Bali, l'autre sur Java, sont les principaux attraits de ce pavillon qui laisse voir, depuis sa façade et jusqu'aux rives du lac, le vaste espace qui devait être dévolu à l'Empire britannique si Londres avait décidé de participer.

Enfin, fermant le grand ovale autour du lac Daumesnil, les États-Unis ont reconstruit la demeure de George Washington à Mount Vernon, touche éminemment européenne au milieu d'une planète d'exotisme. Le Danemark expose le Groenland, le Portugal valorise Henri le Navigateur et présente le Mozambique et l'Angola. Goa et Macau terminent ce parcours des sections étrangères.

Centre géographique de l'Exposition, les rives du lac Daumesnil et les deux îles de Bercy et de Reuilly sont dévolues aux restaurants, manèges, stands divers destinés au délassement des visiteurs après les solides pédagogies des pavillons coloniaux. C'est ici aussi que l'on peut prendre place sur des embarcations originaires des mers du monde ou les voir évoluer.

Fêtes, décors et figurants

Pendant des mois, et particulièrement les soirs d'été, l'Exposition est une fête permanente où les représentations théâtrales et les concerts dans les divers pavillons se comptent par dizaines, où les sections étrangères ont leurs semaines propres de festivités. À la nuit tombée, l'Exposition, qui ouvre jusqu'à minuit, devient une féerie d'eau et de lumière. Les organisateurs ont porté une grande attention aux sources lumineuses : pylônes de l'avenue des Colonies hauts de 7,50 mètres, lampadaires « chenilles » avec leurs coupelles superposées ou en forme de bouclier ou de pagode (330), projecteurs de grande portée ou éclairant les bâtiments (144 pour le seul temple d'Angkor), fontaines lumineuses à l'extrémité du lac qui enthousiasment les visiteurs assis sur les berges.

Mais cette féerie, de nuit comme de jour, ne saurait exister sans les piroguiers venus du Dahomey, les danseuses de Bali et du Cambodge, les musiciens des Antilles, les comédiens malgaches, les artisans des souks, les chameliers du Niger et les troupes indigènes stationnées dans les proches casernes de Vincennes. Présents ponctuellement pour un spectacle ou consignés chaque jour à leur poste avec interdiction de quitter l'espace de l'Exposition, ils sont des centaines à participer au spectacle de la « plus grande France », à subir parfois moqueries et vexations, même si le programme officiel met en garde, dans sa préface, contre ce type d'attitude : « Un conseil : en face de toute manifestation étrangère ou indigène, ne riez pas des choses ou des hommes que vous ne comprenez pas au premier abord. Le rire gouailleur de certains Français nous a fait plus d'ennemis à l'extérieur que de cruelles défaites ou des traités onéreux. » Mais la presse quotidienne est la première à moquer, dans des croquis ou des saynètes indignes, ce qui traditionnellement fait rire, à l'instar des paroles de la chanson à la mode, *Nénuphar*.

Un moment d'apogée ?

Le 15 novembre 1931 marque le terme de l'Exposition. Devant près de 400 000 personnes, les couleurs sont amenées une dernière fois au sommet de la tour de bronze. Le succès semble à la hauteur des ambitions d'origine. Plus de 30 millions de billets vendus, 8 millions de visiteurs, plusieurs centaines de milliers d'enfants des écoles menés par leurs maîtres, souvent membres de la puissante Ligue coloniale et maritime. Le bilan est tel que l'on songe un moment à maintenir en l'état tout ou partie des pavillons pour une exposition permanente. Mais les autorités reculent devant les sommes qu'il faudrait engager pour l'entretien, la consolidation des constructions conçues pour être éphémères et le maintien d'une logistique lourde et onéreuse. Seul, comme prévu, le « palais des Colonies » devient le « musée des Colonies », alors que les espaces du bois de Vincennes reviennent à leur vocation d'origine et que l'emplacement de la Cité internationale des informations et des sections métropolitaines se transforme en opération immobilière.

Au vu des chiffres et du petit nombre d'incidents survenus pendant les mois de l'Exposition, chacun peut se réjouir, à l'image du général commandant d'armes de la place de Vincennes qui, dans un rapport, précise qu'« il lui est agréable de constater qu'aucun acte d'indiscipline ou infraction à la tenue n'a été relevé pendant les six mois » qu'a duré l'Exposition. Certes, il a été procédé à l'arrestation de manifestants indochinois qui distribuaient des tracts aux abords de Vincennes, et quelques « figurants » censés demeurer dans les limites de l'Exposition sont partis à la découverte de Paris, mais rien de majeur n'a gâché la fête.

Il y a eu aussi la « contre-exposition » organisée par le parti communiste aux Buttes-Chaumont dans le pavillon légué par l'URSS après l'exposition des Arts décoratifs de 1925. Mais les espaces où étaient dénoncés les crimes de la colonisation, l'impéritie de l'administration et l'exploitation généralisée n'ont reçu que 10 000 visiteurs.

En réalité, ce qui pourrait inquiéter les plus lucides vient des manifestations réprimées dans le sang, le 1er mai 1931 en Indochine, et qui dénotent une aspiration nationaliste de plus en plus véhémente. Au Maghreb même, supposé si calme après la guerre du Rif et dans l'exaltation de la célébration du premier centenaire de l'Algérie française, et alors que le cinéma célèbre déjà le mythe de la légion (*Morocco* de Joseph von Sternberg et *La Bandera* de Julien Duvivier quatre ans plus tard), s'entendent comme des craquements, même si bien peu y prêtent attention. Les socialistes et Léon Blum lui-même, partagés entre leur vision de la colonisation, œuvre de progrès humain et de devoir humaniste, et la réalité des oppressions, expriment leur inquiétude et dénoncent la répression en Indochine. Des scientifiques du musée de l'Homme, des intellectuels comme Michel Leiris qui, en cette même année 1931, participe à l'expédition Dakar-Djibouti, n'adhèrent pas au grand bazar de l'Exposition et y voient une forme d'imposture.

Mais, à l'automne 1931, les visionnaires, les inquiets ou les révoltés n'ont pas voix au chapitre et l'Exposition coloniale a solidement convaincu une majorité de Français de l'importance de l'Empire et du lien entre son maintien et la grandeur de la France. Opinion à ce point partagée que, quelques années plus tard, elle irriguera la propagande de Vichy et participera de l'épopée de la France libre. La question demeurant, par ailleurs, de savoir si l'Exposition coloniale, par la fascination qu'elle a exercée sur ses visiteurs, particulièrement les plus jeunes, a pu ouvrir à une forme de découverte de l'autre, à un intérêt réel pour les cultures d'ailleurs, à une ouverture sur le monde, ou si cela n'a pas dépassé la curiosité stérile d'un exotisme convenu.

Des « indigènes » en métropole ?

Catégories coloniales et catégories métropolitaines

LAURE BLÉVIS

1931, année de l'Exposition coloniale à Paris, mais également de l'acmé de la présence immigrée en France, témoigne de deux réalités antagonistes : une France coloniale triomphante, célébrant son Empire et ses succès dans les possessions d'outre-mer, et la présence sourde, invisible, d'une population venue d'au-delà des frontières de la métropole grossir la main-d'œuvre française. Cependant, il ne faudrait pas se contenter d'opposer une colonisation française mise en spectacle, exaltée et revendiquée, à une immigration au contraire dissimulée et silencieuse. L'un des intérêts de la période de l'entre-deux-guerres réside précisément dans la diversité de la population immigrée présente en France, et en particulier dans la coexistence entre une immigration européenne, étrangère, largement majoritaire, et le début d'une immigration issue des colonies, du Maghreb pour l'essentiel.

En réalité, la France coloniale n'est pas seulement visible en métropole grâce à l'exposition flamboyante de la Porte Dorée, elle se donne à voir également, de façon plus ambivalente, dans la présence de travailleurs immigrés, essentiellement des hommes, venus des colonies, de façon individuelle et sans l'agrément, le plus souvent, des administrations coloniales de leur territoire d'origine. En migrant en France, ces sujets de l'Empire importent en métropole les ambiguïtés et les contradictions du projet colonial français. En particulier, ils y introduisent des distinctions, des catégories, des statuts absents des pratiques administratives en vigueur en France métropolitaine, voire contradictoires avec ces dernières. En effet, depuis la mise en place d'un droit de la nationalité au XIXe siècle[1] et surtout depuis la IIIe République, s'est construit un « compromis républicain[2] »

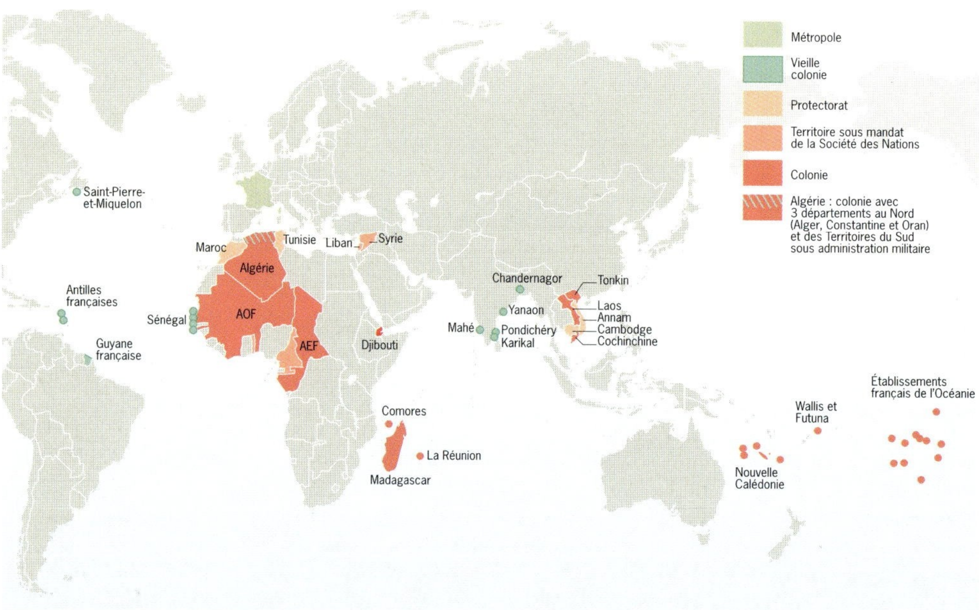

23. L'Empire colonial français en 1931. La situation juridique des populations colonisées dépend surtout de l'ancienneté de la colonisation et du statut du territoire (colonie ou protectorat).

Notes

1. P. Weil, *Qu'est-ce qu'un Français ? Histoire de la nationalité française depuis la Révolution*, Paris, Grasset, 2002.
2. G. Noiriel, *Les Origines républicaines de Vichy*, Paris, Hachette Littératures, 1999.
3. J. Meyer, J. Tarrade, A. Rey-Goldzeiguer, J. Thobie, *Histoire de la France coloniale. Des origines à 1914*, Paris, Armand Colin, 1991, p. 202.
4. J.-P. Dozon, *Frères et sujets. La France et l'Afrique en perspective*, Paris, Flammarion, 2003.
5. G. Pervillé, *De l'Empire français à la décolonisation*, Paris, Hachette, 1991, p. 34.

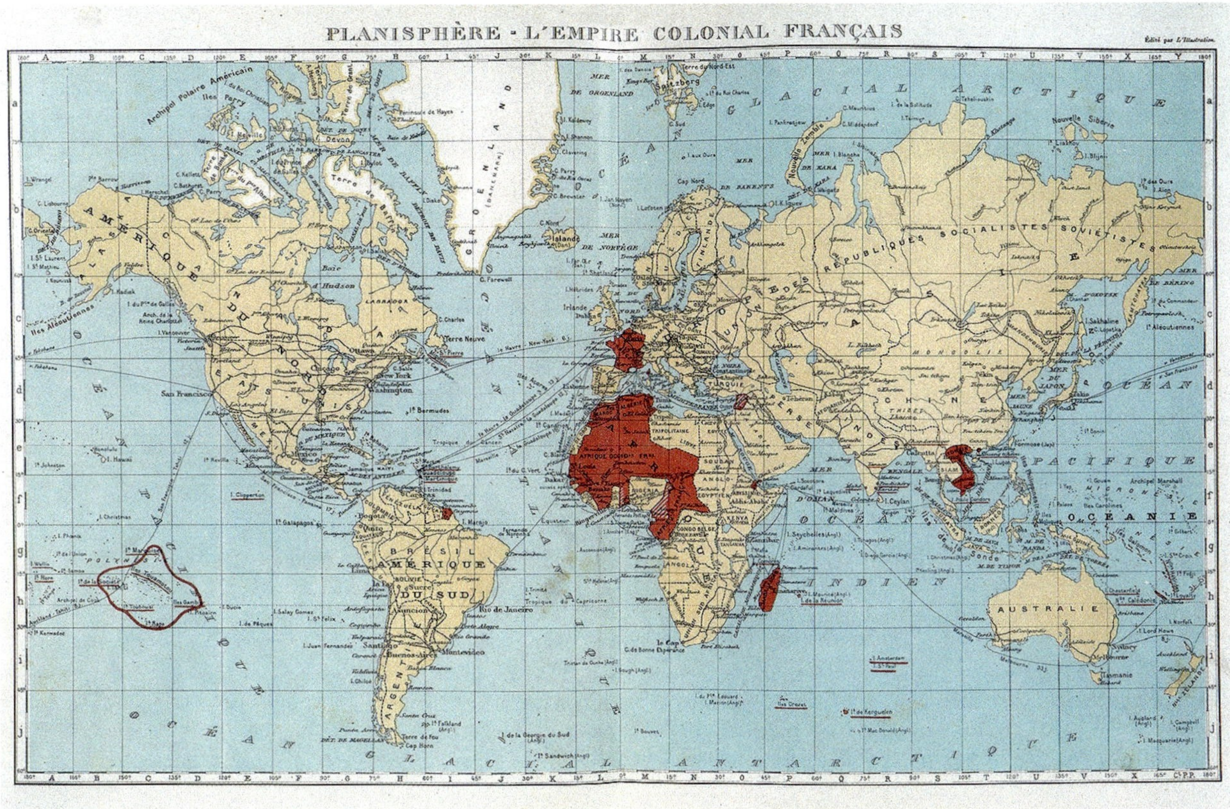

24. Carte de l'Empire colonial, L'Illustration, *1931.*

qui fait de la distinction entre étrangers et Français le fondement de la différence statutaire légitime et de l'attribution d'un certain nombre de droits (politiques, sociaux, etc.). La colonisation fait exploser cette distinction en créant une catégorie intermédiaire entre le Français et l'étranger : l'indigène, ni vraiment français ni tout à fait étranger. Tant que cette catégorie reste cantonnée dans les territoires lointains de l'Empire, son ambivalence n'est guère perceptible en métropole. Ce n'est que lorsque des coloniaux, des « indigènes », s'installent en métropole, y côtoient des Français et des étrangers, que l'ambiguïté de leur statut s'impose aux personnels de l'administration métropolitaine.

Qu'est-ce qu'un indigène ? Retour sur l'Empire français

Qu'est-ce qu'un « indigène » du point de vue de l'État français ? Quelle est la nationalité des sujets de l'Empire résidant sur les territoires avant la conquête française ? Ces questions vont préoccuper les juristes français pendant toute la période coloniale. À travers la question des statuts juridiques des habitants des colonies, question somme toute technique, c'est en fait la question fondamentale du statut de l'occupant français qui est posée, et plus précisément celle de la place et des droits qu'il accorde aux populations locales. En transformant les possessions d'outre-mer en colonies, c'est-à-dire en les annexant au territoire français, les autorités françaises n'ont pas attribué *de facto* la pleine nationalité française aux habitants déjà présents avec les droits afférents à cette qualité, au premier rang desquels les droits politiques. Quelle peut donc être la nationalité de ceux que les juristes et l'administration nomment « indigènes » ?

En réalité, non seulement la réponse à cette question est complexe, mais elle varie selon les territoires colonisés et leur statut administratif. En effet, l'Empire colonial français au XXe siècle est divisé selon une ligne de partage entre « anciennes » et « nouvelles » colonies, distinction

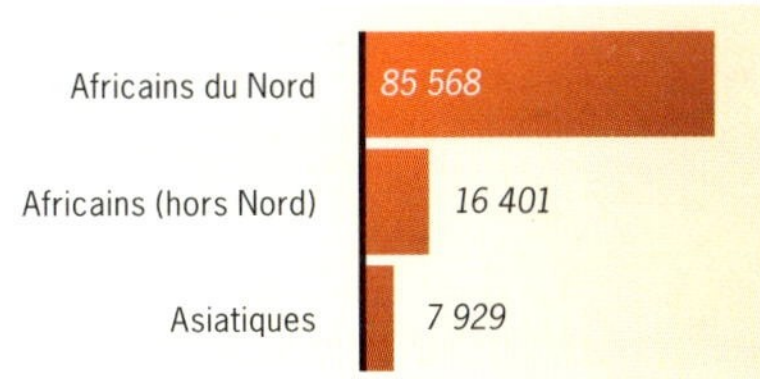

25. Les populations originaires de l'Empire recensées en métropole en 1931. Les migrants coloniaux proviennent surtout d'Afrique du Nord (78 % de l'ensemble de la population coloniale), en particulier d'Algérie. Il s'agit d'une immigration très majoritairement masculine (99 %).

très vite accentuée par la différence de statut politique accordé aux ressortissants « indigènes » des deux types de territoires.

Sous la qualification d'« anciennes » colonies sont regroupés les territoires issus du premier domaine colonial français constitué sous l'Ancien Régime. Ceux-ci sont peu étendus. En effet, à la suite du traité de Paris du 10 février 1763, la France a été contrainte d'abandonner ses vastes possessions en Amérique du Nord[3]. Ainsi, après la chute de l'Empire napoléonien, l'empire colonial français est très réduit, comprenant quelque 500 000 habitants répartis sur 7 000 km^2. Il regroupe les Antilles (Martinique et Guadeloupe), la Guyane, Saint-Pierre-et-Miquelon, l'île de la Réunion et des villes-comptoirs au Sénégal (Saint-Louis, Gorée, puis Dakar et Rufisque[4]) et en Inde (Mahé, Karikal, Pondichéry, Yanaon et Chandernagor). Ces colonies, pour la plupart, témoignent de la préférence « avouée [de la France – jusqu'au XIXe siècle] pour le colonialisme esclavagiste et mercantiliste[5] », de sorte que les relations de la métropole avec ses « anciennes colonies » n'ont cessé d'être dépendantes des différentes politiques d'encadrement, puis de l'abolition de l'esclavage, comme, plus tard, de la mémoire de l'esclavage.

Les « nouvelles colonies », par opposition, désignent les colonies conquises tout au long du XIXe siècle. Cette nouvelle politique d'expansion, conduite et poursuivie par les différents régimes (monarchie de Juillet, second Empire puis IIIe République), a été amorcée par la conquête de l'Algérie en 1830. L'Afrique est conquise peu à peu, à partir du Sénégal, par le colonel Faidherbe dès le milieu du XIXe siècle. C'est cependant la IIIe République qui achève la constitution du grand empire colonial. Sous la direction de Léon Gambetta et de Jules Ferry, la France reconduit les campagnes militaires et les conquêtes : l'Afrique noire (divisée entre les différents pays européens lors de la conférence de Berlin organisée entre le 15 novembre 1884 et le 26 février 1885), le Tonkin et l'Annam (la Cochinchine, le Laos et le Cambodge ayant été colonisés à la fin du second Empire).

Cette opposition entre nouvelles et anciennes colonies va se traduire également dans une différence de traitement très marquée quant aux statuts et aux droits des habitants de ces différents territoires.

Dans les anciennes colonies, la question du statut national, civique et politique, auquel sont soumises les populations demeure secondaire par rapport aux enjeux propres à l'esclavage. La problématique de celui-ci (et de son abolition) rend largement compte des fluctuations et des spécificités du statut des populations indigènes dans ces anciennes colonies. En abolissant l'esclavage pendant la Révolution française, la Convention a précisé de façon concomitante le nouveau statut des anciens esclaves[6] : « Tous les hommes, sans distinction de couleur, domiciliés dans les colonies sont citoyens français et jouissent de tous les droits assurés par la Constitution (décret du 16 pluviôse an II). »

Cette première étape dans l'assimilation politique et juridique des esclaves des anciennes colonies a été remise en cause par Napoléon, dont la loi du 30 floréal an V rétablit la traite et l'esclavage.

L'abolition définitive, le 4 mars 1848, étend à l'ensemble des populations colonisées, « blanches » ou « de couleur », la jouissance des droits civils et politiques. En d'autres termes, un ancien esclave, un homme de couleur, est un citoyen français comme les autres, jouissant des mêmes droits que les citoyens français de métropole, et, en conséquence, il peut participer par exemple à l'élection des députés dès les élections de 1848. Ce nouveau régime est en fait généralisé à l'ensemble des « anciennes colonies », c'est-à-dire non seulement aux Antilles et à l'île de la Réunion, mais aussi aux comptoirs de l'Inde et du Sénégal.

La situation est tout autre dans les nouvelles colonies, à commencer par l'Algérie. Bien que déjà largement conquise et reconnue comme territoire français par la Constitution du 4 novembre 1848, elle est restée en dehors du mouvement d'égalisation juridique que connaissaient les anciennes colonies. Si la Constitution de 1848 organise l'élection de parlementaires algériens, seuls les colons, les Français d'origine européenne, sont appelés aux urnes. L'Algérie a ainsi inauguré une pratique coloniale propre aux nouvelles colonies, qui exclut de la représentation politique les populations autochtones colonisées. En fait, au regard de la législation sur la nationalité et la citoyenneté, l'Algérie constitue une matrice pour les autres colonies (soit les territoires conquis après 1830).

En effet, dès le début de la conquête de l'Algérie en 1830, le statut des populations algériennes, ainsi que le lien les unissant à la nation colonisatrice, demeure bien incertain. Bien plus, cette ambiguïté est entretenue par les autorités françaises, en Algérie comme en métropole. Deux logiques s'affrontent, auxquelles le sénatus-consulte de 1865 entend apporter une solution. Tout d'abord, dès le début de l'occupation française, c'est-à-dire dès l'ordonnance du 22 juillet 1834 qui déclare l'annexion à la France du territoire conquis, la sujétion ottomane est abolie. L'Algérie devient une terre française, ce que confirme la Constitution de 1848. Dès lors, en toute logique, ses habitants, quels qu'ils soient, ne peuvent se prévaloir d'autre chose que de la « qualité de Français[7] », toute autre nationalité ayant été supprimée par l'acte d'annexion. De plus, l'acte de capitulation du 5 juillet 1830 signé par le bey d'Alger a reconnu aux « habitants de l'Algérie » (musulmans ou juifs) le libre culte et le respect de leurs traditions religieuses. Cela signifie l'existence de fait, en territoire algérien dorénavant français, de justices et de droits différents auxquels sont soumises les populations selon leur confession. Les musulmans conservent leur « statut personnel musulman », c'est-à-dire qu'ils restent sous la juridiction des cadis, suivant les préceptes du droit musulman (ou des « coutumes kabyles » pour les Kabyles), tandis que les juifs conservent leur droit mosaïque sous les juridictions rabbiniques. Les habitants d'origine européenne (de France, mais aussi des autres pays d'Europe, notamment d'Italie ou d'Espagne) relèvent, quant à eux, des juridictions « françaises », c'est-à-dire de juridictions qui, sur le modèle de la métropole, appliquent le Code civil français.

Le statut juridique des populations « indigènes » de l'Algérie est précisé de façon définitive par le sénatus-consulte du 14 juillet 1865, qui reconnaît la nationalité française des musulmans et des juifs d'Algérie. Cependant, cette nationalité française demeure amputée, diminuée, parce qu'elle ne s'accompagne pas des droits de la citoyenneté française. Le sénatus-consulte de 1865 précise en effet que les « indigènes » sont sans doute français, mais qu'ils ne sont pas citoyens, au motif qu'ils ont conservé leur statut personnel

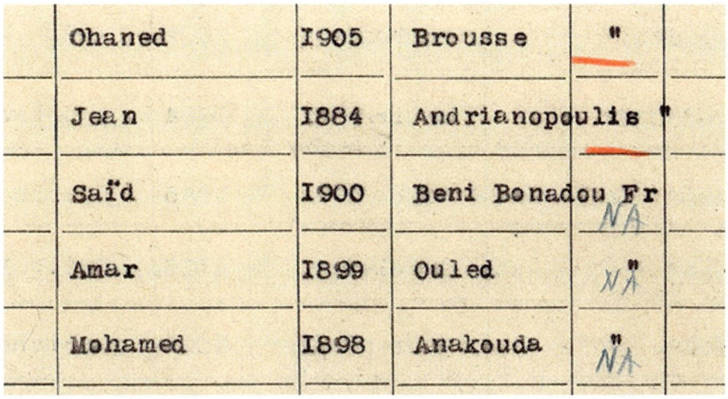

Ohaned	1905	Brousse	"
Jean	1884	Andrianopoulis	"
Saïd	1900	Beni Bonadou	Fr NA
Amar	1899	Ouled	" NA
Mohamed	1898	Anakouda	" NA

26. Extrait du registre de recensement de 1931 de la ville d'Aniche (Nord), 35, impasse de la Mairie. La nationalité de trois habitants nés en Algérie est d'abord mentionnée comme française par l'agent recenseur, avant d'être corrigée et remplacée par « NA », c'est-à-dire « Nord-Africain », en bleu.

RÉPUBLIQUE FRANÇAISE

RÉCÉPISSÉ

DE DEMANDE DE CARTE D'IDENTITÉ

Barek ben Ismaïl

en 1899 Souss Maroc

de nationalité Marocaine

résidant à Vénissieux

rue Victor Hugo N° 77

Commerçant

présent récépissé, tenant lieu de permis de séjour, sera valable jusqu'au

le 29.7.1930

15.305

A l'arrivée dans un autre département ce récépissé devra être retiré à son titulaire (qui en recevra un nouveau), et être transmis à la Préfecture.

PRÉFECTURE DU RHÔNE

Autorisé à résider dans le département du Rhône jusqu'au : 16 Octobre 1930

Lyon, le 13 Août 1930

Autorisation renouvelée valable jusqu'au : 16 juillet 1931

Autorisation renouvelée valable jusqu'au : 16 octobre 1931

Lyon, le 9 septembre 1931

Autorisation renouvelée valable jusqu'au : 16 janvier 1932

Lyon, le 5 novembre 1931

Valable jusqu'au 16 Janvier 1931

Lyon, le 3 Novembre 1930

27. Récépissé de la demande de carte d'identité d'Ismaël ben Barek, de nationalité marocaine, demeurant à Vénissieux. Les migrants ressortissant d'un protectorat (le Maroc) conservent leur nationalité d'origine et sont donc identifiés comme étrangers (« Marocains »).

6. S. Guillaume, « Citoyenneté et colonisation », D. Colas, C. Emeri et J. Zylberberg (dir.), *Citoyenneté et nationalité. Perspectives en France et au Québec*, Paris, PUF, 1991, p. 125. L. Dubois, « Citoyens et amis ! Esclavage, citoyenneté et République dans les Antilles françaises à l'époque révolutionnaire », *Annales HSS*, mars-avril 2003, n° 2, p. 281-303.

7. Expression couramment employée dans les textes de droit pour désigner la nationalité française.

La présente notice ne doit jamais être remise à L'INTÉRESSÉ

MINISTÈRE DE LA JUSTICE

DIRECTION DES AFFAIRES CIVILES ET DU SCEAU

BUREAU DU SCEAU

N° 151 x 31

DEMANDE DE NATURALISATION

LOI DU 10 AOUT 1927 SUR LA NATIONALITÉ

Application { de l'article 6, § 1er / de l'article 7, § 1er / de l'article 11.

PRÉFECTURE des BOUCHES-du-RHÔNE — 23 MAI 1931 — CABINET du PRÉFET

Marseille, le 22/1 1931

Le Préfet des Bouches-du-Rhône a l'honneur de communiquer à M. le Maire de Marseille le dossier ci-joint concernant une demande de naturalisation française formée par Abdi Chérif demeurant à Marseille, n° 3, rue Perdigone Quartier St Jean et le prie de lui renvoyer ce dossier le plus tôt possible, ainsi que la présente feuille, après y avoir consigné son avis et les renseignements ci-après indiqués.

Pour le Préfet des Bouches-du-Rhône :
Le Conseiller de Préfecture délégué.

A remplir par les Maires
1. Reg. s/ timbre 1
2. acte de nais. 1
3. Requête s/timbre 1
4. Mariage
6. Naissance Postulant 1
8. Naissance Epouse
9. Naissance Enfant
11. Certificat Militaire
12. Certificat Résidence 2
Percepteur 1
Déclaration 1
engagement 1

ÉTAT-CIVIL

MARI	FEMME (Si la femme est veuve, indiquer l'État-civil du mari)
Nom : Abdi	
Prénoms : Chérif	
né à Alger	
le 29 décembre 1907	
de père algérien	
Profession navigateur	
Domicile Marseille	
Rue Perdigone 3	

ENFANTS MINEURS

1. né le à
2. né le à
3. né le à
4. né le à
5. né le à
6. né le à

Indiquer les noms, prénoms, dates et lieux de naissance { du père du postulant en 1857 à Alger / de la mère du postulant en 1879 à Alger / du père de la postulante. / de la mère de la postulante.

Dans le cas où des poursuites seraient engagées contre cet étranger, postérieurement à l'instruction de sa demande, et s'il venait à être signalé à votre attention pour toute autre cause défavorable, je vous prierais de m'en informer sans retard.

1er JUIN 1931

Monsieur le

28. *Dossier de demande de naturalisation d'Abdi Cherif, né en Algérie, pour accéder à la qualité de citoyen français. Avis défavorable de la préfecture des Bouches-du-Rhône.*

confessionnel.[8] Ce faisant est affirmé un principe qui va structurer le droit colonial français dans toutes les colonies jusqu'à la fin de la Seconde Guerre mondiale, à savoir non seulement la distinction entre nationalité et citoyenneté symbolisée par le statut d'indigène, mais encore l'indexation de la citoyenneté sur le statut personnel de droit commun (soumission au Code civil). Dorénavant, entre le national-citoyen français et l'étranger non national, on trouve l'indigène, Français non citoyen, suivant un statut personnel distinct du Code civil.

En conséquence, qu'est-ce qu'un indigène pour le droit français ? Tout d'abord, un indigène n'est pas un étranger, ce qui veut dire qu'il ne peut profiter de la protection de son État d'origine, il ne dépend que de l'autorité de la France. Surtout, n'étant pas étranger, il ne peut bénéficier des principes de la loi sur la nationalité du 26 juin 1889[9], qui réintroduit le droit du sol dans le droit de la nationalité française : d'après cette nouvelle loi, est français, c'est-à-dire implicitement citoyen français, tout individu né sur le sol français de parents étrangers qui y sont eux-mêmes nés, tandis que les enfants nés en territoire français de parents étrangers qui sont nés à l'étranger deviennent français à leur majorité. Les indigènes n'étant pas étrangers, ils ne peuvent devenir citoyens français par le bienfait du droit du sol.

Mais l'indigène n'en est pas pour autant un Français comme les autres, il n'est pas citoyen, ce qui implique tout d'abord qu'il est exclu du suffrage universel. Cette première discrimination est importante, surtout pour l'Algérie qui, ayant le statut de département français, envoie des députés et des sénateurs au Parlement et connaît de nombreuses élections municipales[10]. L'indigène est également un justiciable particulier : non seulement il conserve son statut personnel, c'est-à-dire qu'il possède un droit civil spécifique, mais surtout il est soumis au régime de l'indigénat, c'est-à-dire qu'il peut être condamné pour des infractions n'existant pas dans le code pénal, avec des peines inconnues de l'arsenal juridique français, et le plus souvent par l'autorité administrative et non par le juge de paix[11].

Pour être complet, il faudrait ajouter que le droit colonial a distingué au sein de l'Empire nombre d'exceptions et de cas particuliers en plus de la catégorie d'indigènes. Tout d'abord, il y a la catégorie de protégés, c'est-à-dire les ressortissants des protectorats (Maroc, Tunisie, Annam, Cambodge), qui, sous tutelle de l'administration française, ont conservé leur nationalité d'origine. Ils ne sont pas, *stricto sensu*, des « indigènes », même s'ils sont traités comme tels par la France. Ensuite, il existe des exceptions au principe de l'exclusion de la citoyenneté pour les indigènes soumis à un statut personnel religieux : les habitants des comptoirs des Indes et les ressortissants des quatre communes du Sénégal (Dakar, Saint-Louis, Gorée et Rufisque) bénéficient en effet du statut de citoyen français, héritage de celui des vieilles colonies, tout en en conservant un, personnel et spécifique[12].

La colonie en métropole

Cette multiplicité de catégories et de distinctions juridiques a fait le bonheur des juristes, novices ou professionnels, qui les ont décortiquées et commentées, pendant toute la période coloniale, dans d'innombrables traités de droit ou thèses de doctorat. Cependant, elles sont restées largement inconnues des élus et des agents de l'administration en métropole, qui ne pensent les populations qu'en terme d'opposition entre étrangers et Français. Autrement dit, les subtilités mises en place par les autorités françaises pour administrer les colonies ne trouvent leur explication qu'en regard des contraintes du projet colonial français : il s'agit de donner une justification juridique cohérente à une annexion de territoires

CARTE
VALABLE
POUR LES ANNÉES
1929-1930
19.....-19.....
ou jusqu'au (1) .....
Délivrée par M. le Préfet
d ..... TARN
Le 7 DÉC 1929 192
Timbre de la Préfecture.
LE PRÉFET,
POUR LE PRÉFET
LE SECRÉTAIRE GÉNÉRAL
Signature du titulaire.
(1) Date d'expiration de la validité de la carte en cas de limitation de durée.
CARTE N° 996410

Nom : Kouradowski
Prénoms : Joseph
Né le 22 mars 1897
à .....
de .....
né le .....
à .....
et de .....
née le .....
à .....
Profession : mineur
Nationalité : polonaise
Mode d'acquisition de cette nationalité : filiation, mariage, naturalisation (rayer les mentions inutiles).
Situation de famille : célibataire, marié, veuf, divorcé (rayer les mentions inutiles).

29. Carte d'identité de Joseph Kouradowski, ressortissant polonais.

qui supprime la sujétion précédente (et donc la nationalité préexistante) au profit de la souveraineté française tout en maintenant les populations locales, « indigènes », en situation d'infériorité juridique. Le statut d'« indigène », s'il est un peu étrange pour un métropolitain, traduit bien les différents impératifs de la République dans les colonies, qui discrimine les populations, mais en essayant d'y mettre les formes du droit français. Ces impératifs n'ayant pas raison d'être en métropole, ils y sont largement ignorés, en dehors d'un petit cercle de spécialistes et des fonctionnaires du ministère des Colonies, ou du bureau des affaires algériennes au ministère de l'Intérieur.

Qu'advient-il, dès lors, à l'arrivée en métropole des migrants issus des colonies ? Si, jusqu'à la Seconde Guerre mondiale, le nombre de migrants coloniaux est bien inférieur à celui des immigrés étrangers, venus principalement d'Europe, les flux des colonies n'en sont pas moins significatifs. Dès les années 1880, des Algériens viennent s'installer en France métropolitaine pour travailler comme serviteurs, marins, dockers ou marchands itinérants. Le mouvement s'accélère même un peu avant 1914, notamment dans les usines Michelin et dans les mines du Nord.

Mais c'est bien entendu la Première Guerre mondiale qui accentue ce mouvement d'arrivée d'une immigration coloniale, non seulement au sein des troupes françaises (les troupes de tirailleurs), mais également dans les usines pour remplacer les travailleurs mobilisés (plus de 225 000 travailleurs coloniaux qui le sont, dont 132 000 issus des colonies d'Afrique du Nord[13]).

Après la guerre, les autorités françaises tentent de «rapatrier» les soldats et travailleurs coloniaux, malgré les protestations des services du gouvernement général de l'Algérie qui, soucieux de ne pas avoir à gérer de tensions sociales trop importantes dans la colonie, rappelle à la Préfecture de police que les Algériens ne peuvent être expulsés sans leur consentement puisqu'ils sont nationaux français[14]. Pour la première fois, l'administration métropolitaine est confrontée au fait que l'immigration coloniale est spécifique et ne peut être traitée de façon totalement identique à l'immigration étrangère. Cependant, le ministre de l'Intérieur ne tient pas compte de cet avis et décide que tous les « Nord-Africains » sans contrat

8. En Algérie, les Juifs se sont vu reconnaître comme citoyens français avec le décret Crémieux de 1870, qui, par la même occasion, leur a fait perdre leur statut personnel mosaïque remplacé par le Code civil.
9. La loi de 1889 était applicable à l'Algérie par son article 2. En 1897, un décret prévoit son extension dans le reste de l'empire.
10. Pour être précis, il faudrait rappeler qu'une « élite » indigène pouvait s'inscrire, sous condition, sur des listes séparées aux élections municipales pour élire des conseillers municipaux « indigènes » représentant un tiers du conseil municipal (loi du 19 février 1919).
11. I. Merle, « Retour sur le régime de l'indigénat : genèses et contradictions des principes répressifs dans l'Empire français », *French Politics, Culture and Society*, t. 20, n° 2, 2002.
12. Nous n'évoquons pas ici le cas extrêmement complexe, et propre à l'Indochine, des « étrangers assimilés aux indigènes », catégorie inventée pour qualifier les Asiatiques, en premier lieu les Chinois résidant dans la colonie française. Voir É. Saada, *Les Enfants de la colonie. Les métis de l'Empire français entre sujétion et citoyenneté*, Paris, La Découverte, 2007.
13. N. Gomar, *L'Émigration nord-africaine en France*, thèse pour le doctorat en droit, 1931.
14. C'était aussi l'opinion exprimée par Pierre Laroque et François Ollive, auditeurs au Conseil d'État, dans leur rapport du Haut Comité méditerranéen et d'Afrique du Nord, « Le problème économique et social de l'émigration des travailleurs nord-africains », en 1938 : « L'Algérien étant sujet français, les dispositions de la loi de 1849 ne lui sont en aucune façon applicables, et il ne saurait être question d'user envers lui de la procédure du refoulement, encore moins de l'arrêté d'expulsion. L'Algérien ne peut donc être rapatrié que sur sa demande », p. 207. Centre des archives d'outre-mer (CAOM), Algérie, Gouvernement général de l'Algérie (GGA), 8H/62.

30. Groupe d'Algériens. Autochrome de la guerre 1914-1918.

de travail stable seront rapatriés. Cette initiative ne signifie pas la fin de l'immigration algérienne en métropole : une émigration d'initiative spontanée, motivée notamment par le niveau des rémunérations en métropole, prend alors le relais de l'immigration contrôlée et organisée au moment de la guerre, d'autant qu'elle peut compter sur des réseaux d'entraide déjà existants réactivant des affinités régionales. C'est à cette époque qu'apparaissent les premiers cafés kabyles.

Avec la venue d'une immigration issue des colonies, l'administration française est confrontée à de nouveaux problèmes, dans la mesure où elle ne peut mécaniquement appliquer le mode de gestion et de contrôle mis au point pour le traitement des étrangers. Elle va chercher tout d'abord à limiter l'arrivée de cette immigration venant surtout d'Afrique du Nord, et plus particulièrement d'Algérie, en imposant à chaque migrant l'obligation de fournir un certificat d'embauche, un certificat médical, une carte d'identité, un extrait de son casier judiciaire et une justification de ressource minimale[15].

Par ailleurs, elle met en place des structures spéciales de surveillance des « Nord-Africains » avec la création à Paris (et dans d'autres villes où l'immigration maghrébine est importante, comme Marseille) d'un service des affaires nord-africaines sous l'autorité de la Préfecture de police, de la préfecture de la Seine, du ministère de l'Intérieur et du ministère du Travail : il s'agit de la fameuse Brigade nord-africaine instituée en mars 1925 au sein de la Préfecture de police et sise rue Lecomte, qui a pour mission de réprimer les crimes et délits commis par des Maghrébins (Algériens, Tunisiens et Marocains), et surtout de les surveiller et de les contrôler[16], à une époque où les premiers mouvements indépendantistes naissent dans l'émigration algérienne.

L'ambiguïté du statut des coloniaux, par rapport aux normes administratives métropolitaines, va cependant devenir patente quand les autorités françaises voudront non seulement les contrôler, mais surtout les compter. L'outil par ailleurs si efficace du recensement va ici trouver ses limites, parce qu'il est totalement dépendant du mode de codage des agents recenseurs, et par conséquent de la façon dont ces derniers vont identifier et

15. Décret du 4 août 1926 et du 4 avril 1928 pour les Algériens ; arrêté du 2 décembre 1885 pour les Tunisiens ; dahir du 27 octobre 1931 pour les Marocains.
16. Voir la contribution de C. Rosenberg dans le présent ouvrage.
17. G. Massard-Guilbaud, *Des Algériens à Lyon. De la Grande Guerre au Front populaire*, CIEMI, L'Harmattan, 1995.
18. G. Massard-Guilbaud, *op. cit.*, p. 24.
19. Archives départementales du Nord (ADN), 4 M 474/5/1.

qualifier la nationalité des migrants coloniaux recensés. Ainsi, Geneviève Massard-Guilbaud, dans son étude des Algériens à Lyon dans l'entre-deux-guerres[17], souligne-t-elle que les pratiques de recensement ne sont pas unifiées, non seulement selon les communes, mais également dans le temps. Avant la Première Guerre mondiale, les Algériens (comme les Sénégalais des quatre communes) étaient comptés comme Français. À partir de 1921 est créée la rubrique « Africains, sujets et protégés français », et la circulaire d'instruction du recensement mentionne qu'elle doit être considérée comme une nationalité étrangère. L'instruction précise même que l'agent est tenu de classer dans cette rubrique les originaires des colonies dont le nom indique suffisamment l'origine. Au contraire, « les individus de race européenne, citoyens français, sont classés comme Français, alors même qu'ils seraient nés dans une colonie ou un pays de protectorat ». Pour le recensement de 1931, les instructions se font plus précises : les originaires d'Afrique du Nord sont classés dans la catégorie « Sujets et protégés d'Afrique du Nord », destinés à rejoindre les nationalités étrangères. Les agents doivent alors « classer comme indigènes tous ceux dont les noms et prénoms sont musulmans, même si l'individu avait répondu "Français" à la question de nationalité[18] ».

Il n'est donc pas étonnant, devant le flou et l'ambiguïté des instructions, que la marge de manœuvre des agents recenseurs chargés de se rendre dans chaque logement, de compter et d'identifier leurs habitants soit très grande, et que la fiabilité des résultats du recensement, en ce qui concerne les coloniaux, soit parfois sujette à caution. L'analyse des archives des registres départementaux de recensement confirme d'ailleurs cette impression, témoignant d'une grande variété des pratiques d'identification, ce qui a rendu nécessaire, le plus souvent, la correction a posteriori des résultats. Par exemple, lors du recensement de 1931, à Aniche (petite ville de 9 000 habitants, dont 1 000 étrangers, sise dans le département du Nord), on peut lire dans le registre nominatif correspondant au 35, impasse de la Mairie la présence de six Grecs, mentionnés comme tels, et de trois Algériens, d'abord identifiés comme Français par l'agent recenseur, puis cette mention a été biffée et remplacée par « NA », c'est-à-dire « Nord-Africain », ce qui ne correspond pas vraiment à une nationalité[19].

Le projet colonial français, en impliquant l'annexion de territoires outre-mer tout en maintenant les populations préexistantes

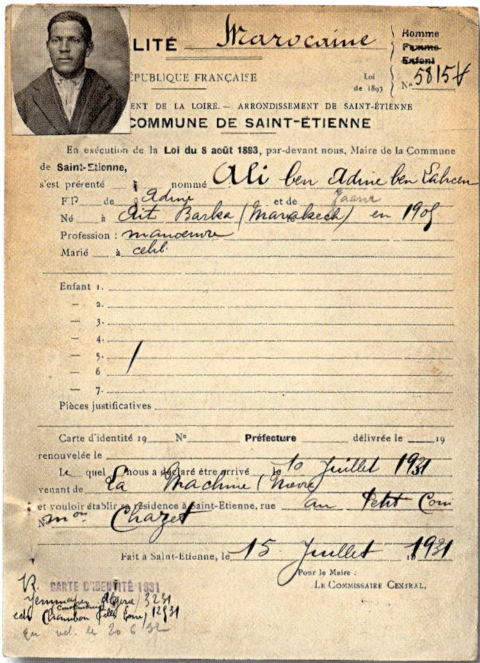
LITÉ Marocaine — Homme
RÉPUBLIQUE FRANÇAISE — Loi de 1893 — N° 58154
ENT DE LA LOIRE. — ARRONDISSEMENT DE SAINT-ÉTIENNE
COMMUNE DE SAINT-ÉTIENNE
En exécution de la Loi du 8 août 1893, par-devant nous, Maire de la Commune de Saint-Étienne, s'est présenté le nommé Ali ben Adine ben Lahcen
Fils de Adine et de
Né à Aït Barka (Marrakech) en 1905
Profession : manœuvre
Marié à célib.
Enfant 1. 2. 3. 4. 5. 6. 7.
Pièces justificatives
Carte d'identité 19 N° Préfecture délivrée le 19
renouvelée le
Lequel nous a déclaré être arrivé le 10 juillet 1931 venant de La Machine (Nièvre) et vouloir établir sa résidence à Saint-Étienne, rue
Fait à Saint-Étienne, le 15 juillet 1931
Pour le Maire : Le Commissaire Central.
CARTE D'IDENTITÉ 1931

31. Déclaration de résidence d'Ali Ben Lahcen à Saint-Étienne, 1931. Ce manœuvre marocain est considéré comme « étranger » et donc tenu de se soumettre à la loi du 8 août 1893 qui impose à tous les étrangers de déclarer leur résidence à la mairie de la commune où ils s'installent.

dans une situation d'infériorité juridique, économique et sociale, a rendu nécessaire la création de catégories d'identification des populations largement étrangères aux normes administratives métropolitaines. En particulier, la catégorie d'« indigène », pensée comme une catégorie intermédiaire entre celle de « Français » et celle d'« étranger » constitue un pilier du droit colonial français et des pratiques administratives impériales. Elle demeure cependant assez difficilement assimilable dans le vocabulaire administratif métropolitain, qui lui préfère des références plus géographiques, comme « Nord-Africain » ou « Asiatique », voire « Indochinois ». Or, lorsque des sujets coloniaux arrivent en métropole, l'administration française est confrontée à un nouveau type d'immigré. Elle répond alors en tentant de restreindre au maximum le phénomène, c'est-à-dire en imposant aux candidats à l'immigration issus des colonies de remplir un certain nombre d'exigences auxquelles ne sont pas soumis les immigrés étrangers européens. Enfin, preuve de sa suspicion particulière pour ces populations, l'administration métropolitaine crée des institutions de contrôle spécifiques et séparées pour les immigrés coloniaux, surtout ceux d'Afrique du Nord, ce qui témoigne à nouveau de leur statut à part.

Les indigènes des colonies à l'Exposition coloniale de 1931

BENOÎT DE L'ESTOILE

« Les burnous blancs des Sénégalais, les manteaux bleus des Maures et les robes noires des Peulhs voisinaient avec les pagnes en raphia des indigènes de la Côte d'Ivoire aux torses nus et aux coiffures extraordinaires, pendant que circulaient, impassibles et graves, gardes de cercle et tirailleurs chargés d'assurer l'ordre et de faire régner la concorde parmi tout ce monde aux mœurs, au langage, au caractère si disparates. »

Cette description pittoresque de l'Exposition coloniale de 1931 dans le *Rapport officiel* est une parabole de la *pax gallica* en Afrique, censée maintenir dans un ordre harmonieux une société indigène dont la diversité visible était potentiellement source de conflits :

« Là murmuraient les voix de la brousse et la prière des paysans [...] ; là enfin sourdait du village noir une vertu indigène qui a été trop longtemps inconnue en France, la vertu agricole, qui s'est encore accrue, depuis que la paix française est devenue, en Afrique, forte comme une religion et bienfaisante comme un don du ciel[1]. »

On peut dire, en termes à peine anachroniques, que l'Exposition veut incarner une politique de civilisation ancrée dans le respect de la diversité[2]. Plus récemment, cette vision irénique a été recouverte par l'image du *zoo humain*[3]. Cette formule, stigmatisant le fait d'exhiber des êtres humains comme des animaux, a connu un grand succès, car elle frappe à la fois l'imagination et la conscience morale. Une telle caractérisation correspond assez bien aux exhibitions d'indigènes telles qu'elles sont réalisées à la fin du XIXe siècle au Jardin d'acclimatation. Est-ce bien de cela qu'il s'agit en 1931 ? C'est ce que suggère le roman à succès de Didier Daeninckx, *Cannibale* (1998), qui situe le village kanak au beau milieu du zoo de Vincennes, construit pour l'Exposition coloniale[4].

Celle-ci est aujourd'hui relativement bien connue dans sa dimension matérielle, du fait de l'impressionnante quantité d'images et de documentation diverse qu'elle a laissée[5]. En revanche, *l'expérience* de l'Exposition coloniale, que ce soit pour les visiteurs ou les participants, est beaucoup plus obscure. C'est cette présence des indigènes, enrôlés de gré ou de force dans la mise en scène de l'Exposition coloniale, que je vais tenter d'explorer ici[6].

32. Le roi Zounnon Mèdjè de Porto-Novo (Dahomey) coiffé d'un bicorne à haute plume et drapé d'une toge, à bord du bateau le menant à Paris. Au titre d'invité officiel à l'Exposition coloniale, le roi fut accompagné de plusieurs délégués, dont Louis Pinto, le journaliste, indépendantiste et futur ministre, et Paul Hazoumé, politicien et auteur de Doguicimi, *le premier roman historique africain, publié en 1938. Photographie Bernard Maupoil, 1931. Tirage sur papier baryté.*

33. Hommes politiques et intellectuels africains dans l'avenue Daumesnil sortant de l'Exposition coloniale, 1931.

Le « tour du monde » à l'Exposition coloniale

Rappelons d'abord que la plupart des « indigènes » présents à Vincennes ne sont pas juridiquement des « étrangers », à l'exception de ceux qui sont ressortissants d'autres États coloniaux, comme les artistes du théâtre balinais, au pavillon des Indes néerlandaises (aujourd'hui Indonésie). Si quelques-uns sont citoyens français, notamment ceux qui viennent des Antilles, de la Réunion, de la Guyane, des territoires français de l'Inde ou des « quatre communes du Sénégal », la plupart sont des « sujets français[7] ». Les ressortissants du Maroc ou de la Tunisie, protectorats et non colonies, sont étrangers, mais « protégés ». Être « indigène musulman », sujet français dans les départements d'Algérie, n'est pas la même chose qu'être citoyen français de statut musulman à Dakar ou ressortissant étranger sous mandat français en Syrie. Je parlerai ici d'indigènes des colonies pour désigner les originaires des territoires d'outre-mer alors inclus dans l'Empire colonial français, quel que soit leur statut juridique d'alors, et quel que soit aujourd'hui le statut de ces territoires (États indépendants, DOM ou TOM).

Il faut distinguer deux types de présence indigène : d'une part, les « acteurs » de l'Exposition, les plus nombreux, qui sont mobilisés à un titre ou un autre dans la mise en scène : artisans, artistes, militaires et accompagnateurs ; d'autre part, les « visiteurs », les membres des élites traditionnelles ou nouvelles de l'Empire. Le jeune empereur d'Annam, Bao Dai, alors étudiant en France, est ainsi présent à l'inauguration. Par la suite, le sultan du Maroc, Mohammed V, visite l'Exposition en compagnie du maréchal Lyautey, commissaire général de l'Exposition, ou le roi Zounon, qui vient du Dahomey avec sa famille. Ces visites sont elles-mêmes mises en scène comme une illustration de la « plus grande France ». Rappelons que le sous-secrétaire d'État aux Colonies est alors Blaise Diagne, longtemps député du Sénégal.

La présence des indigènes des colonies en France était alors réglementée, si bien que l'Exposition coloniale représentait pour beaucoup d'entre eux une occasion unique de visiter la métropole. Il est difficile de donner un chiffre total, ceux-ci étant dispersés dans des sources diverses, mais on peut estimer qu'entre un et deux milliers d'indigènes ont participé à divers titres à l'Exposition coloniale. J'essaierai d'abord de donner une idée de leur diversité.

Selon l'anthropologue Henri Vallois, l'« Exposition avait réuni un nombre d'indigènes beaucoup plus grand que ce n'avait jamais été le cas ». Il note « un très grand nombre, non spécifié, d'Algériens, 265 Tunisiens, et 69 Marocains ». Le plus gros contingent fut celui des 780 militaires indigènes coloniaux : ils se répartissent en 160 athlètes, dont 100 Sénégalais, 30 Malgaches, 30 Indochinois. 360 hommes (180 Sénégalais, 90 Malgaches et 90 Indochinois) composent le « détachement des fêtes coloniales », auquel s'ajoutent 60 musiciens des tirailleurs d'Afrique du Nord[8]. On compte encore 200 hommes (80 Sénégalais, 20 Malgaches et 100 Indochinois) affectés à divers services.

Le village de l'Afrique équatoriale française (AEF) comptait près de 40 indigènes, arrivés à Paris le 25 avril 1931, parmi lesquels 3 infirmiers-interprètes, 4 sculpteurs sur bois, 6 artisans de l'ivoire, 4 forgerons, 2 sculpteurs de carapaces de tortue, 4 maroquiniers, ainsi que 5 gardes régionaux, 13 femmes et 2 enfants[9]. Le rapport précise que « les artisans, choisis parmi les professionnels les plus habiles, de très bonne conduite, de tenue irréprochable et d'excellente moralité, furent recrutés dans les diverses colonies ». Ils subirent un examen médical avant le voyage. Le contrat signé avec le gouvernement général leur assurait « la gratuité du voyage, l'entretien, une allocation mensuelle de 150 francs et une rémunération de 50 % sur le prix de vente des objets qu'ils fabriquèrent avec les matières premières mises à leur disposition » par le commissariat de l'AEF[10]. Le guide précise que le « coût de l'entretien d'un indigène, pour la durée de l'exposition », s'élevait à environ 7 000 francs, soit 1 000 francs par mois. Les visiteurs peuvent acquérir les produits : masques, bois sculpté pyrogravé, sagaies et poignards à manche d'ébène incrusté d'ivoire[11].

Pour l'Afrique occidentale française, on dispose d'une liste détaillée ; contrastant avec la description pittoresque citée plus haut, elle adopte un classement par métier, non par ethnie : « Sénégal : 6 pêcheurs, 3 bijoutiers, un tisserand, 1 brodeur. Circonscription de Dakar : 2 bijoutiers. Côte d'Ivoire : 22 danseurs, 3 sculpteurs, 4 tisserands, 6 piroguiers. Niger : 2 teinturiers, 3 cordonniers. Mauritanie : 4 forgerons, 4 cordonniers, 4 chameliers, 1 guide.

Notes

1. Rapport général officiel, *Exposition coloniale internationale et des pays d'outre-mer. Rapport général présenté par le Gouverneur Général Olivier, Délégué Général*, Paris, Imprimerie nationale, 1933-1934, t. IV, p. 301.

2. J'ai analysé l'émergence dans l'entre-deux-guerres d'un universalisme pluraliste, autour de la notion de diversité culturelle, en tension avec l'universalisme assimilationniste et ses transformations contemporaines, dans *Le Goût des autres. De l'Exposition coloniale aux Arts premiers*, Flammarion, 2007.

3. Voir l'article-pamphlet de N. Bancel, P. Blanchard, S. Lemaire, « Ces zoos humains de la république coloniale, des exhibitions racistes qui fascinaient les Européens », *Le Monde diplomatique*, août 2000, et sa déclinaison dans N. Bancel, P. Blanchard *et al.*, *Zoos humains. De la Vénus hottentote aux reality shows*, Paris, La Découverte, 2002.

4. Le même auteur a décliné ce thème dans un ouvrage pour la jeunesse, *L'Enfant du zoo* (2004). L'ouvrage très documenté de J. Dauphiné, *Canaques de la Nouvelle-Calédonie à Paris en 1931. De la case au zoo*, Paris, L'Harmattan, 1998, paru la même année, eut bien moins de retentissement que la fiction.

Soudan français [actuel Mali] : 3 bijoutiers, 2 tisserands, un sculpteur sur bois, 12 danseurs, 1 brodeur, 2 ouvriers en cuir. Guinée française : 2 potiers, 2 tisserands, 2 cordonniers, 4 bijoutiers. Haute-Volta [actuel Burkina Faso] : 3 ouvriers en bronze, 2 tisserands, 2 potiers, 2 ouvriers en cuir, 2 vanniers, 2 forgerons, 2 cuisiniers. Dahomey [actuel Bénin] : 2 ouvriers en cuivre, 4 piroguiers, 15 danseurs, 2 bijoutiers, 2 sculpteurs sur bois, 1 médecin-auxiliaire, 1 sage-femme.

« À ces effectifs, il faut ajouter des femmes indigènes qui faisaient office de cuisinières, 14 gardes-cercle et 13 gendarmes[12]. »

Ainsi, sur les 166 indigènes d'AOF dont la fonction est précisée, les plus nombreux sont les artisans (65), puis les danseurs (49). Plus des deux tiers (114) relèvent des activités artistiques. 23 sont attachés à des « services touristiques » à destination des visiteurs (chameliers, piroguiers promenant les visiteurs sur le lac Daumesnil, guides, restauration). S'y ajoutent 27 représentants des « forces de l'ordre ».

La grande attraction du pavillon de la Guadeloupe est l'orchestre Stellio, avec la chanteuse Léona Gabriel et des danseuses créoles. D'après un spécialiste de la *biguine* guadeloupéenne, l'Exposition coloniale a joué un rôle fondamental pour populariser cette musique, ce qui se traduit par la multiplication des bals antillais dans les années 1930. Selon l'auteur, les Antillais vivant en France y gagnent en prestige, ce que prouverait « le nombre de musiciens guadeloupéens et martiniquais qui ont épousé une métropolitaine à cette époque[13] ». L'Exposition coloniale fut en effet pour nombre de visiteurs l'occasion d'expérimenter le « goût des Autres », esthétique exotique sous ses diverses formes, depuis les pâtisseries du « Café maure » et le restaurant indigène qui agrémentent les pavillons de l'Algérie, du Maroc et de la Tunisie, jusqu'aux danseurs dogons, aux danseuses royales du Cambodge ou à l'orchestre de *gamelan balinais* qui fascina l'écrivain Antonin Artaud et le musicien Francis Poulenc, qui s'en inspira pour son *Concerto pour deux pianos*. Une troupe malgache composée de 5 actrices, 7 acteurs, 2 pianistes et 17 danseurs, chanteurs ou musiciens donne des représentations quotidiennes.

On trouve encore des artisans et commerçants indigènes dans diverses sections, notamment celles du Maroc, de la Tunisie (45 boutiques de tisserands, potiers, brodeurs, confiseurs, ainsi qu'un charmeur de serpents), de l'Annam et du Cambodge.

Ainsi, l'Exposition coloniale de 1931 témoigne d'une transformation dans la mise en scène des colonisés. À l'exhibition statique des indigènes exposés aux regards des visiteurs a succédé une mise en scène qui les présente en action et met en valeur leurs capacités artistiques, sous les deux formes de l'art appliqué et de la danse. L'accent est mis sur le caractère pacifique de leurs activités sous le contrôle bienveillant de la France. La forme même des interactions marque un changement : de nombreux visiteurs qui avaient spontanément utilisé le tutoiement colonial pour s'adresser aux marchands des souks furent vivement repris par ceux-ci[14].

Les indigènes présents à l'Exposition sont encore enrôlés dans une autre mise en scène : celle de la colonisation comme éducation. La Ligue pour l'instruction des illettrés anime en effet une « école française pour indigènes », qui entend « enseigner à ses élèves à parler et écrire le français en trente ou quarante leçons » à l'aide d'une nouvelle méthode d'apprentissage de la lecture, la « méthode globale[15] ». *L'Illustration* suggère que les bénéficiaires de cet enseignement s'en servent pour mieux communiquer avec leurs clients. Il est difficile d'évaluer le résultat d'une telle initiative, dont les objectifs de propagande sont clairs.

Les organisateurs de la section de l'Afrique occidentale française se sentent obligés de préciser qu'ils se sont « efforcés d'enlever à la présence des indigènes à l'Exposition tout ce qui pouvait lui donner le caractère d'une exhibition foraine ». Il est significatif que le public puisse assister à des représentations où les indigènes jouent leur propre rôle, mais que l'accès soit interdit aux lieux où ils vivent. Sur les conditions de vie des indigènes, on doit s'en tenir à la version officielle de l'administration, qui souligne les préoccupations pour l'hygiène et le contrôle moral des indigènes : « Aussi bien pour soustraire la vie privée des indigènes à la curiosité du public et leur assurer […] une protection morale nécessaire, le Commissariat avait fait construire à leur usage un casernement protégé par une enceinte fermée et où personne n'avait accès. Ce casernement comportait pour le logement des cases en bois surélevées à double paroi et plafonnées. Pour les ménages, certaines d'entre elles étaient divisées en compartiments. L'éclairage et le chauffage étaient assurés par l'électricité. »

L'utilisation des indigènes eux-mêmes dans la mise en scène de la « sauvagerie » a disparu. Lyautey a opposé son refus à des imprésarios voulant présenter les femmes dites « négresses

5. Voir notamment, outre l'article de C.-R. Ageron, « L'Exposition coloniale de 1931. Mythe républicain ou mythe impérial ? », dans P. Nora (dir.), *Les Lieux de mémoire*, t. I, Paris, Gallimard, 1984, et H. Lebovics, *L'Identité culturelle, 1900-1945*, Paris, Belin, 1995. Ces travaux empruntent largement aux 9 volumes du *Rapport général officiel*, *op. cit.*

6. J'ai analysé la mise en scène et les objectifs de l'Exposition coloniale dans « Des races non pas inférieures, mais différentes. De l'Exposition coloniale au musée de l'Homme », dans C. Blanckaert (dir.), *Politiques de l'anthropologie. Pratiques et discours en France (1860-1940)*, Paris, L'Harmattan, 2001, p. 391-473, et *Le goût des autres*. *Op. cit.*

7. Voir la mise au point de É. Saada, « Nationalité et citoyenneté en situation coloniale », dans *Les Enfants de la colonie. Les métis de l'Empire français entre sujétion et citoyenneté*, La Découverte, 2007, p. 109-136.

8. Voir « L'armée et la marine à Vincennes », dans *Livre d'or de l'Exposition coloniale internationale de Paris*, 1931, p. 27, et la contribution de L. Blévis dans le présent ouvrage.

9. *Guide de l'Exposition coloniale internationale*, p. 86. *Le Rapport général* donne des chiffres légèrement différents.

10. *Rapport général*, p. 392.

11. *Ibid.*, p. 377.

12. « L'AOF à l'Exposition coloniale », Rapport général, t. IV, p. 299.

13. Le clarinettiste Fructueux Alexandre, surnommé Stellio, était arrivé en France en 1929. J-P. Meunier, « La biguine à Paris : migration et mutation d'une musique métisse de la Caraïbe », Médiathèque Caraïbe / Conseil général de Guadeloupe, 2005.

14. C.-R. Ageron, *op. cit.*, p. 579.

15. *L'Illustration*, nº 4616, 22 août 1931.

16. Ce terme était une désignation populaire de femmes originaires de Centrafrique pratiquant des spectaculaires déformations labiales par l'insertion de plateaux de bois.

17. Les accords de Nouméa ont officialisé la graphie invariable « Kanak ».

18. Sous le patronage de la Fédération des anciens coloniaux, elle a cependant reçu le concours actif de l'administration de Nouvelle-Calédonie. Cet épisode des Kanak est bien connu grâce à l'ouvrage de Dauphiné, *op. cit.*

34. Figurante assise près du pavillon de l'Afrique occidentale française, entourée d'une foule curieuse, 1931.

à plateaux[16] » et des pygmées, attractions spectaculaires qui avaient connu un grand succès au Jardin d'acclimatation en 1929.

Les Kanak[17] au Jardin d'acclimatation : le scandale des cannibales

C'est dans cet espace privé du bois de Boulogne, et non dans l'enceinte officielle de l'Exposition coloniale, qu'eut lieu l'exhibition des Kanak de Nouvelle-Calédonie, dans des conditions qui, pour le coup, se rapprochent du zoo. Recrutés avec l'appui de l'administration, 111 Kanak partirent de Nouvelle-Calédonie, mais plusieurs moururent au cours du voyage, notamment le grand chef Bazit (quatre bébés naquirent également)[18]. Arrivés à Paris, ils furent mis en scène en archétypes du sauvage : les cannibales. Une partie du groupe fut présentée dans divers zoos en Allemagne.

Un journaliste originaire de Nouvelle-Calédonie dénonça la supercherie dans la revue satirique *Candide* : « Prosper était, au cours des années 1919 et 1920, employé à l'imprimerie de Nouméa [...]. C'est que Prosper, dans son enfance, avait étudié pour être savant et gagner sa vie au chef-lieu. De la petite tribu de ses parents à Maré, chaque jour, il se rendait à l'école de la mission où on lui enseignait le catéchisme, la géographie, l'histoire, la lecture et l'écriture [...]. Et je le retrouve cannibale douze ans plus tard, à Paris[19]. »

L'ironie mordante du polémiste oppose la réalité d'indigènes insérés dans la société coloniale néo-calédonienne à la mise en scène spectaculaire de la sauvagerie.

« Ces fauves bestiaux s'appellent Élisée, maître d'hôtel, Jean, Maurice, Germain et même Marius. L'un était à Nouméa cocher aux magasins Ballende, l'autre employé à la douane, celui-ci maître d'hôtel, celui-là timonier à bord d'un cargo côtier. Il y en a un qui était dans la police, un autre bedeau. »

C'est de Hambourg qu'un groupe écrit une lettre au ministère des Colonies, protestant contre le fait d'être traités comme des « esclaves » et d'être obligés de se présenter « sans habit civil » devant le public. À Paris, une de leurs revendications est de quitter le Jardin d'acclimatation pour Vincennes. Le commandant Montagne, ancien chef du bataillon des tirailleurs du Pacifique, relaya auprès du ministère des Colonies les protestations des Kanak, dont plusieurs avaient combattu sous ses ordres. Ce fut le cas également du pasteur protestant et anthropologue Maurice Leenhardt[20] et de la Ligue des droits de l'homme. Il est significatif que Lyautey s'associe à la protestation des Kanak contre les conditions de leur exhibition[21].

Le scandale conduit le ministère des Colonies à mettre à la retraite anticipée le gouverneur de Nouvelle-Calédonie. De plus, il prohibe « tout recrutement d'indigènes » pour des spectacles dans lesquels il ne voit que « des exhibitions mercantiles qui ne s'adressent que trop souvent à la curiosité malsaine du public[22] ». Le ministre justifie sa décision en affirmant que ces spectacles ne présentent, « en dehors de l'attrait du nouveau et de l'insolite, [...] aucun intérêt instructif ou documentaire ». De fait, il n'y a plus, après cette date, d'expérience de « village noir » en France[23]. Le scandale que suscite l'épisode confirme qu'une telle mise en scène de la sauvagerie primitive est désormais jugée illégitime.

35. L'actrice Beby Rosoandrina, vedette du théâtre malgache venue pour l'Exposition coloniale de 1931. Image prise par le photographe, politicien et écrivain malgache Ramilijaona (1887-1948) en 1931. Il fut le portraitiste le plus en vogue de l'aristocratie malgache dans les années 1930. Tirage sur papier baryté.

36. L'acteur Armand Razafihamefa, venu à Paris avec la troupe théâtrale malgache pour l'Exposition coloniale. Photographie de Ramilijaona, 1931. Tirage sur papier baryté.

37. Alphonse Rabeson, venu à Paris avec la troupe théâtrale malgache, pour l'Exposition coloniale de 1931. Photographie de Ramilijaona, 1931. Tirage sur papier baryté.

Comment cette expérience à l'Exposition coloniale a-t-elle été vécue par les indigènes qui en étaient les protagonistes ? Qu'ont-ils perçu de la métropole ? Faute d'étude sur ce point, on ne dispose que de maigres indices[24]. Quand la mission Dakar-Djibouti s'arrête en pays dogon, Michel Leiris note la « fureur de onze sur douze des jeunes gens du village envoyés pour la danse à l'Exposition coloniale », mais reste malheureusement muet sur les raisons de ce mécontentement[25].

Une expérience contrastée

Certains indigènes présents en France refusent la mise en scène de façon plus radicale. Le 19 avril, veille de l'ouverture de l'Exposition coloniale, la police arrête 33 Annamites, pour la plupart étudiants, qui assistent dans un café parisien à une conférence de Nguyen Van Thao, membre du parti communiste indochinois, les incitant à perturber l'Exposition coloniale. Quelques jours plus tard, la police signale que Nguyen Van Thao pousse « deux Indochinois, un Japonais, un Coréen et un Nègre » à provoquer des incidents à l'Exposition. Il sera renvoyé au Vietnam après une nouvelle manifestation devant l'Élysée. L'association indochinoise d'enseignement mutuel et la Ligue de défense de la race nègre militent auprès de la main-d'œuvre coloniale sur les chantiers de l'Exposition[26]. Le Service de contrôle et d'assistance en France des indigènes des colonies françaises, qui dépendait de la direction des affaires politiques du ministère des Colonies, chargé d'encadrer et de surveiller les indigènes, parvient à déjouer plusieurs tentatives de manifestations, grâce à ses informateurs parmi les indigènes. Si la manifestation prévue à Marseille pour l'arrivée d'un paquebot transportant la délégation indochinoise à l'Exposition échoue, on note quelques incidents mineurs. Des étudiants indochinois convainquent les Vietnamiens de ne pas promener leur dragon oriental à travers l'Exposition ; ils furent remplacés par des volontaires africains. Le 1er août, la police arrête des étudiants voulant manifester devant la réplique du temple d'Angkor Vat.

Ces incidents suggèrent que l'unanimisme de façade cache une réalité plus complexe. De tous les colonisés venus pour l'Exposition, ce sont sans doute les Kanak qui ont eu l'expérience la plus violente : partis pour découvrir la France, ils ont été victimes d'une mise en scène dégradante. Pourtant, même dans ce cas, cette description n'épuise pas l'expérience : alors qu'ils étaient en principe enfermés, ne pouvant sortir même pour aller suivre le culte catholique ou protestant, plusieurs coloniaux n'hésitèrent pas à les aider à faire le mur pour les inviter le soir. Une vingtaine de Kanak étaient prêts à signer un nouveau contrat avec un imprésario, mais en furent empêchés par leur chef. Sept s'échappèrent à Marseille du bateau qui devait les ramener en Nouvelle-Calédonie, préférant rester en métropole. Quatre d'entre eux travaillèrent un temps au zoo de Cagnes-sur-Mer et regagnèrent la Nouvelle-Calédonie l'année suivante. Paul Katrei trouva un emploi à Marseille et revint chez lui en 1939. C'est seulement en 1955 que Guillaume Kicine retourna à Maré. La plupart de ceux qui étaient venus pour l'Exposition sont retournés dans les colonies, mais pour quelques-uns, ce fut le premier pas d'un parcours migratoire[27].

Ni l'image irénique que voulaient donner les organisateurs d'une population indigène satisfaite de travailler paisiblement et de danser à l'ombre du drapeau français, ni la dénonciation uniformisante *a posteriori* du zoo humain, qui aboutit à faire des indigènes des victimes passives, ne rendent compte de ce qu'a été l'expérience de l'Exposition coloniale pour les indigènes des colonies qui y ont été confrontés, diversifiée en fonction de leur trajectoire antérieure, de leurs attentes. Dans les deux cas, ils sont réduits au silence par ceux qui entreprennent de parler à leur place.

À défaut de pouvoir encore interroger des participants, un programme de recherche systématique de témoignages (correspondances ou documents) pourrait être lancé, apportant ainsi une précieuse contribution sur la façon dont ont été vécues ces interactions coloniales singulières.

19. A. Laubreaux, « Les cannibales à Paris. Une heure chez les mangeurs d'hommes », dans *Candide*, 14 mai 1931.
20. M. Naepels et C. Salomon (dir.), *Terrains et destins de Maurice Leenhardt*, Paris, éditions de l'EHESS, 2007.
21. J. Dauphiné, *op. cit.*, p. 88, 89, 104.
22. Circulaire du ministre des Colonies au sujet des exhibitions d'indigènes, Paris, 27 juillet 1931.
23. Voir J.-M. Bergougniou, R. Clignet, P. David, 2001, *Villages noirs et visiteurs africains et malgaches en France et en Europe (1870-1940)*, Paris, Karthala, 2001.
24. Voir les témoignages sur le site du collège de Canala consacré aux « Canala à l'Exposition coloniale », http://www.ac-noumea.nc/canala/sitecollege/projets/expoweb.
25. M. Leiris, *L'Afrique fantôme*, 7 octobre 1931.
26. Je m'appuie ici sur les rapports de police du Service de contrôle et d'assistance en France des indigènes des colonies, cités par H. Lebovics, *op. cit.*, p.103-108.
27. Ainsi à Madagascar, selon Chantal Crenn, « quelques privilégiés viendront suivre des études de médecine ou de théologie dans les années 1930 (profitant de l'Exposition coloniale de 1931) ». « L'espace migratoire franco-malgache. D'une migration temporaire à une migration définitive », *Cahiers du Cériem*, n° 3, octobre 1998.

38. Les Kanak au Jardin d'acclimatation du bois de Boulogne au moment de l'Expoition coloniale, 1931.

39. Danseurs coniagui de la Guinée coiffés de grands cimiers rouges ornés de plumes de coq à l'Exposition coloniale, 1931. Plaque stéréoscopique.

40. Vendeurs et figurants dans un stand d'objets vietnamiens à l'Exposition coloniale, 1931. Plaque stéréoscopique.

Être étranger dans le XIIe arrondissement au temps de l'Exposition coloniale

MARIE-CLAUDE BLANC-CHALÉARD, SYLVAIN PONS

Capitale d'un pays centralisé dont le rayonnement ne faiblit pas depuis des siècles, Paris est un pôle d'attraction pour les étrangers de toutes origines et des milieux les plus divers. L'ambiance cosmopolite de la Ville lumière a explosé depuis la Grande Guerre, alors que le Paris des années folles s'entiche de Joséphine Baker ou des cabarets russes. Les Russes, précisément, déroutent par leur diversité : aristocrates de salon, artistes à Montparnasse, ouvriers à « Billankoursk », chauffeurs de taxi... Derrière ce « Paris-Babel » qui n'est pas du goût de tout le monde, se profile le destin des exilés d'une Europe bouleversée. Fuyant les révolutions, les dictatures, les persécutions, les vagues de réfugiés se succèdent, de 1918 à 1939.

Bien des exilés, dépourvus de tout, se retrouvent mêlés à la masse des étrangers venus pour s'embaucher à bas prix, ce sont les « immigrés » d'alors. Ils représentent 10 % de la population de la capitale et de sa banlieue en 1931, soit deux fois plus qu'avant 1914. Très minoritaires en regard des migrations provinciales, qui alimentent encore à 75 % la croissance de l'agglomération, les étrangers, conformément aux dynamiques de l'époque, sont de plus en plus nombreux à travailler et à s'installer en banlieue, mais Paris-ville en concentre toujours la moitié, soit près de 300 000 personnes en renouvellement permanent.

L'Exposition coloniale de 1931 s'installe au bois de Vincennes, aux marges du XIIe arrondissement, auquel il a été administrativement intégré en 1926. Arrondissement périphérique mais aussi porte d'entrée dans la capitale, grâce à la gare de Lyon, le XIIe offre un bon point d'observation pour voir comment vivent les étrangers de la capitale, à l'heure où sont mis en scène les peuples et civilisations de la « plus grande France ».

Le XIIe, du vieux faubourg au bois de Vincennes

Symétrique du bois de Boulogne, qui prolonge à l'ouest le Paris bourgeois, le bois de Vincennes

41. Site de l'Exposition coloniale, aux portes du XIIe arronsissement. Cette photographie, prise par l'IGN en 1931, met en évidence la topographie du site de l'Exposition, aux alentours de la Porte Dorée.

a été pensé comme un espace récréatif destiné aux ouvriers de l'Est parisien. Le XIIe est, de fait, un arrondissement populaire, même s'il l'est moins que ses voisins. Le bois et son environnement de verdure ont maintenu dans certains espaces, comme le quartier Bel-Air[1], l'allure de résidence aisée de la commune de Saint-Mandé, avec de larges avenues autour de grandes places. Mais l'essentiel des habitants se concentre dans les quartiers Picpus et Quinze-Vingts (76 % en 1931), surtout dans la partie qui appartenait au VIIIe arrondissement du Paris préhaussmannien, le faubourg Saint-Antoine.

Après la Révolution, l'imaginaire ouvrier parisien a continué de vivre entre la Bastille et la place de la Nation, où la République a érigé avec faste la statue de Dalou en 1899. À l'extérieur, de vastes secteurs de l'arrondissement appartiennent à la couronne annexée en 1860 et conservent des allures de marges urbaines. L'emprise des gares et des voies ferrées est considérable, à commencer par les rails et ateliers de la ligne Paris-Lyon-Méditerranée.
À Bercy, quartier du vin arrimé à la Seine, les entrepôts ne laissent guère de place à l'habitat. Celui-ci est plus dense (et plus récent) dans le sud de Picpus, où ateliers et usines occupent de grands îlots comme la manufacture de tabacs près de la porte de Charenton. Enfin, les fortifications, détruites dans les années 1920, n'ont pas fait disparaître la zone ni l'apparence incertaine des boulevards Soult ou Poniatowski.

De la Bastille au bois de Vincennes, l'histoire du XIIe est ainsi celle de faubourgs successifs, avec des foires aux noms fameux, foire aux Pains d'épices, foire du Trône, où le peuple se presse à la recherche de l'insolite que proposent toutes sortes d'étrangers, jadis montreurs d'ours italiens entourés d'enfants musiciens, plus tard vendeurs de chinoiseries et autres babioles exotiques.

Les étrangers du XIIe

En 1931, on a recensé entre 11 000 et 12 000 résidents étrangers dans le XIIe, soit environ 7,5 % de la population totale. Même dans ses quartiers les plus étrangers, ce pourcentage est proche de la moyenne parisienne. Mais on est loin des chiffres du XVIIIe ou du XXe (20 000 et plus), ou des densités du IVe (près de 20 % dans le quartier Saint-Gervais), du XIe ou du XXe (plus de 14 % à la Roquette ou à Charonne).

Même si la diversité des sources rend la comparaison difficile, on peut retenir néanmoins

QUARTIERS	1926			1931		
	POPULATION	ÉTRANGERS	%	POPULATION	ÉTRANGERS	%
Bel-Air (45)	23 100	1 153	5 %	25 167	1 975	8,3
Picpus (46)	67 458	5 627	8,3 %	67 401	4 617	6,8
Bercy (47)	10 633	458	4,3%	10 653	405	3,5
Quinze-Vingts (48)	49 135	5 742	11,6 %	47 810	4 080	8,5
Total XIIe arrt.	150 535	12 980	8,6	151 031	11 077	7,3

La population du XIIe arrondissement en 1926 et 1931[2].

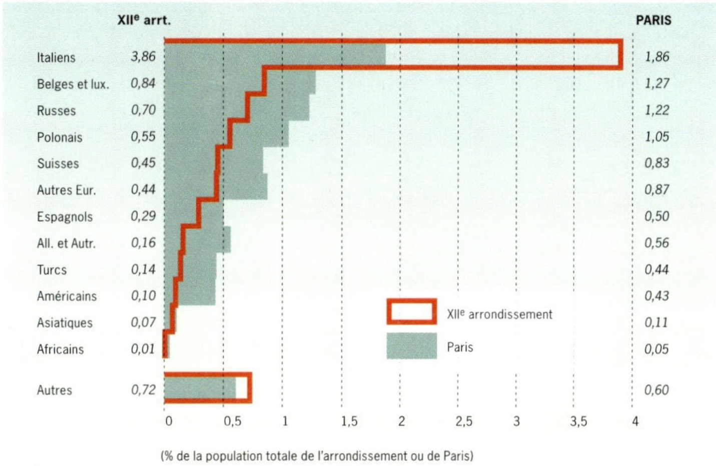

42. Les étrangers dans le XIIe arrondissement et à Paris en 1926.

qu'entre 1926 et 1931 les effectifs, totaux comme étrangers, sont à la baisse dans tous les quartiers, à l'exception de Bel-Air, le moins dense de tous et peut-être le plus concerné par les effets de l'Exposition coloniale. Phénomène général, le Paris saturé de l'entre-deux-guerres commence à perdre de la population. Le blocage des loyers a aggravé la crise du logement populaire. Les appartements, petits et dépourvus du confort minimum, sont en nombre insuffisant, et les propriétaires ne voient pas d'un bon œil les familles, surtout lorsqu'elles sont nombreuses et étrangères. Du coup, elles s'installent dans la zone ou en banlieue, comme les ouvriers français. De plus en plus, le XIIe fonctionne comme un quartier d'accueil plus que de résidence, avec nombre d'hôtels et de garnis peuplés d'hommes seuls.

Du côté des origines, le XIIe n'est pas un résumé de la diversité parisienne. Le graphique ci-dessus permettent de le voir pour 1926[3]. À l'échelle de Paris, le poids des divers groupes est assez équilibré, avec une forte inflexion du côté des migrants d'Europe centrale, parmi lesquels de nombreux juifs. La catégorisation se fonde sur la nationalité : les Arméniens sont « turcs » (d'autres Turcs sont juifs ou grecs), les « Russes » sont russes, ukrainiens ou juifs, les Polonais parisiens

Notes
1. Depuis 1860, la capitale est divisée administrativement en 20 arrondissements, chacun comportant quatre quartiers. Ceux du XIIe ont pour nom : Bel-Air, Picpus, Bercy, Quinze-Vingts.
2. Sources 1926 : *Annuaire statistique de la Ville de Paris*, 1926, p. 444-445. Sources 1931 : listes nominatives des recensements par quartier, totaux manuscrits.
3. Le recensement des étrangers de Paris varie beaucoup au cours de la période. Le détail des effectifs par quartier et des origines ne sont accessibles que pour 1926 (*Annuaire statistique de la Ville de Paris*, 1926).

sont presque tous juifs. Ce groupe « oriental » est bien présent dans le XIIe. Mais il faut noter le poids singulier des Italiens, alors qu'ils sont à peine majoritaires à l'échelle de la ville. S'y ajoutent les Belges et les Suisses, migrants depuis longtemps familiers du Paris populaire.

L'*Annuaire statistique de la Seine* détaille à part les « habitants des colonies et protectorats ». Ils étaient 1 000 environ dans le XIIe en 1926. Pour l'essentiel, il s'agit de travailleurs venant d'Algérie (700). Ils sont facilement identifiables dans les registres de quartiers, où ils forment des groupes isolés des autres migrants, exclusivement masculins et invariablement signalés comme « manœuvres ». Séparation qui illustre le traitement à part de ces migrants coloniaux, soumis à la fois à un régime spécial d'émigration à la demande des colons d'Algérie[4], ce qui empêche notamment la venue des familles, et à la surveillance d'une Brigade nord-africaine.

Cela n'interdit pas toutefois une certaine indépendance des comportements dans l'espace de la grande ville. Il ne faut pas oublier que Paris est alors le lieu privilégié de la formation politique des élites indigènes, de l'activisme des étudiants chinois et indochinois à la création de l'Étoile nord-africaine par Messali Hadj en 1926[5]. Tous font leurs premières armes auprès du parti communiste, le seul à l'époque à se proclamer anticolonialiste (guerre du Rif).

Entre soi et chez soi dans le XIIe

En 1931, la vie des étrangers entre eux et dans leur quartier ne diffère guère dans le XIIe de ce qu'elle est alors dans le Paris populaire. On y voit les origines se mêler, les concentrations se limitant à l'échelle de l'impasse ou de l'immeuble. Les jalons de la vie communautaire, cafés, boutiques, lieux de culte, se superposent à la structure du quartier, qui invite à d'autres voisinages : écoles, patronages, lavoir collectif, échanges militants. Un groupe peut colorer davantage quelques rues, donnant une idée trompeuse de la réalité du peuplement. C'est le cas des Italiens dans certains coins du XIIe, emblématiques d'une forte présence transalpine dans tout l'Est parisien[6].

Population flottante, familles à l'étroit et résidents aisés

L'agencement composite du XIIe joue sur la répartition des diverses catégories d'étrangers. Tout près de la gare de Lyon, le premier accueil se fait dans les sombres ruelles de l'îlot Chalon

43. Restaurant Moruzzi, 18, impasse Jean-Bouton, 1913.

(voir carte ci-contre). Parmi la clientèle des multiples hôtels et garnis (six hôtels et un marchand de vin passage Raguinot), la proportion des étrangers est très supérieure à la moyenne de l'arrondissement (20 %, voire 30 %). Si les origines varient d'un hôtel à l'autre, les conditions sont proches et fort médiocres : journaliers, maçons ou cimentiers italiens, manœuvres algériens, marchands chinois dits souvent « marchands ambulants » (venus pour foire du Trône, pour l'Exposition ?).

Les Italiens, nombreux depuis longtemps à débarquer gare de Lyon, ont investi quelques établissements (pour le reste aux mains des Auvergnats) : passage du Moulin, trois hôtels ont une clientèle presque exclusivement italienne, maçons et cimentiers formant l'essentiel de ces isolés. Les restaurants du n° 1 et du n° 7 sont italiens. Dans le secteur logent aussi des familles russes et polonaises, des Français de passage ou des habitants permanents, comme les employés du PLM.

La main courante du quartier laisse entendre sans surprise que ces lieux sont peu sûrs et très surveillés (on parle de « battue boulevard Diderot ») : arrestation de prostituées, nombreux vols à la tire ou dans les chambres, nombreuses « pertes de papiers d'identité » pour les étrangers. Un hôtelier italien est épinglé pour ne pas avoir affiché le prix des chambres passage Brunoy, le restaurateur d'en face (italien aussi) a deux amendes en quelques semaines d'intervalle pour « chien sans collier ni muselière ».

On retrouve les Italiens dans le faubourg Saint-Antoine, plus souvent en famille. Dans les multiples cours et passages de ce faubourg, au milieu des îlots vétustes et surpeuplés, la cohabitation entre

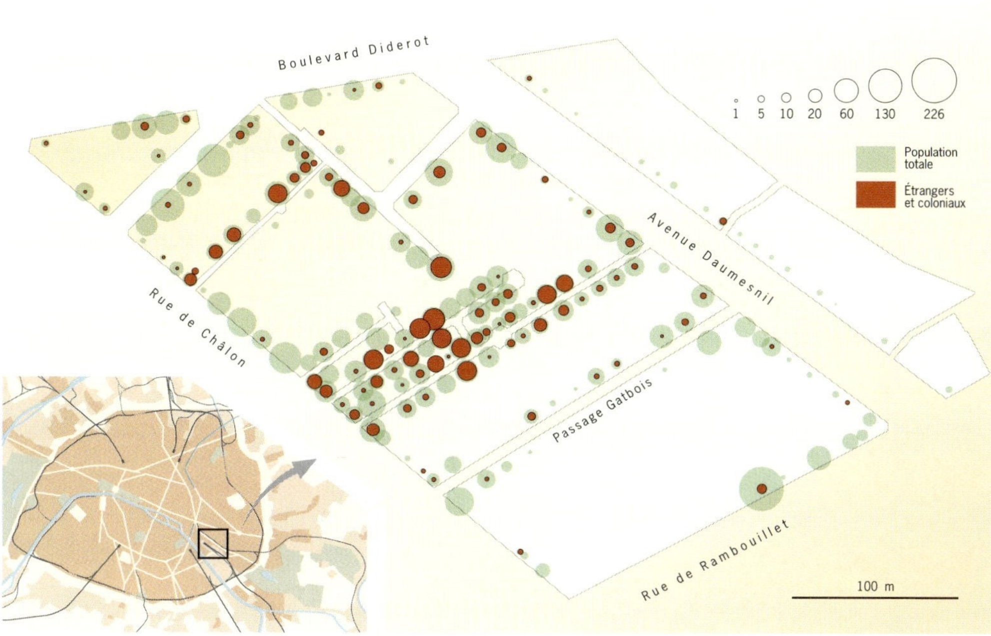

44. Étrangers autour de l'îlot Châlon, près de la Gare de Lyon, en 1931, d'après les listes nominatives du recensement de 1931.

Parisiens et allogènes est ancienne. L'unité du quartier tient à l'artisanat du meuble, ouvert aux étrangers depuis la monarchie. Depuis la guerre, le secteur, moins rentable, tend à leur être abandonné. Des artisans à leur compte sont belges, italiens ou russes. Plusieurs d'entre eux sont « fabricants » et affichent une vraie réussite, du moins jusqu'à la crise des années 1930, qui est terrible. Les Italiens sont surtout ouvriers, dans le meuble ou dans le bâtiment. La plus grande concentration transalpine du quartier se situe dans ce qui fut l'îlot Saint-Éloi, à l'ouest de la gare de Reuilly, où arrivait le bois de déroulage. En 1931, au 177, rue de Charenton, une « impasse bordée de petits immeubles, où on accédait par un passage sous l'immeuble », vivent 197 Italiens sur 400 personnes. Mais le mélange reste de mise : passage Montgallet, à côté du fabricant de meubles Fussi, habitent un chapelier belge, plusieurs tailleurs et tapissiers polonais, des vernisseurs roumains. « La communale » de la rue Lepeu, où résidaient plusieurs familles juives polonaises, avec chacune 3 ou 4 enfants, avait sans doute un air multiculturel.

Même diversité dans les hôtels ou garnis du sud de Picpus. Au 43 de la rue de la Brèche-aux-Loups cohabitent, y compris en couples mixtes (non mariés), des Italiens, des Russes, des Polonais, des Hollandais, des Algériens, une Espagnole, un Luxembourgeois dénommé I-Zuang et un employé de commerce grec. Ces étrangers se distinguent par une condition plus ouvrière que leurs voisins français. Ces derniers comptent de nombreux employés (comptables, dactylos) ou fonctionnaires (gardiens de la paix), alors que les Italiens sont dans le bâtiment et que les juifs utilisent leur appartement pour le travail à façon.

Roumains et Polonais sont assez nombreux au 72 de la rue Claude-Decaen, un ensemble de logements sociaux où vivent aussi des familles réfugiées du nord de la France. Une plaque est aujourd'hui apposée à l'immeuble en mémoire des nombreuses victimes de la rafle du Vel' d'hiv et des enfants déportés. Simple et terrible rappel de la rupture qui s'amorça avec la crise xénophobe et antisémite des années 1930. Radicalisée par les nazis, elle s'abattit sur un quartier où tous croyaient vivre la même vie, où les enfants fréquentaient la même école et se retrouvaient au cinéma de quartier, le Vox, où l'on allait en famille à la foire du Trône ou au bois de Vincennes le dimanche.

Dans le XIIe plus chic, autour de la Nation, le quartier Bel-Air, et à un moindre degré avenue Daumesnil, des foyers étrangers épars se distinguent par la présence de milieux plus bourgeois, directeurs d'entreprise ou négociants de nationalités variées. Dans le quartier Bercy, très fermé sur lui-même, on note seulement la présence de quelques grossistes en vins italiens, qui font des annonces de *vins fins piémontais* ou

4. Voir la contribution de L. Blévis dans le présent ouvrage.
5. A. Kaspi et A. Marès, *Le Paris des étrangers*, Imprimerie nationale, 1989.
6. M.-C. Blanc-Chaléard, « Les Étrangers, des Parisiens à l'épreuve des convulsions nationales (1840-1940) », dans J.-P. Azema (dir.), *Vivre et survivre dans le Marais*, Le Manuscrit, 2005.
7. L. Taravella, *Histoire sociale des habitants de Rocca di Ferriere (Piacenza), émigrés dans la région parisienne, à travers des récits biographiques (1880-1980)*, mémoire de sociologie, Paris VIII, 1983.
8. L'idée est de préserver « un capital spirituel apporté de leur pays, supérieur à celui du Français moyen » et de limiter parmi eux « les victimes des propagandes socialistes et bolchevistes/ du milieu ambiant irréligieux ». Pour autant, les migrants doivent s'aligner sur le modèle français, archives de l'archevêché, rapport de Mgr Chaptal, administration diocésaine des étrangers, 1926.

d'*Asti spumante* dans les journaux lus par les Transalpins cultivés (*L'Unione*).

Le XIIe, territoire des Italiens

Les Italiens entretiennent une relation de longue date avec l'espace situé entre la gare de Lyon, la Bastille et Nation, devenu un peu le cœur de leur territoire dans l'Est parisien. Parmi ceux qui arrivent dans l'entre-deux-guerres, isolés et sans le sou, beaucoup ont en poche (ou en mémoire) les adresses de plusieurs endroits où ils pourront se sentir chez eux. Dès les années 1880, les groupes transalpins sont repérables passage Guillaumot, impasse du Moulin (îlot Chalon) ou cité Moynet et passage Stinville (îlot Saint-Éloi). La police, qui surveillait les anarchistes avant 1914, en avait repéré plusieurs, dont Ernest Caporali, qui logeait rue Lepeu en 1903. Mais la plupart sont des montagnards catholiques venus, entre autres, de Plaisance, de Parme, du Val Nure, et plus précisément de Rocca di Ferriere[7], soit la même origine que les premiers Italiens de Nogent-sur-Marne : l'habitude est restée de faire étape dans le XIIe, avant d'aller plus loin, du côté de Nogent, par le train qu'on prenait à la Bastille.

Dès le début du siècle, le nombre des fidèles et des enfants est tel qu'on affecte un vicaire spécial parlant l'italien à la paroisse locale, celle de Saint-Éloi. Celle-ci reste un modèle dans l'entre-deux-guerres, quand l'épiscopat parisien cherche à organiser l'administration religieuse des étrangers[8]. La mission italienne qui s'installe un peu plus au nord, rue de Montreuil, en 1932, aura en charge de veiller au maintien de l'italianité de la colonie, conformément aux désirs de Mussolini.

Car si, après la guerre, la colonie italo-parisienne a augmenté et s'est diversifiée, le rapport au régime fasciste constitue une variable majeure, qui tend à unifier (dans les deux sens) l'identité italienne. Le XIIe, qui voit passer et abrite quantité d'antifascistes, a aussi sa place dans la géographie du fascisme parisien. Près de la porte de Saint-Mandé, au 37, rue des Marguettes, est installé le siège du Comité des écoles italiennes : on y regroupe les enfants de l'Est parisien pour de petites cérémonies fascistes, en costume *Ballila*[9], ou avant qu'ils ne prennent le train pour les colonies *Marine et Montagne* offertes par le Duce. Les départs et les retours gare de Lyon sont des moments d'intense propagande, auxquels répondent des manifestations organisées par les communistes (Français et Italiens mêlés). La police interpelle les manifestants et en profite pour expulser les étrangers indésirables[10]. Les antifascistes ont à se garder à la fois de la police parisienne qui les surveille (voir la contribution de C. Rosenberg dans le présent ouvrage) et des mouchards de la police fasciste qui envoient à Rome des rapports sur eux..., et grâce auxquels on peut aujourd'hui retrouver la trace de leurs fragiles réseaux[11].

Boulevard Diderot, le café *Chez Bouboule* est le QG où on se réunit avant les manifestations, où on se retrouve pour parler politique ou *per sentire la musica*. Passage Stinville, l'un des frères Spaggiari, anarchistes émiliens, tient un de ces cafés désignés comme le rendez-vous de « la pire engeance antifasciste ». Ce bistrot de quartier rappelle qu'il n'y avait pas à Paris que des hauts responsables politiques. Dans la nébuleuse antifasciste, les anarchistes sont les plus portés à monter des attentats. On apprend ainsi dans le dossier de Leonardo Raffuzzi, anarchiste suivi depuis 1898 et patron d'un restaurant boulevard Philippe-Auguste, qu'il aurait participé à une tentative d'attentat contre le pavillon italien de l'Exposition coloniale en mars 1931[12]. Ce qui nous ramène à l'événement et à ses incidences sur les migrations dans le XIIe.

Du chantier à l'Exposition

Acteurs bien souvent anonymes de cette grande manifestation, les ouvriers du chantier sont les premiers étrangers conviés à l'Exposition coloniale. En janvier 1931, dans la phase finale de la construction, ils sont environ 2 500, de toutes nationalités, Portugais, Allemands, Italiens, Luxembourgeois, Polonais, Serbes, Tchèques et sujets de l'Empire français à travailler pour le compte de diverses entreprises de bâtiment. Parmi elles, l'entreprise de ciment armé Lajoinie, chargée notamment de la construction du temple d'Angkor et du parc zoologique, sous-traite à des entrepreneurs italiens, comme Gino de Locchi. Les ouvriers habitent en banlieue, mais certains sont logés dans le parc même de l'Exposition ou sur les boulevards attenants : 48 charpentiers allemands occupent ainsi la moitié d'un hôtel, au 69 du boulevard Poniatowski.

La situation de ces immigrés a laissé peu de traces, malgré une surveillance étroite de la police, comme en témoignent les registres de mains courantes entièrement consacrés à l'Exposition coloniale[13]. Les chômeurs errants sont arrêtés, certains maîtres de chantier, comme l'Allemand Paul Styra, sont épinglés pour avoir embauché des ouvriers non pourvus de leur livret de travailleur ou

45. Café restaurant Michel Geninatti, 253, rue du Faubourg-Saint-Antoine vers 1930.

ne pas tenir à jour l'immatriculation des travailleurs étrangers. Les tensions autour du chantier semblent fortes, et les syndicats du bâtiment se mobilisent : Henri Séguès, secrétaire du syndicat des charpentiers, est soupçonné d'être responsable de la grève des ouvriers allemands à la fin de 1930. La police veille, un Italien est interpellé pour avoir distribué des tracts invitant à une manifestation le 1er mai.

La surveillance s'impose encore davantage pendant la durée de l'Exposition, qui s'ouvre le 6 mai 1931. Parmi les quelque 8 millions de visiteurs qu'elle a accueillis, la police estime qu'il faut compter « la presque totalité des étrangers (740 868) venus à Paris en 1931[14] ». Il faut y ajouter les ouvriers encore présents et les indigènes exposés par les différentes puissances coloniales. Des étrangers sont également employés dans des restaurants ou dans certaines attractions du parc : un Grec, Xinidis Folas, fait ainsi le scaphandrier dans une échoppe qui prétend présenter aux visiteurs le « scaphandrier Davies, le héros du renflouement du *Saint-Philibert*, dans son réservoir de verre de 50 000 litres d'eau[15] ». Certaines activités, comme les attractions sur le lac Daumesnil, sont toutefois réservées aux travailleurs français ou sujets de l'Empire.

La police parisienne constitue un service spécial, dirigé par le commissaire Leriche, auquel sont affectés deux inspecteurs des renseignements généraux, « pour la surveillance des étrangers et pour prévenir les menées communistes ». Il s'agit d'abord de maintenir l'ordre public ; l'éventail des délits reprochés aux 940 étrangers interpellés pendant l'Exposition est large : de la vente illégale de tickets au vol à la tire, en passant par des altercations houleuses avec des gardiens ou le défaut de papiers d'identité (certains sont arrêtés pour infraction à un décret d'expulsion).

La mission la plus sérieuse demeure la chasse aux subversifs, visant entre autres les distributeurs de tracts antifascistes italiens ou les nationalistes indochinois. Le communisme est particulièrement visé. Lors de l'incendie accidentel du pavillon de la Hollande, le 28 juin (9 ouvriers, dont 4 étrangers, sont d'ailleurs licenciés à cette occasion, faute de travail[16]), les inspecteurs cherchent à savoir si les 51 Balinais venus des Indes néerlandaises ne sont pas communistes.

Les militants anticolonialistes sont en effet très actifs dans le XIIe arrondissement : le 25 avril, des militants indochinois tiennent une réunion dans une brasserie de la rue de Chalon et décident de constituer des comités de lutte pour créer des incidents et des manifestations pendant l'Exposition coloniale[17]. Ils diffusent de nombreux tracts, dès l'ouverture de l'Exposition, à l'intention des tireurs de pousse et des acteurs indochinois employés comme figurants, les invitant à réclamer de meilleures conditions de travail. Ils s'adressent aussi aux visiteurs, qu'ils informent de la situation en Indochine, où une sévère répression sévit contre les militants nationalistes depuis la mutinerie de Yen Bay, l'année précédente, et contre les communistes qui ont pris la tête d'un vaste soulèvement paysan dans le centre du pays au printemps 1931 : « Pendant que là-bas en Indochine le sang coule à longs flots et que les têtes tombent quotidiennement, l'impérialisme français organise à Vincennes l'exposition coloniale internationale afin de montrer à tout le monde le produit de son exploitation éhontée et tout ce qu'il a volé aux colonies[18]. »

En regard de l'éblouissement provoqué par l'exotisme grandiose de l'Exposition, l'écho de ces premiers craquements de l'empire reste faible et l'impuissance est quasi totale face au statut d'indigène qui pèse sur les travailleurs coloniaux comme sur les figurants importés par la métropole. Le temps de la décolonisation, après 1945, sera aussi celui du grand moment des migrations dites coloniales. Pour l'heure, les immigrés, exilés ou prolétaires, sont surtout des étrangers. Pour ceux du XIIe arrondissement comme pour les autres commence en 1931 une période de crise, d'exclusion, voire un chemin fatal. Beaucoup, pourtant, vont partager les espoirs des ouvriers français en 1936 et certains poursuivront dans la Résistance les combats engagés contre les dictatures qui les ont chassés.

9. Archives de la préfecture de police (APP) B/A282, Rapport août 1936 : « 300 enfants en chemise noire et leurs parents chantent des chants italiens et crient *Duce ! Duce !* en faisant le salut fasciste. »
10. APP B/A278. Septembre 1931 : 72 interpellations, dont 51 étrangers. 16 expulsés, 26 refoulés, et deux envoyés au dépôt (port d'arme). La même année a lieu au stade suisse, boulevard Carnot, une manifestation sportive réunissant 3 000 adhérents avant-gardistes et *Ballila*, avec salut fasciste, chemise noire, le chant *Giovinezza*, etc. La police se contente d'un rapport.
11. Dans le fichier du Casellario politico centrale (CPC), conservé à Rome, Archivio dello Stato.
12. CPC Rome, B.4197, Raffuzzi Lazzaro. La date n'est pas très sûre.
13. APP, C/B45.14 et C/B45.15.
14. APP, D/A 773, rapport de juin 1932.
15. Le naufrage du *Saint-Philibert*, en juin 1931, a fait la une des journaux pendant tout l'été.
16. APP, D/A 773, rapport du 5 juillet 1931.
17. APP, B/A 2152, rapport du 27 avril 1931.
18. *Ibid.*, tract « Aux travailleurs et aux étudiants résidant en France ! »

2/ La crise

En France, comme sur le chantier de l'Exposition coloniale, les différents lieux de travail, mines, usines, mais aussi boutiques et ateliers bruissent de mille langues. Pourtant, la crise économique qui frappe de plein fouet le pays en 1931 fait des étrangers et des coloniaux ses premières cibles.

46. Maçons italiens à la pose en banlieue parisienne, entreprise de Jean Scanzaroli, 1932-1933.

Les étrangers et les naturalisés dans la société française

Commentaire du recensement de 1931

ÉRIC GUICHARD, OLIVIER LE GUILLOU, NICOLAS MANITAKIS, GÉRARD NOIRIEL

C'est en 1851 que les principales « nationalités » étrangères présentes en France ont été recensées pour la première fois. À la fin du XIXe siècle, sont collectées les premières données sur les naturalisés. Dans les décennies suivantes, le développement de l'immigration et la montée du nationalisme incitent les pouvoirs publics à multiplier les enquêtes statistiques sur les étrangers et les naturalisés. Les recensements quinquennaux deviennent ainsi une source de plus en plus précieuse pour l'historien de l'immigration. L'afflux des étrangers en France depuis le second Empire a permis la structuration de plus d'une centaine de communautés nationales dans l'Hexagone, la grande majorité d'entre elles n'étant fortes que de quelques milliers d'individus, parfois moins.

[...] Les sept groupes que nous avons retenus comprennent près de 80 % de la population active étrangère installée en France en 1931 (un peu moins de 1,3 million d'individus sur un total de 1,6 million) et une proportion comparable de naturalisés. [...] Nous avons jugé utile d'intégrer les individus que les recensements appellent les « sujets et protégés d'Afrique » et qui sont, à l'époque, comptabilisés avec la population étrangère, bien qu'ils soient issus du monde colonial français. [...]

Belges, Italiens, Espagnols : les prolongements d'un cycle migratoire déjà ancien

[...] En 1931, trois nationalités [...], les Belges, les Italiens et les Espagnols [...], représentaient déjà plus de 70 % des étrangers installés en France en 1901. Même si leur contribution a fortement diminué en trente ans, ces trois communautés fournissent encore plus de la moitié (52,3 %) de la population immigrée recensée. [...]

Les Belges ou l'achèvement d'un cycle migratoire

Si l'on compare les chiffres de la population belge présente en France en 1901 et en 1931, on constate qu'ils sont passés de 324 000 personnes (31,4 % de la population étrangère totale) à 254 000 (moins de 10 %). Si l'on se souvient que jusque dans les années 1890, les Belges représentaient la première communauté étrangère en France, on ne peut qu'être frappé par le déclin continu de leurs effectifs. [...] C'est une communauté étrangère qui ne se renouvelle plus, le développement économique de la Belgique permettant de retenir sur place ceux qui cherchent un emploi. C'est ce tarissement de l'immigration qui explique la très forte proportion de naturalisés par rapport au total des « originaires » de Belgique. [...]

Le caractère très avancé du cycle migratoire belge permet d'expliquer la position privilégiée qu'occupent les Belges au sein de la population active étrangère en 1931. [...] Comme tous les autres groupes, les Belges ont une proportion d'ouvriers (58,7 %) nettement supérieure à la moyenne nationale. Néanmoins, comparé aux autres nationalités, ce taux est relativement faible. À l'inverse, les Belges se singularisent par la place importante qu'occupent les chefs d'établissement. Près d'un actif belge sur cinq appartient à cette catégorie [...].

En 1931, alors que moins d'un actif étranger sur dix est belge, ceux-ci fournissent près de 20 % du total des chefs d'établissement non français, soit environ 30 500 personnes (et seulement 8,5 % des ouvriers : 92 129 personnes). L'examen par section professionnelle confirme que le profil de la population active belge est moins « déséquilibré » que celui de la moyenne des étrangers. Certes, pour eux aussi l'industrie est le principal pôle d'attraction (environ un actif sur deux). Mais 22,5 % d'entre eux travaillent dans l'agriculture (26,8 % pour les femmes) et 12,3 % dans les activités commerciales. [...]

Si l'on compare la population active des étrangers avec celle des naturalisés originaires de Belgique, [...] on constate que l'accès à la nationalité française est un tremplin pour s'évader de l'industrie et exercer des activités commerciales. Chez les Français naturalisés

47. Les piqueteurs belges viennent louer leurs services en France pour la moisson au début du XXe siècle. On trouve de nombreux étrangers employés dans le secteur agricole, essentiellement comme ouvriers saisonniers. Illustration anonyme pour Le Petit Journal illustré *de 1908.*

d'origine belge, la proportion des actifs dans le secteur du commerce et des banques est supérieure à celle de l'agriculture [...], alors que c'est l'inverse dans la population active de nationalité belge [...].

Cela ne doit pas masquer le fait que les activités industrielles regroupent une partie importante des naturalisés venus de Belgique. [...] Prenons le cas des « mines et carrières ». Alors que les étrangers de nationalité belge ne fournissent que 2,4 % du total des mineurs étrangers en 1931, les naturalisés originaires de Belgique représentent, à la même date, 15,4 % de l'effectif total des mineurs naturalisés. [...]

[...] Les données relatives aux naturalisés peuvent être lues comme les « traces » du rôle que les Belges ont joué dans le développement de la « première industrialisation » française au XIXe siècle. En dehors du charbon, on sait que celle-ci s'est largement appuyée sur l'industrie textile. On ne sera donc pas surpris de constater qu'au recensement de 1931, près de 25 % des étrangers employés dans le textile soient belges. La proportion atteint 53,8 % pour les naturalisés (soit plus de 6 000 individus) ! [...]

Si l'on compare ces données avec celles de l'industrie lourde, en pleine expansion dans les années 1920, on voit nettement que la communauté belge a mis à profit sa position favorable au sein de l'immigration pour y échapper. Les Belges ne constituent en effet que 7,7 % des actifs étrangers de l'industrie sidérurgique. Mais dans le même secteur, ils occupent 43,5 % des postes de chefs d'établissement réservés aux étrangers et 48,7 % des postes d'employés. [...] La qualification acquise par les Belges dans les secteurs dominants de la première industrialisation (notamment par la formation professionnelle dispensée dans les centres d'apprentissage) leur a permis d'accéder massivement aux emplois les plus qualifiés dans l'industrie lourde. [...]

Les Italiens : immigration traditionnelle et nouveaux flux

À la différence des Belges, les Italiens continuent d'alimenter massivement l'émigration vers la France pendant l'entre-deux-guerres. [...] Le nombre des immigrés italiens a progressé de 143 % en trente ans : de 330 000 en 1901 à 808 000 en 1931. Le renouvellement constant de ces flux migratoires rend difficile l'analyse du processus collectif d'intégration dans la société française. L'étiquette « Italiens » masque en effet l'hétérogénéité interne du groupe [...]. La recherche historique a montré [...] que les lieux d'émigration vers la France, situés essentiellement dans le Nord du pays au XIXe siècle, s'étaient progressivement déplacés vers le Sud. Dans le même temps [...], la présence italienne, surtout forte au départ dans les départements limitrophes, s'est progressivement étendue à l'ensemble des régions industrielles du pays. [...]

[...] Sur le plan socioprofessionnel, les Italiens offrent un profil collectif un peu plus ouvrier que celui des Belges (plus des deux tiers des actifs italiens recensés en France en 1931 appartiennent à la classe ouvrière). Le poids numérique énorme des Italiens explique le rôle majeur qu'ils jouent à tous les niveaux du marché du travail. Si l'on ne tient pas compte de la population coloniale, on constate que les Italiens fournissent la plus forte proportion des actifs étrangers pour tous les statuts professionnels. On remarque que leur « poids » au sein de la population active étrangère est particulièrement fort parmi les chefs d'établissement (35,7 %) et les isolés (34,8 %). De même, leur domination est générale dans toutes les sections professionnelles, à l'exception des mines. [...]

[...] L'accès à la nationalité française permet une mobilité sociale qui explique la proportion plus faible d'ouvriers (moins d'un actif naturalisé d'origine italienne sur deux) et le renforcement de la part des chefs d'entreprise (environ 25 % des naturalisés originaires d'Italie ; 30 % pour les femmes). Mais les contrastes les plus marquants concernent la section professionnelle « manutention et transports ». Alors que les Italiens fournissent moins d'un tiers des actifs étrangers de ce secteur, les naturalisés français d'origine italienne y représentent près de la moitié des actifs naturalisés. [...]

[...] Les études historiques antérieures (P. Milza, 1993) ont mis en valeur le rôle que les Italiens ont joué, dès le XIXe siècle, dans tous les métiers liés à l'industrie du bâtiment et des travaux publics ; que ce soit dans les emplois peu qualifiés, exigeant surtout de la force physique (ainsi les terrassiers piémontais) ou dans les fonctions de type artisanal, comme les tailleurs de pierre, les maçons, les menuisiers... Le recensement de 1931 prouve que la présence italienne reste très forte dans ces branches. [...]

[...] Dans les métiers de la manutention, les actifs travaillant à leur compte (chefs d'entreprise et isolés) représentent 70,2 % des actifs italiens du secteur (environ 12 200 personnes) et 75,1 % pour les naturalisés (environ 2 000). Autre indication qui va dans le même sens, dans le secteur « 4Q » (« terrassement »), alors qu'ils représentent un peu plus de la moitié des effectifs naturalisés, les Français d'origine italienne fournissent près des deux tiers des chefs d'établissement. Tout se passe comme si, à la longue, les immigrants italiens avaient profité de leur présence massive dans les secteurs les plus pénibles et les plus répulsifs pour accéder au petit patronat. [...]

En comparaison, dans les secteurs les plus représentatifs de la « deuxième industrialisation », les Italiens [...] sont [...] sous-représentés. Ils ne constituent en effet « que » 27,7 % des salariés de la sidérurgie (16 716 actifs) et 27,6 % de ceux de l'industrie chimique (9 634). [...] On peut supposer que ce sont les flux migratoires les plusrécents, les plus méridionaux qui s'y dirigent de préférence. [...]

Les Espagnols

[...] Des trois nationalités des pays frontaliers considérées ici, c'est celle des Espagnols qui présente la hausse la plus spectaculaire des effectifs. De 80 000 personnes en 1901, le total passe à 352 000 en 1931, soit une progression supérieure à 270 000 individus (+ 340 % par rapport à 1901).

[...] Les deux tiers des actifs espagnols recensés en France en 1931 sont des ouvriers. Mais [...] les Espagnols sont proportionnellement beaucoup moins présents dans l'industrie que les Belges et les Italiens et beaucoup plus dans l'agriculture qui regroupe près de 30 % d'entre eux (et près du tiers des femmes). [...] Leur principale spécificité tient donc au poids considérable des ouvriers agricoles. [...]

Cela ne doit pas nous faire oublier que les Espagnols sont bien représentés dans d'autres

48. Jean Castagner, rue des Balais, Valence (Drôme), 1930. De nombreux Espagnols se spécialisent dans la vente ambulante de fruits et légumes sur les marchés. Ici, l'ensemble de la famille pose autour du père, une manière de mettre en scène la réussite commerciale et familiale.

secteurs. Après les Italiens, ce sont les plus nombreux dans les métiers de la pêche, dans carrières, la petite industrie artisanale du secteur « 4Gd-4Gg » (« fabrication de chapeaux, de parapluies… »). Notons aussi leur forte progression dans la branche « 8A » (« soins personnels »). [...]

Le cas polonais : un recrutement familial et massif pour satisfaire les besoins de la grande industrie

L'exemple des Polonais illustre un autre aspect de l'immigration installée en France en 1931. Très peu nombreux avant la Première Guerre mondiale, ceux-ci sont recrutés en masse au cours des années 1920. À tel point qu'ils se hissent au deuxième rang des communautés étrangères de France (plus de 500 000 personnes). [...] La communauté polonaise est celle qui, parmi les groupes étudiés ici, présente la plus forte proportion d'enfants de moins de dix ans et les plus faibles taux d'activité. [...] Placé devant la nécessité de reconstruire une classe ouvrière de mineurs, le grand patronat a été dans l'obligation de recruter des immigrants polonais (en provenance de la Ruhr et de Pologne) par familles entières. Nous avons ici un profil original d'une communauté en bonne partie « transplantée » dans un nouvel environnement et qui de ce fait a pu assez vite trouver de nouveaux appuis, qu'elle a mis à profit pour accélérer son intégration dans la société française.

[...] Les Polonais présentent, en 1931, la plus forte proportion d'ouvriers dans leur population active (87,8 % et 79,1 % pour les femmes). Un tiers des actifs sont employés dans les « mines et carrières » (96 500 individus). Alors que les Polonais comptent pour 18 % du total des actifs étrangers, ils représentent 64 % des salariés étrangers du secteur « 3A » (« mines et minières ») et 26 % du total des salariés de ce même secteur. La proportion est encore plus forte pour les femmes polonaises, qui forment les deux tiers de la population active féminine étrangère travaillant dans les mines (2 270 actives sur 3 372).

En dehors des mines, on sait que le recrutement collectif des immigrants polonais a été mis en place par les grands propriétaires terriens, dans les années qui ont précédé la Première Guerre mondiale, pour mettre fin à la pénurie d'ouvriers agricoles dans les campagnes françaises. En 1931, on comptabilise environ 50 000 actifs Polonais (dont 16 500 femmes) dans l'agriculture, sur une population active étrangère totale de 250 000 personnes. [...]

49. Café punch M. Castagner, Valence (Drôme), années 1930. L'iconographie relative aux commerçants étrangers est rare : on la trouve essentiellement dans les papiers de famille.

Outre les mines et l'agriculture, les actifs polonais sont également nombreux dans l'industrie lourde, notamment dans la sidérurgie où ils représentent à eux seuls le tiers des effectifs étrangers (près de 9 000 personnes).

La comparaison avec les naturalisés d'origine polonaise offre un contraste que nous n'avons pas constaté dans les trois précédents groupes. Alors que chez les immigrants de nationalité polonaise la proportion des chefs d'établissement n'est que de 3 %, dans la population active des Français naturalisés d'origine polonaise, elle atteint 31,5 % ! Les actifs naturalisés d'origine polonaise sont pratiquement absents du monde de la mine. Mais la moitié d'entre eux travaillent dans l'industrie et un sur quatre dans le commerce. [...] L'ampleur du contraste socioprofessionnel entre le groupe des étrangers polonais et des naturalisés interdit de supposer l'existence de « passerelles » d'un milieu à l'autre comme on l'a vu pour les groupes précédents.

50. *Un ancien député de la Douma devenu cordonnier. Paris, vers 1930.*

51. *Fiche listant les effectifs présents dans l'exploitation de la mine de Roche La Molière (Loire) en 1931, par nationalités.*

En dépit de l'étroitesse des effectifs, l'étude de la population naturalisée nous permet d'apercevoir une communauté d'origine polonaise n'ayant pratiquement aucun rapport avec le monde des mineurs. Il s'agit des immigrants juifs ayant fui dès le début du siècle les persécutions antisémites, qui se sont regroupés dans la région parisienne (et notamment dans le Marais) pour exercer des petits métiers artisanaux.

Les réfugiés : Russes et Grecs

[...] Il ne s'agit pas d'une immigration organisée, destinée à combler les déficits en main-d'œuvre sur le marché du travail. Sans qu'il soit possible de préciser dans quelle proportion, une partie importante de ces immigrants sont des réfugiés politiques qui ont fui les conflits et les persécutions qui ont ensanglanté la Russie, l'Europe du Sud et l'Asie Mineure entre 1914 et le début des années 1920. [...] Au sein de ce groupe, [...] le statut socioprofessionnel est plus élevé que pour les nationalités examinées auparavant, étant donné que beaucoup d'entre eux ont quitté leur pays non pas parce qu'ils étaient dans la misère, mais parce que leur vie était en danger.

Les Russes ont pour particularité de présenter le plus fort taux d'activité de toutes les nationalités considérées ici (sans compter les immigrants des colonies) : 63 %. Conséquence logique, c'est aussi dans ce groupe que l'on trouve la plus faible proportion de femmes et d'enfants. [...] La proportion des Russes recensés comme ouvriers est nettement moins forte que dans les communautés examinées auparavant. Précisons quand même, pour éviter de cautionner les stéréotypes sur les « princes russes » à Paris, que plus d'un actif russe sur deux fait partie de la classe ouvrière et plus de 50 % travaillent dans le secteur des industries de transformation. Cela n'empêche pas que les Russes soient relativement surreprésentés parmi les employés étrangers, (13,3 % de leur population active totale) et les isolés (16, 3%). De même, alors qu'ils ne représentent que 3 % du total des actifs étrangers, leur part s'élève à 6,4 % dans les activités

Nationalités	au 1er Janvier 1931	au 1er Janvier 1930
	6625	6690
Français	4633	4912
Algériens	7	9
Tunisiens & Marocains	348	353
Allemands	0	0
Belges	3	3
Espagnols	50	57
Italiens	361	360
Polonais	1059	809
Sarrois	0	0
Tchécoslovaques	9	10
Yougoslaves	10	32
Divers (1)	4	5
Grecs	37	51
Albanais	87	61
Portugais	23	28
	6625	6690

RENSEIGNEMENTS SUR LA MAIN-d'OEUVRE POLONAISE

« manutention, transports » et surtout à 11,3 % dans les professions libérales.

La comparaison avec la population active naturalisée illustre un phénomène comparable à celui que nous avons observé à propos des Polonais, bien que moins marqué. La proportion de chefs d'entreprise est particulièrement forte chez les naturalisés d'origine russe. Elle est même supérieure à celle des ouvriers (29,8 % contre 24 %). De même, la place des activités commerciales apparaît considérable. [...]

Globalement, on peut mettre en évidence trois milieux professionnels où les individus originaires de Russie apparaissent bien implantés. Le premier est le secteur « 4Ga-4Gc » (« Gros ouvrages en tissus, confection... »). C'est dans ce secteur que la surreprésentation des naturalisés est la plus nette : leur proportion atteint là presque 10 % [...]. Une fois de plus, les données concernant les naturalisés constituent comme un écho de l'immigration passée. C'est dans cette branche (notamment dans la fabrication des casquettes) que va se regrouper une bonne partie des immigrants juifs de Russie ayant fui les pogromes au début du siècle [...]. Un autre secteur où la présence russe est importante en 1931 est le « transport par terre ». Les immigrés russes représentent à eux seuls 20,6 % du total des actifs étrangers dans cette branche. [...]
On pense évidemment à la nouvelle profession des chauffeurs de taxi que beaucoup de réfugiés russes vont se résoudre à exercer. Mais le secteur qui symbolise au plus haut point l'industrie moderne est celui des constructions mécaniques, et avant tout de l'industrie automobile [...], qui attire une part importante de la nouvelle émigration russe, puisque, en 1931, 17,5 % des actifs russes (8 367 personnes) travaillent dans ces entreprises.

La forte présence russe dans les professions libérales s'explique surtout par leur « poids » au sein du secteur « 7d-7f » (« Sociétés, lettres et arts, professions médicales »). Alors qu'ils ne constituent que 3 % du total des actifs étrangers recensés en 1931, les Russes représentent 14 % du total de ces professions. Le fait que la proportion soit à peu près comparable parmi les naturalisés (13,4 %) nous incite à penser que le rôle joué par l'intelligentsia russe dans le monde intellectuel français à la fin des années 1920 s'inscrit dans le prolongement d'une tradition déjà lointaine. [...] L'ancienneté de l'immigration juive russe à Paris et l'importance au sein de la communauté russe des professions intellectuelles sont les deux facteurs que l'on peut invoquer pour expliquer le fort taux de naturalisation qui caractérise le groupe.

52. Atelier de casquettiers, rue des Francs-Bourgeois, années 1930.

Les Grecs présentent aussi des particularités qui vont à l'encontre des caractéristiques propres aux immigrés nouvellement arrivés dans un pays d'accueil. Nous avons là, en effet, la communauté qui possède la plus faible proportion d'actifs ! Compte tenu du petit nombre des individus qui la composent (moins de 20 000 personnes), cette spécificité s'explique peut-être par la proportion relativement forte des étudiants grecs présents en France en 1931. La population active grecque présente un profil collectif encore moins ouvrier que celui des Russes. C'est la seule communauté étrangère dans laquelle moins d'un actif sur deux fait partie du monde ouvrier. [...]

La répartition par secteurs montre une présence particulièrement forte dans le commerce (23,4 % du total des actifs grecs). À Marseille, la présence d'une colonie grecque très active dans le commerce local est attestée depuis le XIXe siècle. Au sein des activités industrielles, on remarque que les Grecs comptent plus de 1 100 actifs dans le secteur « cuirs et peaux ». Ils fournissent ainsi 4,1 % du total des actifs étrangers de cette branche et 7,3 % des chefs d'établissement, alors qu'ils ne représentent que 0,6 % de la population active étrangère en 1931. Ces chiffres témoignent, là encore, d'une tradition migratoire antérieure à la guerre de 1914. À Paris, tailleurs et fourreurs grecs sont nombreux dès le début du siècle. [...]

LES 13 PREMIÈRES NATIONALITÉS ÉTRANGÈRES EN FRANCE, 1851-1931

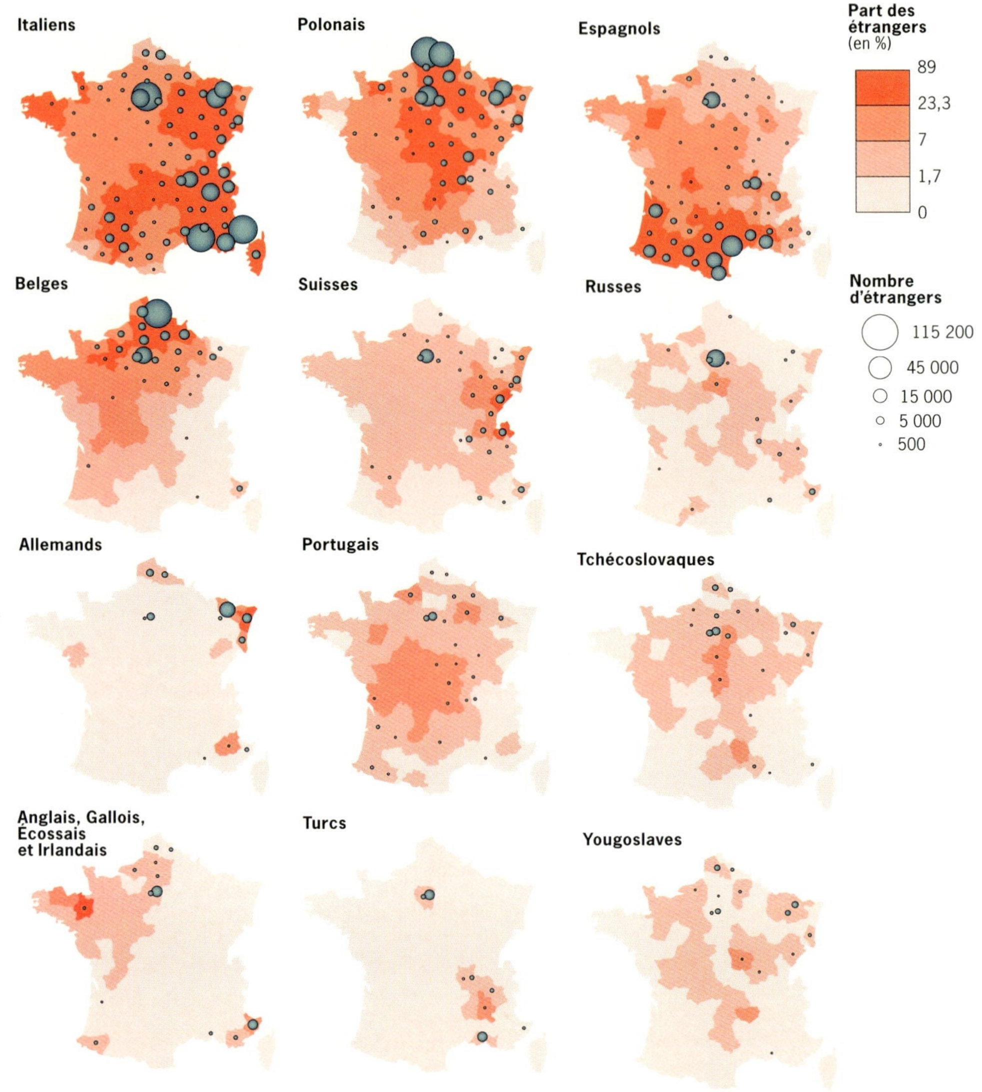

COLONIAUX (SUJETS DE L'EMPIRE), 1931

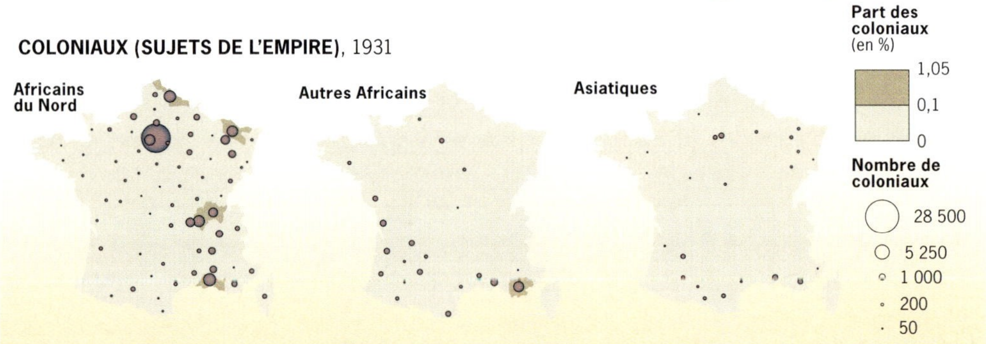

53. Répartition des étrangers et des coloniaux sur le territoire métropolitain en 1931, par nationalités et zones d'origine. On note l'importance desimmigrations frontalières ; pourtant la population étrangère a tendance à se disperser de plus en plus à l'intérieur du pays en fonction des besoins de main-d'œuvre. Quant aux immigrants issus des colonies, ils se concentrent essentiellement dans les grands centres urbains. Source : Recensement général de la population, 8 mars 1931.

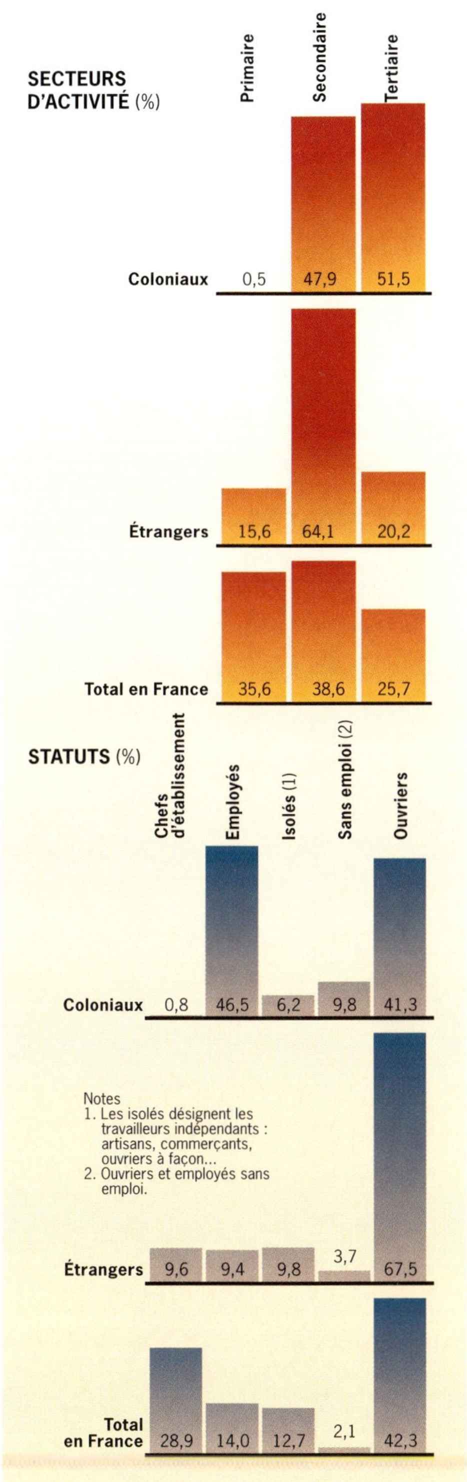

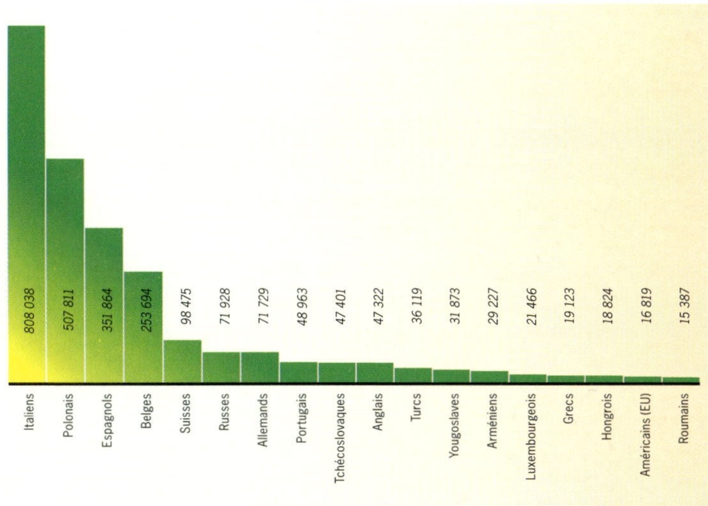

Les immigrants des colonies

Les « sujets et protégés africains » occupent la position la plus marginale dans la population immigrée présente en France en 1931. Bien que leur importance numérique soit considérable (plus de 100 000 personnes), tous les indicateurs d'intégration [...] témoignent de la ségrégation dont ils sont victimes. Il s'agit d'hommes seuls dans 99,9 % des cas ; sans enfants, exclus de la « naturalisation » (c'est-à-dire de la citoyenneté française) pour 99,5 % d'entre eux et qui présentent un taux d'activité qui bat tous les records : 96,3 %.

La structure de leur population active est très différente de celle des autres immigrés. Ils se répartissent à égalité entre les « employés » (43,2 %) et les « ouvriers » (43,9 %). En réalité, ces « employés » sont des militaires qui fournissent la quasi-totalité des effectifs « étrangers » de l'armée de terre (41 236 sur 48 680). Les autres sont le plus souvent des manœuvres affectés aux postes les plus pénibles. Sur 43 000 individus classés comme « ouvriers », près de 10 000 sont rattachés au secteur des constructions mécaniques, plus de 3 600 travaillent dans le bâtiment et les travaux publics ; un peu moins de 9 000 sont affectés au secteur manutention, mais 3 400 d'entre eux sont déjà « sans emploi », preuve qu'ils sont les premiers à subir les effets de la crise économique qui pointe.

Texte extrait de É. Guichard et G. Noiriel (dir.), *Construction des nationalités et immigration dans la France contemporaine*, Paris, Presses de l'École normale supérieure, 1997, p. 13-70.

54. Les actifs coloniaux et étrangers en France en 1931 : répartition par secteurs d'activité et par statuts professionnels. Si on constate une écrasante surreprésentation des étrangers dans le secteur de l'industrie, la part des immigrants coloniaux dans le tertiaire traduit surtout leur présence, massive, dans des emplois au sein de l'armée de terre. Source : Recensement général de la population, 8 mars 1931.

55. Les étrangers en France métropolitaine en 1931, par nationalités. Source : Recensement général de la population, 8 mars 1931.

Migrants au travail

Les Italiens à Paris et à New York dans l'entre-deux-guerres

JUDITH RAINHORN

Ubi panis, ibi patria : Là où est le pain est la patrie. L'antienne des émigrants fait du travail le nerf de l'aventure migratoire. Depuis la décennie 1870, misère économique et crise sociale de l'Italie préindustrielle ont suscité un véritable exode sur les chemins de l'Europe et de l'Amérique en voie d'industrialisation, eldorados supposés du travail ouvrier moderne. Les grandes métropoles connaissent à cette époque une forte croissance économique et une arrivée massive de migrants peu ou pas qualifiés, dont beaucoup découvrent alors le monde de l'usine. Dès l'aube du XXe siècle, manœuvres et journaliers ont remplacé les musiciens, vendeurs des rues et montreurs d'ours italiens dans l'imaginaire des grandes villes : au lendemain de la Grande Guerre, l'emploi industriel est devenu majoritaire chez les migrants originaires de la péninsule. Pourtant, sous l'effet conjugué des transformations structurelles de l'industrie et de l'arrivée de la deuxième génération sur le marché du travail, de nouvelles formes d'activités apparaissent parmi les Italiens installés à Paris et à New York, créant des formes inédites d'insertion professionnelle des migrants, dont hommes et femmes profitent diversement.

Premières opportunités et « niches professionnelles »

Paris et New York, pôles majeurs d'immigration italienne depuis le milieu du XIXe siècle, accueillent dès cette époque artistes et chanteurs lyriques qui font les têtes d'affiche du Metropolitan Opera et des théâtres parisiens, journalistes et littérateurs libéraux proscrits cherchant asile au berceau de la liberté, négociants issus des traditions manufacturières de l'Italie septentrionale, artisans mosaïstes vénitiens, marchands ambulants, chiffonniers, montreurs de singes, vendeurs de glaces l'été et de marrons grillés l'hiver, de statuettes d'albâtre en toutes saisons… Tous font partie des stéréotypes pittoresques qui nourrissent l'imaginaire des contemporains. À l'aube du XXe siècle pourtant, la prolétarisation des Italiens ne fait pas de doute. La plupart des immigrants arrivent sans qualification professionnelle, et beaucoup font l'amère découverte du secteur industriel en franchissant les Alpes ou l'Atlantique.

La première opportunité d'emploi dessine souvent à grands traits l'avenir professionnel des migrants et les modalités de leur insertion sociale. Comme l'écrit alors Gino Speranza, avocat et fondateur de la Société pour la protection des immigrants italiens à New York : « Lorsqu'un frêle tailleur est envoyé à la mine, qu'un charpentier entre à l'usine pour faire tourner une machine, que des femmes et des enfants travaillent dans des ateliers de confection, qu'un fabricant de dentelle est mis à creuser des fossés, personne ne peut dire combien de générations seront nécessaires pour réparer ce gâchis[1]… »

La possession d'une qualification professionnelle avant d'émigrer ne constitue pas, loin s'en faut, une assurance d'emploi pour les émigrants. En raison des conditions de l'exil et des différences de développement économique, industriel et technologique considérables entre l'Italie et les pays d'accueil au début du XXe siècle, on assiste fréquemment, pour les travailleurs qualifiés, à un déclassement plus ou moins brutal sur l'échelle socioprofessionnelle. Quant à ceux – le plus souvent d'origine rurale – qui ne possèdent aucune qualification, ils sont projetés sans ménagement des champs d'Émilie ou de Calabre aux usines de La Villette ou de Manhattan, ils peuvent « creuser les tunnels et les canaux, construire les routes, les ponts, les grands barrages, les voies de chemin de fer, défricher les forêts, exploiter les mines et les carrières, fabriquer les automobiles et les cigares, les carabines et les complets vestons, les chaussures, les chewing-gums, le *corned-beef* et les savons[2] », inventaire à la Prévert qui dit bien la variété du marché du travail industriel des étrangers.

Cette diversité n'est cependant pas contradictoire avec un phénomène de spécialisation professionnelle subie, qui voit les immigrants italiens se concentrer dans les secteurs les plus dépréciés du marché du travail. Parfois considérées comme un refuge lors des

1. G. Speranza, *Intermunicipal Research Committee, Confidential Report on the Conditions of Immigrants after Arrival in the United States, including Suggestions for their Protection*, New York, 1908, p. 41, New York Public Library, Gino Speranza Papers, Box 23.
2. G. Perec, R. Bober, *Récits d'Ellis Island. Histoires d'errance et d'espoir*, Paris, P.O.L., 1994, p. 69.
3. J. Mariano, *The Italian Contribution to American Democracy*, Boston, 1921, p. 33, ainsi que N. L. Green, *Du Sentier à la Septième Avenue. La confection et les immigrés*, Paris-New York, 1880-1980, Paris, Seuil, 1998.
4. Comme l'a noté Louis Chevalier pour le Paris du XIXe siècle, le bâtiment est considéré comme l'un des secteurs les plus segmentés du travail en terme de répartition ethnique. Voir *La Formation de la population parisienne au XIXe siècle*, Paris, PUF-INED, 1950, p. 175 et suiv.
5. Registre du commerce du département de la Seine (1919-1940). Voir J. Rainhorn et C. Zalc, « Commerce à l'italienne : immigration et activité professionnelle à Paris dans l'entre-deux-guerres », *Le Mouvement social*, n° 91, avril-juin 2000, p. 49-60.
6. Contrat de travail et carte d'identité d'étranger sont désormais obligatoires.

premières années de l'aventure migratoire, ces « niches professionnelles » se révèlent souvent durables et figent la main-d'œuvre italienne dans les secteurs délaissés par les nationaux et par les vagues précédentes d'immigrants – Irlandais à New York, Français de province et Belges à Paris. Au début des années 1920, grâce à un processus de recrutement « ethnique » au sein des équipes de travail, les Italiens constituent la quasi-totalité des balayeurs des rues de Manhattan, des ouvriers de la construction et des débardeurs sur les quais du port de New York, ainsi qu'une part essentielle des ouvriers de la confection, secteur dans lequel ils sont en passe de remplacer les juifs d'Europe orientale[3]. À Paris, la plupart des secteurs de l'industrie sont investis par la main-d'œuvre italienne : alimentation, industrie chimique, cuir, bois et métaux (tôlerie, chaudronnerie), verrerie et céramique, mais aussi transports et services des égouts. La prépondérance revient toutefois à l'industrie du bâtiment, qui emploie plus d'un ouvrier italien sur quatre dans la capitale française, spécialisation professionnelle ancienne et bien connue : déjà sous le second Empire, les Transalpins disputaient la première place sur les chantiers parisiens aux Corréziens et aux Creusois[4]. Mais la distorsion est réelle entre le discours et les faits : la prétendue omniprésence des Transalpins dans ces métiers ne résiste pas à l'examen. Surtout, leur concentration y est très relative : dans le Nord-Est parisien, par exemple, les chantiers de construction sont moins « italianisés » (1 mosaïste sur 8, 1 maçon sur 13, 1 terrassier sur 24) que l'usine à gaz du Pont-de-Flandre (où 1 ouvrier sur 4 est italien) ou les raffineries de sucre villettoises (1 sur 8). Le bâtiment n'est pas non plus le secteur d'investissement privilégié des capitaux des migrants transalpins, puisque moins de 20 % des petits patrons italiens du commerce et de l'artisanat y consacrent leurs deniers, alors que la petite entreprise transalpine fleurit dans le secteur de l'alimentation et le débit de boissons (40 %)[5].

Paris et New York partagent donc le caractère massivement prolétaire de leur population active italienne, dont les maigres salaires sont à la mesure de la précarité économique dans laquelle vivent la plupart des migrants, loin de l'eldorado rêvé en Italie. Cependant, les années 1920 constituent un tournant pendant lequel les modèles français et américain divergent, tant se modifie la nature des flux d'immigration italienne dans les deux espaces d'accueil. En France comme en Amérique, l'effet de la seconde génération devient visible, accompagnant l'émergence des « cols blancs » au sein des enfants de migrants.

L'entre-deux-guerres, révolution des « cols blancs » ?

Dans les années qui suivent immédiatement la Première Guerre mondiale, la France et les États-Unis instaurent une nouvelle politique des flux migratoires. La France vieillissante, confrontée à une pénurie de main-d'œuvre en raison de la mobilisation puis des besoins liés à la reconstruction, met en place les premières

56. M. Benvenuti, mouleur, 142, rue de la Roquette, en 1910.

expériences de politique d'immigration officielle à destination de sa grande industrie. Dans le même temps, les États-Unis connaissent à la fois l'apogée de leur histoire migratoire et l'amorce du reflux qui s'institutionnalise au lendemain de la guerre avec la mise en place des quotas d'immigration (1921 et 1924). Charnière majeure, cette période préfigure le visage des flux migratoires de l'entre-deux-guerres, qui voit la France se substituer aux États-Unis comme destination d'émigration privilégiée par les Transalpins. Le traité franco-italien de 1919 met en place les conditions légales d'une immigration qui semble jouir de la faveur de l'État français : il étend l'égalité des droits entre travailleurs français et italiens – acquise en matière d'indemnités de chômage et d'accidents du travail depuis 1904 – aux salaires, aux retraites, à l'assistance médicale et à la scolarisation des enfants. Paradoxalement, la liberté des migrations de part et d'autre de la frontière franco-italienne est affirmée et la spontanéité des flux demeure la règle, malgré l'instauration d'un cadre légal de plus en plus contraignant[6].

Au début des années 1930, le tableau professionnel des Italiens à Paris s'avère d'une déconcertante stabilité, comparé à celui du début du XXe siècle. Le travail manuel demeure écrasant, les âpres métiers du sous-prolétariat (journaliers, manœuvres, chiffonniers, charretiers ou encore débardeurs) arrivent au premier rang des emplois masculins, au sein d'une condition ouvrière partagée par les trois quarts des immigrants. Une certaine diversification peut cependant être notée, avec l'apparition de nouveaux secteurs liés à l'évolution économique et technologique. Par exemple, le mécanicien italien rejoint l'ouvrier en bâtiment au rang des stéréotypes professionnels : « Le goût des Italiens pour la belle mécanique, pour l'ivresse de la route, pour le bruit inimitable du moteur mis au point, ainsi que le savoir-faire, acquis et longuement peaufiné dans les ateliers de la péninsule, puis transmis de père en fils, ont fait des migrants qui ont choisi ce métier des spécialistes aussi réputés dans leur secteur que les maçons et les carreleurs dans le leur[7]. »

En second lieu, c'est également au tournant des années 1920 et 1930 que la population d'origine italienne fait son apparition au sein du monde des employés (hors commerce) à Paris : sténodactylographes, employés de bureau, aides-comptables échappent désormais à la pénibilité de l'activité manuelle, ces métiers offrant un obstacle professionnel visible à une ascension socio-économique encore modeste. La distinction en termes de générations s'avère en l'occurrence déterminante. Bien davantage que la nationalité (italienne ou française), c'est le lieu de naissance et l'existence ou non d'un passé migratoire qui semblent opérants pour expliquer la trajectoire professionnelle de la plupart des Italiens de Paris. Des distinctions sont donc nécessaires entre les vagues de migrants, tant la durée de l'implantation sur le sol français peut influencer l'itinéraire professionnel. Alors que beaucoup des nouveaux venus, Italiens de la grande vague d'émigration de 1921-1926, deviennent journaliers ou terrassiers, ces professions sont quasiment désertées par les Italiens nés en France, chez qui l'on trouve en revanche les métiers ouvriers les plus qualifiés et la quasi-totalité des employés. Ainsi, alors que le travail manuel demeure le lot de l'immense majorité des nouveaux migrants – et notamment des plus récents –, un modeste effet de « deuxième génération » permet aux enfants de migrants de faire une timide apparition au sein des « cols blancs ». Quant aux Italiens naturalisés, l'ancienneté de leur présence en France leur a permis de se hisser hors du schéma professionnel des arrivants : ils sont peu nombreux dans le secteur du bâtiment (environ 5 %), davantage dans les industries moins salissantes (alimentation) ou plus modernes (mécanique, transports) et parmi les employés – sans toutefois surpasser les jeunes nés en France, marqués qu'ils sont par le stigmate de l'accent –, plus nombreux encore dans les boutiques – à la faveur d'une installation de longue date qui leur a permis de tisser un réseau local de connaissances et de liens de clientèle.

Sans être négligeable, le phénomène d'ascension professionnelle entre la première et la deuxième génération d'Italiens à Paris est cependant relativement limité. Que le fils d'un charretier italien devienne employé de bureau et sa fille sténodactylographe, que celui d'un journalier soit ouvrier mécanicien ou gérant d'un modeste hôtel, deux à trois générations sont le plus souvent nécessaires pour hisser la famille de quelques barreaux sur l'échelle sociale, sans que l'accès à la nationalité française apparaisse comme un gage réel d'ascension plus rapide.

La situation new-yorkaise est sensiblement différente. En effet, à partir de l'instauration des quotas d'immigration en 1921 et, surtout, en 1924, le nombre d'Italiens s'installant aux États-Unis s'effondre, de même que la fréquence des allers-retours transocéaniques, beaucoup d'Italiens craignant de ne pouvoir regagner les États-Unis après un voyage dans leur pays natal.

7. P. Milza, *Voyage en Ritalie*, Paris, Payot, 1995, p. 177.
8. Dans l'entre-deux-guerres, la plupart des statistiques américaines ne distinguent pas les individus par nationalité mais par « groupe ethnique ». La catégorie « Italiens » réunit donc les migrants et les Américains d'origine italienne.
9. T. Kessner fait un constat similaire dans *The Golden Door: Italian and Jewish Immigrant Mobility in New York City*, 1880-1915, New York, Oxford University Press, 1977, p. 107 et suiv.
10. Voir J. Rainhorn, « Production ou reproduction ? Les migrantes italiennes entre rôle maternel et intégration professionnelle à Paris et à New York, de la fin du XIXe siècle à l'entre-deux-guerres », *Revue d'Histoire moderne et contemporaine*, n° 49, janvier-mars 2002, p. 138-155.
11. « Family making artificial flowers », photographie de Jacob Riis, publiée dans *How The Other Half Lives*, New York, Dover Publications, 1971, p. 123 (éd. orig. 1890). Le travail à domicile fait l'objet d'une législation sanitaire à New York à partir de 1892, mais les contrôles sont rares et la loi demeure mal appliquée.
12. N. L. Green, *Du Sentier à la Septième Avenue...*, *op. cit.*, p. 227.

commerce, devenu le second secteur d'emploi des Italiens de New York derrière l'industrie et occupant désormais 25 % d'entre eux. Salons de coiffure, cordonneries, facteurs de pianos ou éventaires de fruits et légumes : les Italiens emplissent désormais de leurs enseignes les rues de Manhattan, apportant leur empreinte au paysage urbain new-yorkais.

Comme à Paris, les différences générationnelles sont notables, sans être pour autant massives. Nombre d'enfants de migrants, Américains d'origine italienne, ont fui le secteur du bâtiment et sont plus nombreux que leurs pères parmi les ouvriers de l'industrie mécanique et les employés de commerce, leur instruction plus poussée et leur connaissance de la langue anglaise constituant dans ces deux secteurs des atouts de taille par rapport à la génération précédente. L'importance des enfants de migrants dans le secteur de la confection et au sein des journaliers relativise cependant le modèle américain de réussite sociale et de méritocratie individuelle : les Américains *à trait d'union* demeurent en majorité cantonnés dans les groupes sociaux les plus défavorisés[9]. C'est d'autant plus vrai dans les années 1930, lorsque la crise économique sévère et la contraction du marché du travail qui l'accompagne font refluer nombre d'enfants de migrants vers des secteurs hors desquels ils avaient réussi à se hisser. Enfin, l'évolution positive d'une génération à l'autre joue davantage pour les hommes que pour les femmes.

57. Portrait de René Scanzaroli, Italien immigré à Montreuil dans l'entre-deux-guerres.

De mère en fille, l'aiguille en héritage ?

La période de l'entre-deux-guerres est par conséquent celle d'une sédentarisation durable des migrants qui, en raison de la diminution drastique du flux entrant et d'un dynamisme démographique important, cèdent rapidement le pas, en termes numériques, aux deuxième et troisième générations. Les années 1920 sont celles de l'érosion de la condition ouvrière, qui ne concerne plus qu'une grande moitié des Italiens de New York, contre la quasi-totalité avant la Première Guerre mondiale. La plus grande part de ces ouvriers d'origine italienne[8] sont en fait des ouvrières, particulièrement nombreuses dans le secteur de la confection. En revanche, deux secteurs professionnels ont connu une envolée remarquable depuis la guerre : les employés, témoins de l'entrée des Italiens dans le monde des bureaux et des grands magasins qui font la renommée du New York de l'entre-deux-guerres ; et le petit

La nette diminution du taux d'activité des Italiens entre la fin du XIXe siècle et l'entre-deux-guerres – il tombe à 50 % à Paris, 32 % à New York – témoigne de l'importance croissante de la famille au sein du schéma migratoire et, en particulier, de sa part non productive – qu'on pense aux *nonne* toutes de noir vêtues qui se pressent à l'office et marmonnent contre le mauvais œil. Pourtant, les femmes, de plus en plus nombreuses au sein des migrants, ont dans le même temps confirmé leur entrée dans le monde du travail[10]. Les statistiques sous-estiment très certainement la part du travail féminin. Telle cette jeune femme entourée de ses six enfants, saisie par l'objectif du journaliste Jacob Riis autour de la table familiale, à fabriquer des fleurs artificielles dans le New York du début du XXe siècle, beaucoup d'Italiennes privilégient le travail à domicile, compromis entre le maintien au foyer, souvent rendu nécessaire par la kyrielle d'enfants en bas âge, et le besoin d'un revenu d'appoint pour le ménage[11]. Par exemple, avec l'invention de la machine à coudre et la révolution du prêt-à-porter, le secteur de la confection se féminise très rapidement.

Les évolutions au cours de l'entre-deux-guerres sont difficiles à percevoir. Si les femmes nées après 1900 sont les plus nombreuses à travailler, y compris après leur mariage, alors que leurs mères cessaient à cette occasion toute activité professionnelle déclarée, la crise économique et la contraction du marché de l'emploi s'accompagnent d'un retrait sensible des femmes du monde du travail. Ces transformations de fond contrastent avec la stabilité des métiers exercés. La prédilection pour le secteur de la confection, déjà sensible en 1880, s'est renforcée au lendemain de la Première Guerre mondiale puisque, à New York, plus d'une Italienne sur deux possède désormais un emploi dans l'industrie du vêtement, activité qui ne correspond à aucun savoir-faire importé, mais dont la structure correspond particulièrement bien aux besoins de flexibilité dans le temps et l'espace de la plupart des immigrants, tandis que l'existence d'ateliers « ethniques » leur offre un accès au marché du travail dans leur langue[12].

À Paris, en revanche, les Italiennes n'ont fait qu'une étroite brèche dans le secteur de la confection. Mais, au contraire de la situation new-yorkaise, l'industrie de l'habillement attire dans la capitale française davantage les filles de migrants italiens que leurs mères, et le métier de couturière constitue, pour nombre de jeunes filles ayant bénéficié d'une formation professionnelle, une voie réelle d'intégration au monde du travail qualifié. Certes, les Italiennes et leurs filles demeurent majoritairement cantonnées dans les emplois ouvriers (cuir, alimentation, cartons, etc.), mais la naissance d'une frange d'employées de commerce et de bureau parmi les filles de migrants nées en France va dans le sens d'une diversification et d'une amélioration conjointes des statuts professionnels au sein de la population féminine d'origine étrangère[13].

S'éloignant rapidement en France, plus lentement en Amérique, du schéma sociétal traditionnel de l'Italie dont semblaient encore largement empreintes leurs mères, les « Italiennes » de la deuxième génération, à Paris comme à New York, ont donc suivi la vague féminine d'intégration au marché du travail qui marque l'immédiat après-guerre. La différence est cependant très nette entre les deux rives de l'Atlantique, confirmant le constat dressé par Louise Tilly et Joan Scott à propos des modes français et anglo-saxon de compromis entre travail

58. Sortie dominicale des Italiens de Montreuil aux Coudreaux (Chelles).

13. En 1926, environ 30 % des femmes d'origine italienne mariées occupent un emploi, proportion supérieure à celle constatée chez l'ensemble des Parisiennes. Voir C. Omnès, *Ouvrières parisiennes. Marché du travail et trajectoires professionnelles au xxe siècle*, Paris, Éditions de l'EHESS, 1997.

14. Voir *Les Femmes, le Travail et la Famille*, Paris, Rivages, 1987 (éd. orig. Paris, 1978), ainsi que M. Perrot « Figures et rôles », dans P. Ariès, G. Duby (dir.), *Histoire de la vie privée*, t. IV, Paris, Seuil, 1999 (éd. orig. 1987), p. 109-165.

féminin et maternité au début du XXe siècle[14]. À New York, le culte de la vocation domestique des femmes de la classe moyenne rencontre avec succès le modèle familial et sociétal issu de l'Italie méridionale, qui répugne au travail féminin extérieur au foyer. Le lent processus d'émancipation des femmes par l'intégration au marché du travail s'y trouve contrarié, et le retard constaté par rapport à l'évolution parisienne ne se comble pas avant la Seconde Guerre mondiale. À Paris, la plus grande diversité régionale des migrants italiens allège probablement le poids du modèle traditionnel sur la place des femmes dans le monde du travail. L'évolution de l'intégration des épouses et des filles de migrants apparaît donc, dans une certaine mesure, comme le reflet des rapports entre les femmes et le marché du travail dans chacun des deux espaces au cours du premier XXe siècle.

Ainsi, des deux côtés de l'Atlantique, la période de l'immigration de masse rime avec labeur et prolétarisation : les damnés de la terre et de la fabrique périurbaine de la péninsule se muent, dans une très large mesure, en forçats de l'industrialisation triomphante des capitales économiques de la France et des États-Unis. Ils affluent en masse dans les chantiers, les égouts, les docks, les ateliers, les lieux les plus sordides, ils effectuent les tâches les plus dépréciées, les plus éreintantes et les moins bien rémunérées. Loin de la figure littéraire du petit musicien des rues, le visage de l'Italien est désormais, dans les années 1930, celui de l'ouvrier des grandes villes, dans un marché du travail de plus en plus dominé par le salariat industriel : l'usine et le *sweat shop* demeurent un horizon largement partagé, y compris au sein de la deuxième génération.

Dans les deux espaces géographiques, pourtant, un phénomène d'ascension sociale, extrêmement lent et mesuré, est perceptible sur la durée. Si, à Paris, ce mouvement passe en grande partie par l'émergence d'une qualification ouvrière et l'accès aux métiers de bureau, c'est, à New York, la boutique qui est le lieu symbolique de la modification profonde de l'insertion professionnelle des migrants et de leurs enfants.

59. Carriers italiens participant aux campagnes de reconstruction de la France dans les années 1920.

60. Carriers italiens participant aux campagnes de reconstruction de la France dans les années 1920.

61. Italien participant à la reconstruction du chemin de fer français, tunnel de Saint-Pierre, Dieppe, 1923-1926.

62. Restaurant tenu par des Italiens, à l'occasion d'une première communion, Paris début du XXe siècle.

63. Italiens participant à la reconstruction du chemin de fer français, 1923-1926.

Précarité et déclassement : les étrangers dans les secousses de la crise

CLAIRE ZALC

Les controverses historiographiques concernant la datation de la crise des années 1930 sont encore vives aujourd'hui. Mais elles traduisent surtout la différence des points de vue portés sur l'économie française de l'époque. Selon que l'on prend en compte les indices de la production industrielle, ceux des prix au détail ou encore ceux des niveaux d'emploi, les chronologies diffèrent. Pour certains, la thèse traditionnelle d'une crise tardive, reflet des affirmations contemporaines des responsables politiques, soucieux de minimiser ses impacts, doit être nuancée[1]. Certains secteurs de l'appareil productif semblent sensibles, dès 1929, aux effets de la crise. Pourtant, d'autres indices font, au contraire, état d'une crise plus tardive, qui se serait déclarée plutôt vers 1932 : le taux de chômage n'augmente en France qu'au début des années 1930.

En effet, le niveau de chômage est l'un des indicateurs qui différencient la France des autres pays industrialisés dans leur réception de la crise des années 1930. Si on le compare à celui de l'Allemagne ou encore à celui des États-Unis, le nombre de chômeurs en France dans les années 1929-1930 semble tout à fait minime : le recensement de 1931 ne comptabilise que 50 000 chômeurs secourus. Sans revenir en détail sur l'histoire complexe de la catégorie du chômage[2], il faut rappeler combien ces chiffres sont à manier avec précaution : selon d'autres estimations, le nombre de chômeurs en France se situerait, dans les années 1932-1936, entre 800 000 et un million[3]. Ces variations illustrent surtout la très grande flexibilité du marché du travail dans l'entre-deux-guerres, flexibilité qui repose largement sur la présence en son sein des femmes et des étrangers, main-d'œuvre moins syndiquée et d'autant plus malléable aux yeux du patronat. Le chômage féminin est particulièrement précoce, s'amplifiant fortement dès les années 1929-1932, alors que les hommes sont touchés plus tardivement[4]. De même, la distinction nationale opère de manière fortement discriminante face aux contractions de l'emploi.

Ainsi, l'une des raisons de la relative « invisibilité » de la crise de l'emploi dans les années 1930 tient à la place des étrangers sur le marché du travail, dont le nombre diminue de plus d'un demi-million entre 1931 et 1936. Parmi eux, les ouvriers sont les premiers touchés par la récession : 1 100 000 en 1931, ils ne sont plus que 690 000 en 1936. Dès les premières années de la crise, le patronat de la grande industrie, principal recruteur de main-d'œuvre étrangère dans les années 1920, s'emploie à licencier d'abord les étrangers dans ses usines, incité par l'État qui encourage ces pratiques[5]. Au contraire, les effectifs des autres statuts professionnels augmentent sur la même période, notamment les chefs d'établissement étrangers dont le nombre croît de 15,5 % entre 1931 et 1936[6]. La crise économique a ainsi deux types de conséquences : d'une part, elle entraîne une réduction de la population étrangère, d'autre part, elle provoque des transferts d'emploi des actifs étrangers hors de l'industrie et du monde ouvrier vers d'autres secteurs et d'autres statuts professionnels. À Paris, on assiste ainsi à une véritable « ruée vers l'indépendance » d'étrangers qui cherchent à « se mettre à leur compte » : ils représentent

64. Soupe populaire, Paris, IIIe arrondissement, vers 1930.

65. La famille Srebnick au marché de la Villette dans les années 1930. Beaucoup de commerçants en boutique se retrouvent contraints, face à la crise, de multiplier les étals sur les marchés.

au début des années 1930 près du tiers des créateurs de petites entreprises dans le département de la Seine[7] ! Mais le terme d'« entreprise » est trompeur : il ne s'agit pas toujours d'une boutique ou d'un atelier, mais plutôt d'un étal sur les marchés ou encore d'une carriole dans les rues de la capitale. Ces commerçants étrangers, transfuges du monde de la grande usine, sont le plus souvent des ambulants. On les retrouve ainsi, à l'instar de ces Arméniens, sur les marchés de Valence ou de la banlieue parisienne, *marchédzi* vendant de l'ail, des oignons, des citrons, mais également du fil, des aiguilles, des articles de bonneterie ou encore des chaussures. Poussés par la crise, ces hommes et ces femmes se lancent souvent dans l'aventure de l'indépendance à partir de pas grand-chose, créant un cadre artisanal ou commercial de toutes pièces : une chambre de l'appartement est utilisée pour la fabrication de menus objets, la vente s'effectue tantôt à domicile, tantôt dans les rues passantes ou sur les marchés, à l'aide d'une planche posée sur deux tréteaux ou d'un drap jeté à même le sol sur lequel les marchandises sont posées. L'heure est à la précarité. Retracer les parcours professionnels des étrangers depuis leur arrivée en France rend compte de l'importance, dans les années 1930, des trajectoires de déclassement. Pour Marcel C., jeune Espagnol immigré à Toulouse avec ses parents à l'âge de 7 ans, à la veille de la Grande Guerre, la crise signifie à la fois déclassement socio-économique et mobilité géographique. Alors que, en 1928, il se présente comme « compositeur typographe » à Toulouse, où il vit avec ses parents et ses cinq frères et sœurs, il se retrouve en 1933 marchand de primeurs en région parisienne. Lucien Goldenberg est, quant à lui, « docteur en médecine » en mai 1927[8]. Né en 1891 à Petrograd, en Russie, fils d'un directeur de banque, il fait de brillantes études, obtenant la médaille d'or du collège de médecine de Petrograd avant d'être reçu docteur en 1914. Mobilisé, il commence à exercer sa profession dans l'armée russe jusqu'en 1917, puis décide, après la révolution bolchevique, d'émigrer à Paris. Lucien y poursuit son activité libérale tout en développant une activité scientifique, à l'Institut Pasteur, puis comme directeur scientifique de l'Institut national de vaccinothérapie des établissements Kuhlmann. Dix ans plus tard, le même Lucien Goldenberg vient déclarer l'immatriculation au registre du commerce de la Seine d'une petite boutique qu'il tient depuis quelques mois rue de Paradis, dans le Xe arrondissement. Le savant distingué vend alors des produits de beauté.

Pour Lucien Goldenberg comme pour de nombreux autres, le statut de petit commerçant, d'artisan, de petit entrepreneur, de marchand ambulant s'improvise alors comme une voie de secours, provisoire et précaire, afin de survivre, en France, aux secousses de la crise. D'autres, quand ils le peuvent, choisissent de partir.

1. J. Marseille, « Les origines "inopportunes" de la crise de 1929 en France », *Revue économique*, n° 4, juillet 1980, p. 648.
2. R. Salais, N. Baverez et B. Reynaud, *L'Invention du chômage. Histoire et transformation d'une catégorie en France des années 1890 aux années 1980*, Paris, PUF, 1999.
3. J. Jackson, *The Politics of Depression in France, 1932-1936*, Cambridge, Cambridge University Press, 1985, p. 29.
4. C. Omnès, *Ouvrières parisiennes. Marché du travail et trajectoires professionnelles au XXe siècle*, Paris, Éditions de l'EHESS, 1997, p. 170-185.
5. Voir la contribution de P. Rygiel dans le présent ouvrage.
6. É. Guichard et G. Noiriel (dir.), *Construction des nationalités et immigration dans la France contemporaine*, Paris, Presses de l'École normale supérieure, 1998, p. 40.
7. C. Zalc, « Immigrants et indépendants. Parcours et contraintes. Les petits entrepreneurs étrangers dans le département de la Seine (1919-1939) », thèse d'histoire, université de Nanterre, 2002.
8. Archives nationales (AN) BB11/20021 X 27.

66. À Paris, une rue du quartier du Marais, dans les années 1930. Le long des trottoirs, devant les baraques d'habitation, déballages de marchandises.

67. Vendeuse de dragons en papier à Paris dans l'entre-deux-guerres.

68. Le Photo Palace, attraction foraine vers 1930. Le camion des frères grecs Diamantoglou leur servait également de logement !

69. Album regroupant les fiches individuelles des mineurs de Carmaux, au début des années 1930. Le recours massif à la population immigrée s'explique en partie par la pénurie de main-d'œuvre durant l'entre-deux-guerres. Dans le secteur minier, en 1931, plus de 40 % des actifs employés sont étrangers.

Les renvois d'étrangers durant les années 1930

PHILIPPE RYGIEL

La crise des années 1930 fait sentir ses premiers effets en France en 1931. Difficultés économiques, incertitudes politiques et chômage massif nourrissent une violente flambée de xénophobie et s'accompagnent d'un durcissement progressif des politiques d'immigration. Dès 1931, il devient beaucoup plus difficile à un travailleur étranger de s'installer en France : si on compte 120 000 entrées légales de travailleurs destinés à l'industrie en 1930, 25 000 seulement sont enregistrées en 1931[1] .

La fermeture des frontières apparaît cependant très vite comme une mesure insuffisante aux dirigeants politiques de l'époque, qui vont s'employer à favoriser ou à provoquer le départ des étrangers jugés « en surnombre dans l'économie nationale », les chômeurs d'abord, puis les travailleurs peu qualifiés, dont la présence est jugée désormais inutile. Ces départs sont conçus à la fois comme un remède au chômage des nationaux et le moyen de ne pas avoir à supporter les coûts entraînés par la présence de chômeurs étrangers. La matérialisation de cette volonté ne passe pas par une transformation du cadre juridique régissant l'immigration, qui change peu durant la première moitié des années 1930, mais par une pression multiforme exercée sur les entreprises, les agents du contrôle des étrangers et les immigrés eux-mêmes.

Dès 1931, les autorités se préoccupent de favoriser le retour des travailleurs étrangers qui souhaiteraient quitter la France, prévoyant de participer au financement de leur voyage de retour. Il faut attendre cependant 1932 pour que

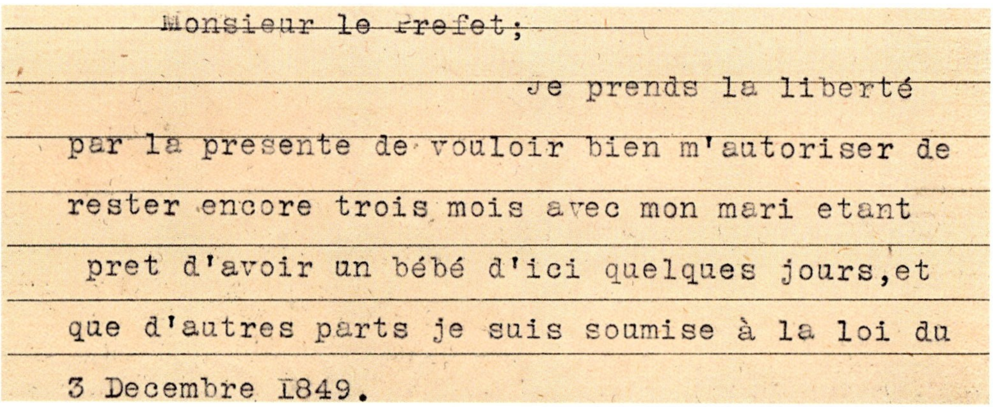

Monsieur le Prefet;

Je prends la liberté par la presente de vouloir bien m'autoriser de rester encore trois mois avec mon mari etant pret d'avoir un bébé d'ici quelques jours,et que d'autres parts je suis soumise à la loi du 3 Decembre 1849.

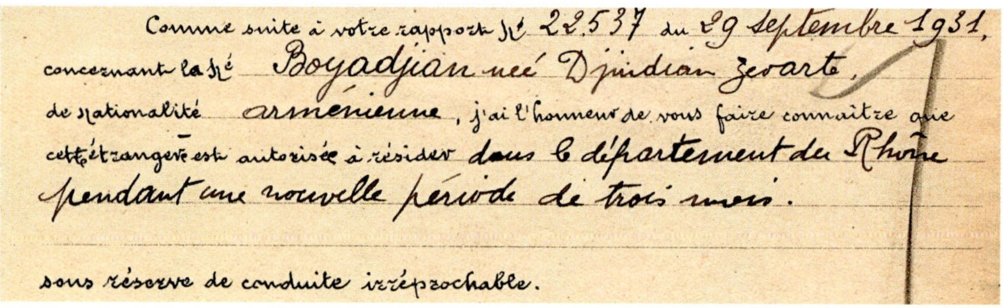

Comme suite à votre rapport N° 22.537 du 29 septembre 1931, concernant la Nsse Boyadjian née Djindian Zevarte, de nationalité arménienne, j'ai l'honneur de vous faire connaître que cette étrangère est autorisée à résider dans le département du Rhône pendant une nouvelle période de trois mois.

sous réserve de conduite irréprochable.

70. Lettre d'une réfugiée arménienne, requérant du préfet du Rhône un sursis à l'arrêté d'expulsion pris à son encontre, 12 mars 1930.

71. Note de la préfecture du Rhône à cette réfugiée arménienne, accordant une autorisation provisoire de séjour de trois mois dans le département, 5 octobre 1931.

Notes

1. J.-C. Bonnet, *Les Pouvoirs publics français et l'immigration dans l'entre-deux-guerres*, Lyon, Centre d'histoire économique et sociale de la région lyonnaise, Lyon, 1976.
2. M. D. Lewis, *The Boundaries of the Republic: Migrant Rights and the Limits of Universalism in France, 1918–1940*, Palo Alto CA, Stanford University Press, 2007.
3. R. Philippe (dir.) *Le Bon Grain et l'Ivraie. La sélection des migrants en Occident*, Montreuil, Aux lieux d'être, 2006 (1re éd. 2004).

72. Expulsion de Polonais à Leforest, Nord-Pas-de-Calais, le 10 août 1934. Suite à leur participation à une grève, au fond de la fosse, dans les mines de charbon appartenant à la Compagnie des mines de l'Escarpelle, des mineurs et leurs familles sont refoulés hors de France.

des fonds conséquents soient alloués à cette fin. De plus, l'État central encourage quelques grandes entreprises à licencier de préférence certains de leurs travailleurs étrangers et à assurer leur rapatriement. Les mines de potasse d'Alsace font en l'occurrence figure de laboratoire. Y sont élaborées les méthodes qui permettront le rapatriement, à partir de 1934, de milliers de travailleurs polonais employés par les charbonnages du nord de la France.

Simultanément, les services centraux des ministères du Travail et de l'Intérieur enjoignent à leurs agents d'appliquer plus strictement la réglementation existante, et en particulier de refuser toute régularisation de travailleur étranger, tout en multipliant les circulaires rendant plus difficiles l'obtention ou le renouvellement de la carte d'identité de travailleur, qui vaut à l'époque à la fois permis de travail et permis de séjour. Le refus de la carte d'identité entraîne généralement l'émission, par les préfectures de résidence des étrangers, d'un ordre de refoulement, qui contraint au départ ou à une clandestinité d'autant plus difficile pour l'étranger qu'il ne peut dès lors plus trouver légalement d'embauche. Enfin, les procédures d'expulsion qui étaient, durant la période précédente, conformément à l'esprit de la loi de 1849, des moyens de défense de l'ordre social et politique, tendent à devenir l'un des outils permettant de purger le marché du travail d'une main-d'œuvre étrangère jugée trop nombreuse[2].

La diversité des moyens d'action utilisés, ainsi que les fortes variations locales dans la mise en application des décisions prises[3], ne permettent pas d'évaluer avec précision l'impact des décisions publiques. En particulier, il est difficile de distinguer les départs contraints et les départs volontaires d'immigrants que la dégradation de la situation économique conduit à quitter la France, l'effet de la nécessité économique et celui de l'étranglement administratif. De même, les décisions administratives (refoulements et expulsions) ne se traduisent pas toujours par une sortie du territoire à bref délai.

Concluons donc que l'action de l'État a accompagné et amplifié, sans que nous puissions établir dans quelles proportions, une vague de départs qui fut massive : 93 000 sorties du territoire sont consignées en 1931 et 108 000 en 1932 (or nous savons que ces mouvements sont loin d'être tous enregistrés), tout en favorisant les transformations des structures des populations immigrées qui seront enregistrées par le recensement de 1936. Les premières victimes de la purge des années 1930 sont les ouvriers étrangers célibataires et récemment arrivés, qui sont à la fois les premiers visés par les dispositifs administratifs de renvoi des immigrants et les plus susceptibles de quitter le pays en cas de retournement économique.

Au-delà de la question de son impact, la politique de renvoi des étrangers au début des années 1930 illustre le statut du travailleur étranger dans la France de l'entre-deux-guerres. Il est d'abord force de travail, et son droit au séjour, facilement révocable, dépend étroitement de son utilité économique.

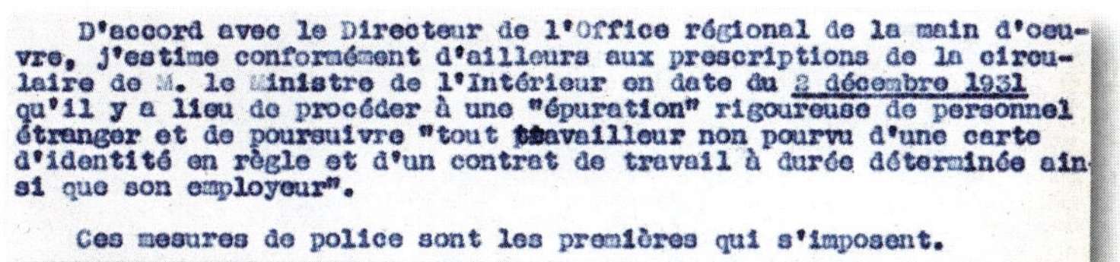

D'accord avec le Directeur de l'Office régional de la main d'oeuvre, j'estime conformément d'ailleurs aux prescriptions de la circulaire de M. le Ministre de l'Intérieur en date du 2 décembre 1931 qu'il y a lieu de procéder à une "épuration" rigoureuse de personnel étranger et de poursuivre "tout travailleur non pourvu d'une carte d'identité en règle et d'un contrat de travail à durée déterminée ainsi que son employeur".

Ces mesures de police sont les premières qui s'imposent.

73. Circulaire de la Direction des services administratifs de reconstitution des départements inondés du Midi à l'adresse des préfets, 15 décembre 1931. Dès les premiers soubresauts de la crise économique, le patronat de la grande industrie, principal recruteur de main-d'œuvre étrangère dans les années 1920, s'emploie à licencier d'abord les étrangers dans ses usines. L'État encourage ces pratiques, multipliant les circulaires en ce sens. Face à la crise, la discrimination nationale opère de manière forte.

François Kollar et le mineur marocain, destins croisés

MARIANNE AMAR

Sous le casque du mineur, le visage garde un peu des rondeurs d'enfance. La chambre photographique sous le bras, la lampe autour du cou, habillé comme un fonceur de puits de mine, François Kollar sourit.

Né en 1904 dans le Saint Empire des Habsbourg, le jeune Kollar, à vingt ans, se morfond dans un emploi aux chemins de fer et se rêve en photographe américain. En 1924, il quitte Bratislava pour Paris, première étape, pense-t-il, avant l'aventure transatlantique. Embauche à Billancourt, comme tourneur sur métaux chez Renault : Kollar mène une vie d'ouvrier, solitaire et démunie. Ces temps difficiles durent à peine quelques années. En 1927, le jeune homme entre dans un studio photographique. Il apprend son métier, se construit un réseau, oublie l'usine. Dès 1930, François Kollar s'installe à son compte ; le travailleur immigré laisse place au photographe.

L'année suivante, commence l'aventure de *La France travaille*. L'éditeur Horizons de France lui passe commande d'un inventaire photographique du pays au travail et lui promet 75 000 francs, payables en quinze versements mensuels. L'entreprise devait durer un an ; elle s'achèvera en 1934. En plus de 2 200 images, prises sur deux cents sites différents, il construit une épopée de matières, de lignes et de signes, qui décline toutes les audaces de la modernité photographique et consacre son talent[1].

La France travaille reste un objet étrange, qu'il faut sans cesse relire au miroir de ses contradictions et de ses silences. Le travail de François Kollar se construit dans le dialogue, parfois la tension, entre paysages ruraux et décors industriels, objets et travailleurs, temps modernes et tradition enracinée. Mais surtout, en cette année 1931, il rend compte d'un pays sur la ligne de crête, qui s'émerveille encore de son génie, aveugle aux menaces qui s'accumulent. « Ce pays est une sorte d'œuvre », écrit Paul Valéry dans sa préface. À travers son enquête photographique, Kollar reconstruit une France d'équilibre, unie et laborieuse. Attentif aux hommes, il leur insuffle noblesse, dignité et gravité. Mais cette chanson de geste, qui ne cesse de dire sa foi en l'homme et en l'avenir, laisse dans l'ombre les conditions de travail éprouvantes, les difficultés d'une société vieillissante, les violences sourdes qui minent le pays.

74. François Kollar (à gauche), lors de son reportage en Lorraine, accompagné d'un contremaître. Tous deux portent la tenue des fonceurs de puits de mine.

Dans cet univers, la photographie du « mineur marocain » de la Compagnie des houillères de Montrambert et de la Béraudière brille d'un éclat singulier[2]. Tout au long de son enquête, au fond des mines, dans les usines et les chantiers, François Kollar n'a cessé de croiser et de photographier des travailleurs étrangers venus de l'Europe et de l'Empire. Mais les images publiées et leurs légendes ne mentionnent jamais ces origines[3], comme si le travail faisait unité entre les hommes et gommait les nationalités.

Notes

1. Le fonds Kollar se trouve à la bibliothèque Forney (Paris). Il a fait l'objet, en 1985, d'une exposition et d'un catalogue : *La France travaille. François Kollar, Regards sur les années trente*, Mairie de Paris, 1985.
2. *La France travaille*, « Mineurs », Horizons de France, p. 14. Une autre version de cette photographie figure en page 41 du même ouvrage.
3. Dans le fonds d'Horizons de France, cinq autres photographies non publiées font référence à l'origine des travailleurs.
4. M. Peroni et J. Roux (dir.), *Le Travail photographié*, éd. du CNRS-Publications de l'université de Saint-Étienne, 1996, p. 29.

Les migrants sont ainsi omniprésents dans le cadre, mais absents des intentions photographiques, et, donc, invisibles. Sauf sur cette image, légendée sobrement : « Mineur marocain ».

C'est un monde obscur, minéral, qui se dévoile devant l'objectif de Kollar. Un monde presque inconnu tant il est difficile, à cette époque, de faire des photographies au fond des mines, surtout celles du bassin de la Loire, poussiéreuses, grisouteuses, toujours à la merci d'un accident[4]. Traversée de deux diagonales – l'étai, l'outil – qui pénètrent le cadre, avancent et s'enfoncent dans la roche, la photographie construit un univers de puissance et de virilité. Elle évoque aussi les ténèbres, avec un noir d'encre qui absorbe les ombres, traversé d'éclats blancs. À mille lieues de l'univers ordinaire de Kollar – mode, luxe et publicité –, elle reprend pourtant plus d'un élément de son répertoire visuel : contrastes entre ombre et lumière inspirés par le cinéma ; travail sur l'objet, la brillance et la matière. Ce qui frappe, bien sûr, c'est le corps du mineur, qui surgit au centre de l'image et sature le décor de sa pâleur. Le torse nu, les muscles ronds dessinés par la lumière, soulignés par la poussière, évoquent le marbre de la statuaire antique. Mais la nudité raconte aussi les conditions de travail épouvantables, la chaleur qui règne au fond, le dénuement du mineur : pas de protections, pas de casque, un vieux pantalon à la ceinture retournée, une casquette maculée de poussière. Kollar, en comparaison, paraît déguisé dans son costume de mineur. Monde viril, univers antique, condition ouvrière : par-dessus tout cela, le visage ouvre d'autres portes encore. Les rides y sont comme des veines de charbon, sillons creusés dans la chair, presque une géographie de l'effort inscrite à même la peau et empreinte d'une immense lassitude, comme le dos qui se courbe. Derrière la barbe, le visage ne dit rien : l'homme paraît s'être absenté de la scène et de l'image. Sans doute l'effet de la pose, longue de plusieurs secondes, qui réclame une immobilité absolue du modèle ; peut-être aussi de la gêne à s'exposer ainsi au regard de l'objectif.

À travers le visage du mineur marocain, pour une fois, Kollar rend compte brutalement du travail et de ses effets sur le corps des hommes. Ce portrait est né dans l'obscurité du laboratoire. Sur la photographie d'origine, l'homme figure en pied ; l'image s'organise autour des outils et s'inscrit dans un registre purement technique. Et puis, au moment

75. Le « mineur marocain », seul travailleur migrant désigné par ses origines dans l'édition de La France travaille, *publiée par Horizons de France.*

du tirage, Kollar recadre. Il renonce à cette approche descriptive, renverse le point de vue pour abolir la distance et créer de l'intimité. Comme s'il voulait, à travers ce visage épuisé, malmené, aller scruter ce qu'il aurait pu devenir et conjurer le destin. Un vertige, une faille, qui ne durent pas. En 1934, le projet s'achève ; François Kollar ouvre un nouveau studio et retourne à la lumière.

Le studio Paul Martial

Une maison d'édition dans le secteur de la publicité industrielle au début du XXe siècle

MARTINE DANCER

Après la Première Guerre mondiale et ses reportages accompagnés par la photographie, les préférences du public se portent vers l'image au détriment du texte. « Le journal illustré devient un symbole de l'esprit libéral de l'époque[1]. » En 1928, le magazine *VU*, créé par Lucien Vogel, dans le sillage des éditions allemandes, « apporte en France une formule neuve : le reportage illustré d'informations mondiales[2] ». Soixante tirages de grands photographes comme Krull, Kertesz, Albin-Guillot accompagnent – c'est une nouveauté – des textes d'écrivains. Désormais, annonce Vogel dans son éditorial, deviennent « à portée de l'œil la vie universelle [...] des pages bourrées de photographies, traduisant par l'image » l'impact des événements de tous ordres sur le territoire français comme à l'étranger.

La même année, les éditions Paul Martial, dans le bottin du Commerce de la Seine – au sein de la rubrique publicité – valorisent, sur une colonne entière, leurs qualités : « Fait par nous, votre catalogue sera un vendeur dans les mains du client[3]. » Le discours est éloquent, il faut à l'époque convaincre les futurs clients des avantages des nouvelles stratégies des « créations publicitaires et réalisations graphiques ».

Le grand nombre d'inscriptions de sociétés en relation avec la photographie, l'édition et la publicité dans les années 1927-1930 dans les registres du tribunal de commerce de la Seine prouvent que beaucoup ont compris l'intérêt et le potentiel de ces nouveaux métiers qui accompagnent et valorisent le développement économique. Des industriels comme Schneider en 1931 et 1934, les chantiers navals de Penhoët, les avions Henri Potez, *La revue Acier*, publiée par l'Office technique pour l'utilisation de l'acier (OTUA)..., qui font appel aux services des éditions Paul Martial, ne s'y trompent pas. La France des années 1930 se complaît volontiers dans des représentations de pays à dominante rurale, il s'agit de faire évoluer cette image en regard des progrès techniques. Le reportage photographique va renforcer et créditer les messages. Paul Valéry en est conscient en 1932 : « Je me suis essayé autrefois à me faire une idée positive de ce que l'on nomme progrès. Éliminant donc toute considération d'ordre moral, politique, ou esthétique, le progrès me parut se réduire à l'accroissement très rapide et très sensible de la puissance (mécanique) utilisable par les hommes et à celui de la précision qu'ils peuvent atteindre dans leur prévision[4]. »

La fin du XXe siècle a été parfois peu vigilante sinon négligente envers les archives photographiques dans le secteur des entreprises. Les tirages sur papier du fonds Paul Martial pouvaient disparaître ou s'éparpiller au gré des ventes. Fort heureusement, un ensemble de plus de 12 000 photographies a été préservé[5], dont 1 800 tirages, très récemment acquis par le musée d'Art moderne de Saint-Étienne, sont en cours d'inventaire[6]. Cela permettra de mieux cerner les activités de cet éditeur moins connu que d'autres groupes comme Deberny et Peignot et la célèbre revue *Arts et Métiers graphiques*. Pendant plus de trente ans, les éditions Paul Martial

76. Roue de réducteurs de vitesse d'appareil moteur à turbines pour torpilleurs, vers 1930.

reçoivent des commandes de reportages photographiques sur tout le territoire français. Les éditions interviennent dans le domaine du graphisme, et pour la SNCF le slogan « Expédiez vos petits colis » est accompagné d'une silhouette dont le schématisme rappelle quelque peu les marionnettes de certains spectacles d'avant-garde. Les tirages photographiques sont parfois umérotés ou légendés au dos en fonction de leur emplacement dans une future publication. Les commandes à des photographes professionnels, dont on a pu souvent constater l'origine étrangère, attirés – ils en ont souvent témoigné – par l'aura de la culture française les ont envoyés dans nombre d'entreprises de mécanique, de construction d'avions, de paquebots, de voitures....

Certains des vintages ressortent de la documentation, d'autres du style documentaire. Des photographes comme Kollar et Kertesz, mais surtout d'autres figures moins ou peu connues à ce jour auxquelles les éditions ont fait appel, les révèlent au fait des nouvelles écritures formelles déterminées sous l'impulsion des grandes lignes de force de la modernité. Rodchenko l'exprime bien en 1927 : « La cité moderne avec ses immeubles élevés, son industrie, ses vitrines sur deux ou trois étages, ses tramways, ses voitures, sa publicité multicolore, ses paquebots, ses avions, tout cela amène un changement dans le psychisme de la perception visuelle[7]. » La multiplicité des vues de machines est frappante. Devant un compresseur ou face au carénage d'une locomotive, se perçoivent l'attention à leurs composantes formelles et la fascination envers leur puissance. Ces qualités séduisent Fernand Léger : « La belle machine c'est le beau sujet moderne, elle est aussi incopiable[8]. » Les écrits de Le Corbusier témoignent de la force de cette même attraction devant ces nouveaux outils de la vie moderne : « La machine est toute géométrie. La géométrie est notre grande création et elle nous ravit. La machine fait luire devant nous des disques, des sphères, des cylindres d'acier poli, d'acier taillé avec une précision de théorie et une acuité que jamais la nature ne nous montra[9]. »

Les notes préparatoires de Fernand Léger pour les plans de son film *Le Ballet mécanique* (1924), diffusé en France en 1928, associent aux fragments de figures les « fragments mécaniques métalliques, objets fabriqués, projection gros plan avec minimum de perspective[10] ». Comme les artistes de l'avant-garde, le photographe, encore anonyme, des éditions est sensible aux jeux miroitants de la décomposition de la lumière quand, flirtant avec l'abstraction, il isole en gros plan le phare d'une voiture. « Pourtant, intact, le facteur humain demeure, la machine étant conçue par l'homme pour des besoins humains[11] », et la saisie du couple homme-outil révèle toute la complexité des rapports de l'ouvrier et de la machine dont il est responsable.

Les vintages des éditions Paul Martial sont pour la plupart inédits, la toute première présentation d'une quinzaine d'entre eux dans l'exposition « 1931. Les étrangers au temps de l'Exposition coloniale » de la Cité nationale de l'histoire de l'immigration nous paraît symboliquement bien témoigner de la multiplicité des significations qu'ils recèlent.

77. Roubaix, ouvrier posant devant une machine, vers 1930.

78. Grands réseaux de chemins de fer français, vers 1930.

Notes
1. G. Freund, *Photographie et société*, Paris, Points Histoire, Seuil, 1974, p. 115.
2. *Ibid.*, p. 124.
3. Archives de la Seine.
4. P. Valéry, *Propos sur le progrès (1929). Regards sur le monde actuel et autres essais*, NRF, Gallimard, 1945 ; édition Paris, 1962, p. 178.
5. Fonds Marc Pagneux et Fondation Herzog (Suisse).
6. C. Soubeyrand, master université Jean-Monnet, Saint-Étienne, 2008.
7. « A. Rodchenko - Notebook for Lef 1927 », 6, p. 31 dans A. Laurentiev, *Alexandre Rodchenko. Photographies, 1924-1954*, Gründ, 1995.
8. F. Léger, *L'Esthétique de la machine*, 1925, p. 59.
9. Le Corbusier, *L'Art décoratif d'aujourd'hui*, Paris, éditions G. Crès et Cie, 1925, rééd. Champs Flammarion, 1996.
10. *Fernand Léger et le spectacle*, notes préparatoires pour la ballet mécanique, musée Fernand-Léger, Biot, Alpes-Maritimes, Paris, RMN, 1995, p. 122.
11. *Ibid.* dans *Argument*, *La Leçon de la Machine*, p. III.

79. Manifestation du Front commun en 1934, prémices du Front populaire.

3/ Mobilisations

Tracts en vietnamien, brochures en arménien et en yiddish, affiches et banderoles en espagnol et en polonais, sections de langues dans les syndicats... Les mobilisations politiques des années 1930 sont également investies par des migrants coloniaux et étrangers, tournées tantôt vers la situation française, le plus souvent au sein d'organisations communistes, tantôt vers celle des pays d'origine. Les premiers partis anticolonialistes sont ainsi créés en métropole.

La politisation des immigrants dans l'entre-deux-guerres

GÉRARD NOIRIEL

La période 1919-1939 est particulièrement importante pour l'histoire de la politisation des immigrants, car c'est au cours de ces deux décennies qu'émergent les revendications qui se développeront après la Seconde Guerre mondiale, notamment sur l'égalité des droits entre travailleurs français et étrangers, et sur la dénonciation des discriminations imposées aux colonisés.

Dans cette contribution, je distinguerai deux aspects de l'action politique des immigrants. La première est liée aux luttes du mouvement ouvrier français et s'appuie sur les syndicats ; la seconde découle du contexte international marqué par la question de plus en plus dramatique des réfugiés et par le début du combat contre l'impérialisme colonial. Ce dernier aspect reste néanmoins marginal au cours de cette période, parce que l'immigration coloniale ne représente encore qu'une toute petite partie de l'immigration totale (moins de 150 000 individus sur 3 millions d'immigrants).

Une posture illégitime

Dans les dernières décennies du XIXe siècle, la IIIe République a mis en place un nouvel espace public, fondé sur une conception de la citoyenneté excluant les étrangers et les indigènes de toute participation à la vie politique de la nation. Avant d'évoquer la politisation des immigrants, il faut donc dire un mot sur la politisation de l'immigration. Ce sont, en effet, les groupements politiques hostiles aux immigrants qui ont mis sur le devant de la scène le « problème des étrangers » au cours des années 1880, afin de les priver d'un nombre croissant de droits réservés aux Français. Historiquement, l'exclusion des immigrants a donc précédé le combat pour « l'intégration ». C'est pourquoi leur engagement politique a été, le plus souvent, une réaction de défense contre les discriminations imposées par un État républicain à la fois national et colonial.

Les immigrants, qu'ils soient sujets de l'Empire ou étrangers, sont privés des droits politiques et exclus des emplois du « secteur public ». Ils peuvent être expulsés (ou rapatriés) de force, si le ministère de l'Intérieur estime que la sécurité de l'État est en péril. Ils sont également privés de la plupart des droits sociaux (direction de syndicat, élections professionnelles, etc.) dont bénéficient les Français. La liberté de circulation dont ils disposaient encore largement avant 1914 est supprimée pendant la guerre. À partir de 1917, l'invention de la carte d'identité devient l'instrument essentiel grâce auquel l'État met en œuvre ce qu'on appelle aujourd'hui « l'immigration choisie », politique qui marque une rupture profonde avec le libéralisme de l'époque antérieure. Les pouvoirs publics peuvent désormais sélectionner les immigrants, fixer la durée de leur présence sur le territoire national et les répartir dans l'espace en fonction des besoins du marché du travail. Ces innovations sont confirmées au cours des années 1920. Leurs effets sont néanmoins atténués dans le cas des réfugiés qui bénéficient d'une protection de la SDN (passeport Nansen) et qui sont accueillis en grand nombre en France au titre du droit d'asile.

Il fallait commencer par rappeler ces quelques éléments d'ordre juridico-administratif, car ils ont joué un rôle fondamental dans les orientations et les limites de l'action politique des immigrants. Le fait même que l'État républicain (et le grand patronat) puisse désormais les recruter directement pour répondre aux besoins du marché du travail, explique la surreprésentation des immigrants dans les métiers et les secteurs

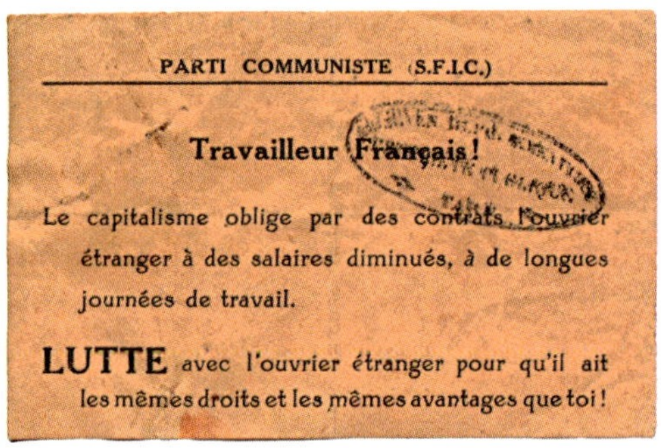

Notes

1. Voir P. Milza (dir.), *Les Italiens en France de 1914 à 1940*, Rome, École française de Rome, 1986, et aussi M.-C. Blanc-Chaléard, *Les Italiens dans l'Est parisien. Une histoire d'intégration, 1880-1960*, Rome, École française de Rome, 2000.

2. Sur la politisation de l'immigration coloniale, voir C. Liauzu, *Histoire de l'anticolonialisme en France*, Paris, Armand Colin, 2007.

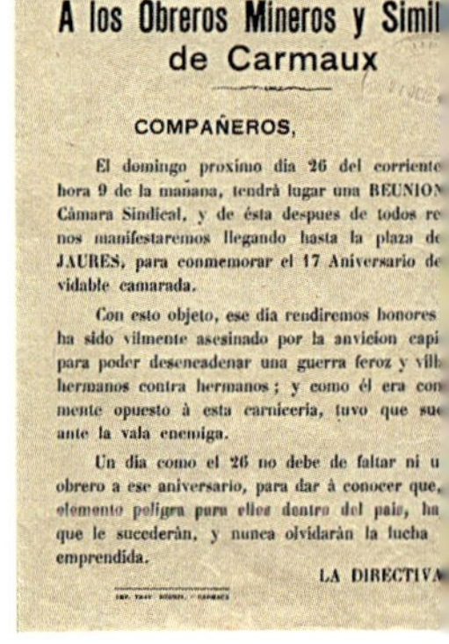

d'activité délaissés par les citoyens français, notamment les emplois de travailleurs agricoles et de manœuvres dans la grande industrie. On comprend mieux dans ces conditions pourquoi la politisation des immigrants a fortement coïncidé, dans l'entre-deux-guerres, avec l'histoire du mouvement ouvrier. Néanmoins, la situation évolue au cours des années 1930. En raison de l'afflux croissant de réfugiés, le militantisme ouvrier est complété, voire relayé, par les formes d'engagement menées par des exilés, le plus souvent issus des classes moyennes.

L'influence du parti communiste

Les années d'après-guerre (1918-1920) ont été marquées par une intense agitation en Europe, dans le prolongement de la révolution d'Octobre en Russie. En France, les grèves et les manifestations de masse se multiplient, mais elles sont fermement réprimées par le gouvernement qui dénonce leur caractère insurrectionnel. Pour les travailleurs étrangers et coloniaux recrutés dans les usines de guerre quelques années plus tôt, ces conflits sont un véritable baptême du feu. Les rapports de police montrent qu'un grand nombre d'entre eux y participent. Néanmoins, ces événements n'ont pas débouché sur une politisation durable des immigrants. L'échec du mouvement entraîne en effet un véritable effondrement de l'action révolutionnaire. La répression qui s'abat sur les militants de la CGT s'accompagne de mesures draconiennes d'expulsion et de rapatriement d'immigrants, que les pouvoirs publics justifient aussi par la mauvaise conjoncture économique, le retour à la vie active des « poilus » ayant occasionné un brutal (et temporaire) développement du chômage.

C'est dans ce contexte que se produit la scission du mouvement ouvrier français, officialisée lors du congrès de Tours en décembre 1920. Le courant réformiste (CGT et SFIO) prend surtout en charge les intérêts des ouvriers qualifiés et français. Ses dirigeants acceptent de renouer avec « l'union sacrée » instaurée pendant la guerre et participent aux côtés du patronat et du ministère du Travail à la nouvelle politique d'immigration « choisie ». Leur principal souci est de protéger les intérêts des travailleurs nationaux contre la concurrence des immigrants. Le courant révolutionnaire (CGTU et PCF), devenu la Section française de l'internationale communiste (SFIC), dont le centre est à Moscou, dénonce ce protectionnisme national et se tourne alors résolument vers les ouvriers étrangers et coloniaux.

Au cours des années 1920, le PCF est le seul parti politique qui tente de prendre en charge les revendications de ce prolétariat immigré. En septembre 1921, le premier congrès de la fédération communiste des sections italiennes se réunit à Nogent-sur-Marne[1]. La même année, le PCF organise à Marseille le premier congrès consacré à la question coloniale[2].

L'importance que les communistes accordent aux immigrants découle de leurs orientations

80. Tract du parti communiste distribué lors d'une réunion à Cagnac (ville minière du Tarn) en 1931, invitant ses membres à lutter auprès des ouvriers étrangers.

81. Tract en espagnol, destiné aux mineurs espagnols de Carmaux, invitant à commémorer le 17ᵉ anniversaire de la mort de Jaurès, 1931.

82. Bezbonic*, brochure en polonais, éditée à Moscou et distribuée dans le Tarn en 1931.*

83. Tract de la CGTU, syndicat communiste, rédigé en polonais, 1931.

84. Tract en arménien, Marseille, 1931.

POWSZECHNA UNITERSKA KONFEDERACJA PRACY (C.G.T.U.)

Do walki z wojną, z faszyzmem i z nędzą!

Niech ży'e jednolity front na fabryce!

Niech żyje jednolity front klasy robotniczej!

Miljon robotników ogarnia częściowe bezrobocie. Kilkadziesiąt tysięcy proletarjuszy jest całkowicie bez pracy. W fabrykach i na kopalniach rozpoczął się okres jeszcze bardziej wyuzdanego racjonalizowania. Wszędzie obniżają zarobki. Wszędzie grożą nowe ataki kapitału. Większość bezrobotnych nie otrzymuje żadnych zapomóg, a ci nieliczni, którzy zapomogi otrzymują po kilka franków na dzień — za mało, żeby żyć, a za dużo, żeby umrzeć z głodu.

Oto jakie są pierwsze skutki kryzysu kapitalistycznego dla proletarjatu.

Oto co dała klasie robotniczej 16-letnia współpraca wodzów reformistycznych z kapitałem.

Burżuazji to nie wystarcza.

Chce ona przerzucić na masy pracujące cały ciężar skutkow kryzysu, za który ponosi całkowitą odpowiedzialność.

Aby wprowadzić swe zamiary w życie, burżuazja przygotowuje się do walki.

Utrzymuje i powieksza zastepy swych flików, swych zandarmów, swych „gardes mobiles" i szpiclów.

FASZYSTOWSKIEMI METODAMI

chce złamać wszelką walkę robotniczą, narzucić morderczą racjonalizację, przeprowadzić coraz to nowe obniżki zarobków, zmusić bezrobotnych do uległości i do przymierania głodem.

Aby ułatwić sobie drogę, kapitał stara się rozbić jedność robotniczą, judząc robotnika francuza na robotników cudzoziemców i na robotników kolonjalnych, kobiety na mężczyzn, młodych na starszych.

Wzmaga represje przeciw C.G.T.U., i stara się zepchnąć ją w podziemia nielegalności.

Posługuje się przywódcami syndykatów reformistycznych, autonomicznych i chrześcijańskich, aby zmusić robotników do zgody na jej plany, których celem jest zepchnięcie proletarjatu na dno ostatecznej nędzy. Zawiera z niemi konwencje i umowy zbiorowe, których typowym przykładem jest umowa w DOUAI. Umowy te są prawnym przypieczętowaniem jednolitego frontu reformistycznych biurokratów związkowych z kapitałem, jednolitego frontu skierowanego ostrzem swem przeciw klasie robotniczej.

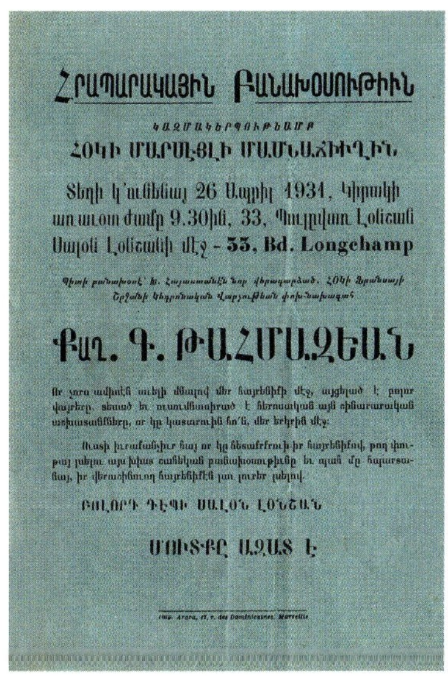
ՀՐԱՊԱՐԱԿԱՅԻՆ ԲԱՆԱԽՕՍՈՒԹԻՒՆ

ՀՕԿԻ ՄԱՐՍԷՅԼԻ ՄԱՍՆԱՃԻՒՂԻՆ

Տեղի կ'ունենայ 26 Ապրիլ 1931, Կիրակի առաւօտ ժամը 9.30ին, 33, Պուլվառ Լօնշամ Սալօն Լօնշամի մէջ - 33, Bd. Longchamp

Քաղ. Գ. ԹԱՀՄԱԶԵԱՆ

ԲՈԼՈՐԻ ԴԷՊԻ ՍԱԼՕՆ ԼՕՆՇԱՆ

ՄՈՒՏՔԸ ԱԶԱՏ Է

Imp. Arara, 17, r. des Dominicaines, Marseille

politiques. D'une part, il s'agit d'un parti internationaliste qui défend l'émancipation de la classe ouvrière sans tenir compte des appartenances nationales. D'autre part, le PCF est un parti léniniste qui dénonce l'impérialisme comme le stade ultime du capitalisme. Les indigènes de l'Empire colonial apparaissent ainsi comme le prolétariat du prolétariat, comme la principale force que doivent mobiliser les révolutionnaires. Dès le début des années 1920, le PCF crée des organisations spécifiques pour encadrer ces immigrants. Les étrangers sont rassemblés par nationalité d'origine dans des « groupes de langue », structures qui accueilleront des militants issus des principales vagues d'immigration de l'époque, notamment des Polonais, des Italiens, des Espagnols et des juifs d'Europe centrale. Ces groupes forment une entité autonome au sein du PCF et de la CGTU, que l'on appelle la Main-d'œuvre immigrée (MOI). Bien que leur nombre soit beaucoup plus faible, le PCF tente aussi d'encadrer les immigrants issus de l'Empire français. Créée en 1920, l'Union intercoloniale se donne pour objectif de « grouper et guider les indigènes habitant en France ». Elle sera remplacée, quelques années plus tard, par une structure comparable à la MOI, appelée la MOC (Main-d'œuvre coloniale).

La place centrale accordée au monde ouvrier incite le PCF à privilégier les actions sur le lieu de travail, le syndicat étant considéré comme un relais favorisant la politisation des immigrants. Au cours des années 1920, la propagande révolutionnaire rencontre surtout un écho dans deux groupes d'immigrants : les Italiens et les juifs russes et polonais. Dans les deux cas, il s'agit d'une immigration qui était déjà politisée avant la Première Guerre mondiale, et dont le dynamisme est stimulé par l'afflux d'un grand nombre de réfugiés. Les plus actifs sur le plan politique sont assurément les Italiens. Avec les immigrants belges, qui ont créé dans le Nord les premiers syndicats et organisé les premières grèves, les Italiens ont joué un rôle très important lors de la naissance du mouvement ouvrier français. Dès le début du XXe siècle, ils sont le fer de lance de l'action revendicative, notamment à Marseille, chez les dockers. En Lorraine, ils animent les premières grandes grèves de la métallurgie[3]. Les Italiens sont nombreux à participer aux grèves et manifestations de l'immédiat après-guerre et le PCF va bénéficier de cet élan jusqu'au milieu des années 1920. À cette date, 6 000 Italiens font partie de la MOI, la quasi-totalité d'entre eux sont

85. Les bundistes, membres de l'Union générale des travailleurs juifs de Russie, de Pologne et de Lituanie de Paris en 1931.

ouvriers. Les groupes de langue sont complétés par des groupes paramilitaires, les « centuries prolétariennes », qui se donnent pour but d'éliminer le régime de Mussolini par la force. Néanmoins, cette agitation révolutionnaire commence à décliner après 1925. Les statistiques de police ne comptabilisent plus que 2 000 Italiens dans les groupes de langue en 1928. Et leur nombre s'effondre au cours des années suivantes.

L'autre catégorie d'immigrants qui va subir fortement l'influence du PCF est celle des « travailleurs juifs » (selon la terminologie de l'époque), rassemblés au sein d'un groupe de langue yiddish. Là aussi, il faut insister sur le lien entre syndicalisme et politique. Dès les premières années du XXe siècle, des sections du Bund[4] ont été créées dans la petite industrie parisienne, notamment dans le quartier du Marais. Hostile à l'union sacrée, la majorité de ces ouvriers rallie la IIIe Internationale et le PCF après la guerre. Des sections de langue yiddish se créent ainsi dans un grand nombre de secteurs de la petite industrie (habillement, boulangerie, maroquinerie, etc.). Néanmoins, la fragilité et l'émiettement de ce secteur expliquent le caractère éphémère de ces structures militantes. Après l'effervescence de l'immédiat après-guerre, le mouvement révolutionnaire s'affaiblit considérablement.

86. Mineurs marocains en grève en 1930.

Il faut enfin rappeler que le PCF a également joué un rôle essentiel dans les débuts de la politisation des immigrants en provenance de l'Empire colonial. Certains d'entre eux, surtout algériens, ont été actifs dans les grèves de cette

87. Les mineurs du Gard manifestent dans les rues d'Alès vers 1934.

période, notamment à Marseille et dans les mines de la Loire (à Saint-Étienne). Les sources policières comptabilisent 67 grèves animées par des ouvriers originaires du Maghreb avant 1936. L'engagement des ouvriers noirs, Africains et Antillais émigrés en métropole, longtemps ignoré en raison de la faiblesse des effectifs, commence à être mieux connu aujourd'hui. En 1927, Lamine Senghor, fils de paysan, employé de maison, qui a été incorporé comme tirailleur en 1915, fonde le Comité de défense de la race nègre, remplacé quelques années plus tard par l'Union des travailleurs nègres.

Mais la plupart de ces organisations ont une durée de vie très éphémère et reposent sur quelques militants d'exception. Seule une infime minorité d'immigrants participent directement aux luttes syndicales et politiques. Et leur nombre ne cesse de décliner jusqu'au début des années 1930. Cette faiblesse s'explique par plusieurs facteurs. Le premier tient au fait que le formidable développement de l'immigration au cours de cette période a fortement contribué au renouvellement des strates les moins qualifiées du monde ouvrier. Ce nouveau prolétariat, instable, hétérogène, dont les membres sont en majorité issus du monde rural, n'était pas spontanément disposé à s'engager dans l'action syndicale ou politique. La stratégie gauchiste (« classe contre classe ») adoptée à ce moment-là par le PCF a contribué, elle aussi, à la marginalisation de ce militantisme immigré révolutionnaire. Mais celle-ci s'explique surtout par la très forte répression qu'il a subie, répression justifiée officiellement par l'interdiction faite aux étrangers et aux indigènes de se livrer à des actions politiques sur le territoire national. Le simple fait de participer à un meeting ou à une manifestation suffit alors pour être expulsé « en urgence absolue ». Pendant les années 1930, un petit nombre de militants communistes naturalisés feront même l'objet d'une mesure de déchéance de la nationalité française, ce qui permettra ensuite à la police de les expulser[5].

La création d'une police spéciale pour les immigrés d'Afrique du Nord, créée à Paris, puis dans plusieurs grandes villes de France à partir de 1925, va donner aux pouvoirs publics les moyens de mettre en œuvre la même politique répressive à l'égard des militants algériens.

La question des réfugiés

À partir de 1933, les réfugiés russes et italiens arrivés dans les années 1920 sont rejoints par un nombre croissant d'exilés venus d'Allemagne et d'Europe centrale, fuyant les régimes antisémites, puis par les républicains espagnols vaincus par Franco. Paris devient alors la capitale mondiale de l'exil politique et la principale base de repli

3. P. Milza, *Voyage en Ritalie*, Paris, Plon, 1993 ; G. Noiriel, Longwy. *Prolétaires et immigrés*, Paris, PUF, 1984.
4. Le Bund, syndicat général des ouvriers juifs de Pologne et de Lituanie, affilié au parti social-démocrate, a été créé en 1897. Sur cette immigration, voir N.L.. Green, *Les Travailleurs immigrés juifs à la Belle Époque. Le « Pletzl » de Paris*, Fayard, 1985 ; P. Hyman, *De Dreyfus à Vichy. L'évolution de la communauté juive en France, 1906-1939*, Paris, Fayard, 1985 (1979).
5. C'est notamment le cas de Thomas Olszanski, un mineur d'origine polonaise, responsable de la CGTU, déchu de la nationalité française en 1932 et expulsé en 1934 ; voir J. Ponty, *Polonais méconnus*, Paris, Publications de la Sorbonne, 1988.

pour les directions clandestines des partis communistes (et/ou socialistes) victimes des dictatures. Ces immigrants sont pour la plupart déjà politisés lorsqu'ils arrivent en France. Même quand ils ne sont pas membres d'un parti, le fait qu'ils aient été persécutés par les régimes totalitaires en place explique qu'ils soient extrêmement préoccupés par la situation politique de leur pays d'origine, vivant dans l'espoir d'un retournement de situation qui leur permettrait de rentrer prochainement chez eux.

Au sein de l'immigration italienne, la perte d'influence des communistes est compensée, après 1925, par l'élargissement du front antifasciste. La meilleure illustration de ce phénomène est donnée par le succès de la Ligue italienne des droits de l'homme, animée par des militants de classe moyenne, plutôt réformistes. En conjuguant ses activités d'assistance aux immigrants et ses actions contre le régime de Mussolini, la LIDU étoffe ses effectifs, au point de compter plus de 3 000 adhérents en 1931 sur le territoire français[6].

Au sein de l'immigration juive, une évolution comparable se produit à la fin des années 1920, marquée par la création de la Ligue internationale contre l'antisémitisme (LICA). Son fondateur, Bernard Lecache, fils d'un réfugié ukrainien ayant fui les persécutions antisémites au début du siècle, après un bref passage par le PCF, opte lui aussi pour un type d'action privilégiant la défense des droits de l'homme.

Un trait caractéristique de la politisation des réfugiés réside dans l'ampleur et la virulence des conflits qui les opposent les uns aux autres, la plupart des communautés reproduisant au sein de la terre d'accueil les clivages du pays d'origine. Pour combattre la propagande antifasciste, Mussolini crée, par l'intermédiaire des consulats italiens en France, des *fasci al'estero*, qui deviennent des foyers d'agitation violente. Les règlements de comptes sanglants entre les deux camps sur le territoire français se multiplient. En 1937, deux Italiens antifascistes, les frères Rosselli, sont assassinés par un groupe terroriste d'extrême droite, la Cagoule. Mais la communauté italienne n'est pas la seule qui soit alors concernée par cette violence. La même année, le général Miller, président de l'association des anciens combattants russes, est enlevé sans doute par des membres du KGB. En 1934, le roi de Yougoslavie est victime d'un attentat à Marseille, qui coûtera également la vie au ministre des Affaires étrangères Louis Barthou. En novembre 1938, le diplomate nazi Ernst von Rath est exécuté à Paris par Herschel Grynszpan, un immigré juif d'origine polonaise[7]. Ces actes terroristes font la une de la presse, alimentant du même coup les stéréotypes à l'égard de la « racaille » étrangère.

L'entre-deux-guerres a été aussi une période essentielle pour la politisation de la petite élite issue de l'Empire colonial et venue étudier ou travailler à Paris. Au cours des premières années de l'après-guerre, la plupart de ces militants se situent dans la mouvance du PCF, étant donné que c'est le seul parti politique qui, à cette époque, soit clairement engagé contre la colonisation. Le PCF inaugure la première campagne anticolonialiste de l'histoire contemporaine de la France, au moment de la guerre du Rif (1924-1926), que la France a déclenchée pour achever la conquête du Maroc. Les meetings organisés par les communistes dans tout le pays pour protester contre cette guerre rencontrent un réel impact au sein du monde ouvrier, puisque le mot d'ordre de grève générale du 12 octobre 1925 est suivi par 400 000 travailleurs. Cette action permet aussi au PCF de former les premiers « cadres » originaires de l'Empire colonial, comme Abd el Kader Hadj Ali ou Messali Hadj, fondateurs de la première organisation indépendantiste algérienne, l'Étoile nord-africaine. Le PCF étend aussi son influence chez les étudiants en provenance d'Indochine comme Ho Chi Minh ou Nguyen Aï Quoc. Mais, là aussi, après 1925, la mobilisation décline, minée par les divisions internes de ces organisations groupusculaires et par la répression policière. Le faible impact de la campagne organisée par le PCF avec le soutien des écrivains surréalistes contre l'Exposition coloniale de 1931 illustre bien cet effondrement de l'action révolutionnaire.

Le renouveau de 1934-1938

Les événements du 6 février 1934, que la gauche interprète comme une tentative de coup d'État de la part des ligues d'extrême droite, marquent un tournant dans l'histoire de la politisation des immigrants. La création d'un front antifasciste, qui réunit toutes les forces de gauche, va permettre en effet de relier entre eux les différents foyers d'activité politique évoqués plus haut. La violence de la crise économique provoque la multiplication des grèves auxquelles participent un nombre croissant de travailleurs immigrés. Celle déclenchée par les mineurs polonais de la fosse de l'Escarpelle à Laforest (Nord), le 6 août 1934, est à cet égard tout un symbole. Elle illustre l'entrée en action des immigrations installées en France après

6. Voir É. Vial, *LIDU 23-34, une organisation antifasciste en exil, la Ligue italienne des Droits de l'homme de sa fondation à la veille des fronts populaires*, Paris, thèse d'histoire, EHESS, 1985.
7. R. Schor, *L'Opinion française et les étrangers. 1919-1939*, Paris, Publications de la Sorbonne, 1985.
8. G. Dreyfus, *L'Exil des républicains en France. De la guerre civile à la mort de Franco*, Paris, Albin Michel, 1999.

la Première Guerre mondiale. Mais c'est la victoire de la gauche en avril-mai 1936 et le formidable mouvement de grèves qui suit, qui marquent véritablement les débuts d'une participation de masse des immigrants à la vie politique française. Le nouveau gouvernement abandonne la politique ultra-répressive que la droite avait appliquée dans les années antérieures, ce qui donne la possibilité aux communautés d'immigrants de se faire enfin entendre. En 1937, le tirage du journal de l'Union populaire italienne, la *Voce degli Italiani*, grimpe à 10 000 exemplaires. La *Naïe Presse*, journal communiste rédigé en yiddish, atteint près de 5 000 exemplaires. Les effectifs de la MOI progressent de façon spectaculaire.

L'une des grandes caractéristiques de la politisation des immigrants de cette période tient dans sa foi internationaliste. Celle-ci se concrétise de façon spectaculaire dès le début de la guerre d'Espagne par la création des brigades internationales, formées de volontaires venus de toute l'Europe pour défendre la République espagnole. La MOI est chargée, à Paris, de l'accueil de tous les brigadistes.

Néanmoins, cet enthousiasme sera de courte durée. L'aggravation des périls internationaux, la persistance de la crise économique et la volonté du patronat de prendre sa revanche sur les ouvriers font exploser le Front populaire.
Les décrets-lois de novembre 1938 marquent le retour de la politique national-sécuritaire de la droite, applaudie par l'extrême droite. Dans un tel contexte, les immigrants doivent à nouveau adopter profil bas, s'ils veulent échapper à l'expulsion. Beaucoup d'entre eux se sentent aussi quelque peu trahis par la gauche, qui n'a pris aucune mesure forte en leur faveur. La nouvelle ligne adoptée par le PCF au moment du Front populaire a ramené ce parti dans le giron national. Du coup, les tensions avec les groupes de langue et les militants anticolonialistes sont de plus en plus vives. En 1938, les groupes de langue de la MOI, qui avaient tendance à se comporter comme de petits partis, davantage tournés vers leur pays d'origine que vers la politique française, sont repris en main par le PCF.

La victoire du camp franquiste au début de l'année 1939 et l'arrivée de plusieurs centaines de milliers de réfugiés espagnols poussent au paroxysme le drame des réfugiés[8]. Après l'avènement du régime de Vichy, un grand nombre d'entre eux s'engageront dans la Résistance.

88. Le restaurant de la famille Scanzaroli s'installe à Montreuil. Ici au parc Montreau, lors des fêtes communistes de 1936.

En marge du bois de Vincennes

« Pendant des années, nous avons prêché dans le désert[1] »

SOPHIE LECLERCQ

En 1931, alors que la France entière est sous le charme exotique des « tam-tams de l'Exposition coloniale[2] », rares sont ceux qui, à l'instar des surréalistes, voient derrière ce « Luna Park » le « concept-escroquerie [...] nouveau et particulièrement intolérable de la Grande France[3] ». En marge du bois de Vincennes, ils ne sont que quelques-uns à refuser le colonialisme et à tenter de démonter les « palais en carton-pâte » par des tracts, des mots d'ordre et des actions, dont la plus visible est l'exposition intitulée « La vérité sur les colonies ». Si la France commémorative inscrit les cérémonies du bois de Vincennes dans le souvenir de la célébration, l'année précédente, du centenaire de l'Algérie, ceux qui dénoncent l'Exposition rappellent l'expulsion de l'étudiant indochinois Nguyen Van Tao et la répression des mutineries de 1930 à Yen Bay, en Indochine. Ces actualités sont pour les opposants l'envers du décor de Vincennes, de celles qui les empêchent d'« oublier qu'il n'est pas de semaine où l'on ne tue, aux colonies[4] ».

De quoi est faite cette poignée d'anti-Vincennes ? De militants de gauche, communistes, syndicalistes, et de ressortissants des colonies, ouvriers et étudiants – des milieux minoritaires qui se retrouvent autour de la cause anticoloniale. Depuis quelques années, le parti communiste français « condamne de manière absolue la colonisation sous toutes ses formes[5] » ; pour le PCF, le colonisé est un prolétaire exotique victime du même impérialisme que l'ouvrier métropolitain. L'Exposition coloniale est donc pour ses militants l'occasion de multiplier les tracts, les « causeries » et les articles dans *L'Humanité*. On trouve dans son sillage des syndicats et des associations qui se réclament de l'idéal communiste, comme le Secours rouge international, notamment à travers sa revue *La Défense*, qui publie une chronique hebdomadaire contre l'Exposition. Mais, que ce soit à l'intérieur du Parti ou au sein des associations qui s'en réclament, les militants les plus actifs et les plus sollicités sont les « Annamites », les « Nègres » et autres « Sidis », ouvriers et étudiants coloniaux de métropole.

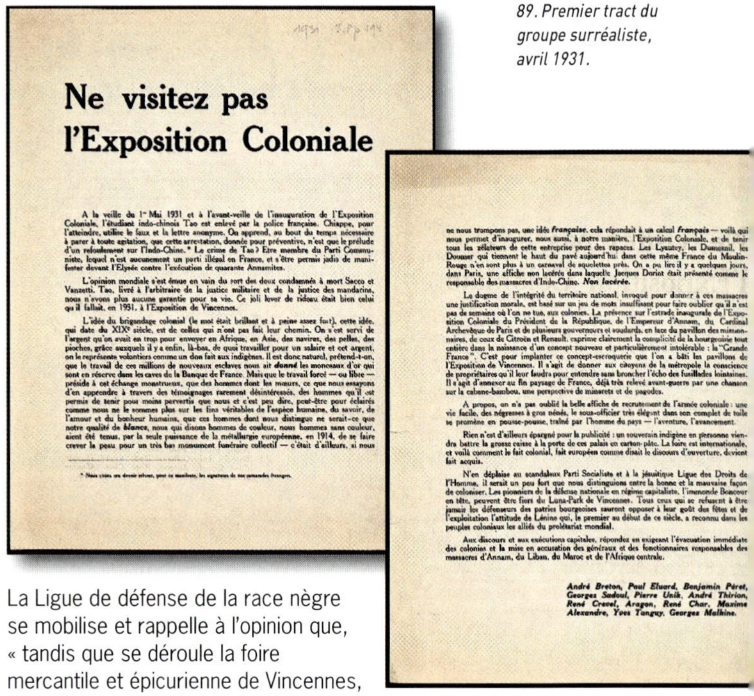
Ne visitez pas l'Exposition Coloniale

A la veille du 1er Mai 1931 et à l'avant-veille de l'inauguration de l'Exposition Coloniale, l'étudiant indo-chinois Tao est enlevé par la police française. Chiappe, pour l'atteindre, utilise le faux et la lettre anonyme. On apprend, au bout du temps nécessaire à parer à toute agitation, que cette arrestation, donnée pour préventive, n'est que le prélude d'un refoulement sur l'Indo-Chine.* Le crime de Tao ? Etre membre du Parti Communiste, lequel n'est aucunement un parti illégal en France, et s'être permis jadis de manifester devant l'Elysée contre l'exécution de quarante Annamites.

L'opinion mondiale s'est émue en vain du sort des deux condamnés à mort Sacco et Vanzetti. Tao, livré à l'arbitraire de la justice militaire et de la justice des mandarins, nous n'avons plus aucune garantie pour sa vie. Ce joli lever de rideau était bien celui qu'il fallait, en 1931, à l'Exposition de Vincennes.

L'idée du brigandage colonial (le mot était brillant et à peine assez fort), cette idée, qui date du XIXe siècle, est de celles qui n'ont pas fait leur chemin. On s'est servi de l'argent qu'on avait en trop pour envoyer en Afrique, en Asie, des navires, des pelles, des pioches, grâce auxquels il y a enfin, là-bas, de quoi travailler pour un salaire et cet argent, on le représente volontiers comme un don fait aux indigènes. Il est donc naturel, prétend-t-on, que le travail de ces millions de nouveaux esclaves nous ait ***donné*** les monceaux d'or qui sont en réserve dans les caves de la Banque de France. Mais que le travail forcé — ou libre — préside à cet échange monstrueux, que des hommes dont les mœurs, ce que nous essayons d'en apprendre à travers des témoignages rarement désintéressés, des hommes qu'il est permis de tenir pour moins pervertis que nous et c'est peu dire, peut-être pour éclairés comme nous ne le sommes plus sur les fins véritables de l'espèce humaine, du savoir, de l'amour et du bonheur humains, que ces hommes dont nous distingue ne serait-ce que notre qualité de ***blancs***, nous qui disons hommes de couleur, nous hommes sans couleur, aient été tenus, par la seule puissance de la métallurgie européenne, en 1914, de se faire crever la peau pour un très bas monument funéraire collectif — c'était d'ailleurs, si nous ne nous trompons pas, une idée ***française***, cela répondait à un calcul ***français*** — voilà qui nous permet d'inaugurer, nous aussi, à notre manière, l'Exposition Coloniale, et de tenir tous les zélateurs de cette entreprise pour des rapaces. Les Lyautey, les Dumesnil, les Doumer qui tiennent le haut du pavé aujourd'hui dans cette même France du Moulin-Rouge n'en sont plus à un carnaval de squelettes près. On a pu lire il y a quelques jours, dans Paris, une affiche non lacérée dans laquelle Jacques Doriot était présenté comme le responsable des massacres d'Indo-Chine. ***Non lacérée.***

Le dogme de l'intégrité du territoire national, invoqué pour donner à ces massacres une justification morale, est basé sur un jeu de mots insuffisant pour faire oublier qu'il n'est pas de semaine où l'on ne tue, aux colonies. La présence sur l'estrade inaugurale de l'Exposition Coloniale du Président de la République, de l'Empereur d'Annam, du Cardinal Archevêque de Paris et de plusieurs gouverneurs et soudards, en face du pavillon des missionnaires, de ceux de Citroën et Renault, exprime clairement la complicité de la bourgeoisie tout entière dans la naissance d'un concept nouveau et particulièrement intolérable : la "Grande France". C'est pour implanter ce concept-escroquerie que l'on a bâti les pavillons de l'Exposition de Vincennes. Il s'agit de donner aux citoyens de la métropole la conscience de propriétaires qu'il leur faudra pour entendre sans broncher l'écho des fusillades lointaines. Il s'agit d'annexer au fin paysage de France, déjà très relevé avant-guerre par une chanson sur la cabane-bambou, une perspective de minarets et de pagodes.

A propos, on n'a pas oublié la belle affiche de recrutement de l'armée coloniale : une vie facile, des négresses à gros nénés, le sous-officier très élégant dans son complet de toile se promène en pousse-pousse, traîné par l'homme du pays — l'aventure, l'avancement.

Rien n'est d'ailleurs épargné pour la publicité : un souverain indigène en personne viendra battre la grosse caisse à la porte de ces palais en carton-pâte. La foire est internationale, et voilà comment le fait colonial, fait européen comme disait le discours d'ouverture, devient fait acquis.

N'en déplaise au scandaleux Parti Socialiste et à la jésuitique Ligue des Droits de l'Homme, il serait un peu fort que nous distinguions entre la bonne et la mauvaise façon de coloniser. Les pionniers de la défense nationale en régime capitaliste, l'immonde Boncour en tête, peuvent être fiers du Luna-Park de Vincennes. Tous ceux qui se refusent à être jamais les défenseurs des patries bourgeoises sauront opposer à leur goût des fêtes et de l'exploitation l'attitude de Lénine qui, le premier au début de ce siècle, a reconnu dans les peuples coloniaux les alliés du prolétariat mondial.

Aux discours et aux exécutions capitales, répondez en exigeant l'évacuation immédiate des colonies et la mise en accusation des généraux et des fonctionnaires responsables des massacres d'Annam, du Liban, du Maroc et de l'Afrique centrale.

André Breton, Paul Eluard, Benjamin Péret, Georges Sadoul, Pierre Unik, André Thirion, René Crevel, Aragon, René Char, Maxime Alexandre, Yves Tanguy, Georges Malkine.

* Nous avions cru devoir refuser, pour ce manifeste, les signatures de nos camarades étrangers.

89. Premier tract du groupe surréaliste, avril 1931.

La Ligue de défense de la race nègre se mobilise et rappelle à l'opinion que, « tandis que se déroule la foire mercantile et épicurienne de Vincennes, [...] la race nègre est en butte à une aggravation de la répression[6] ». Du côté des étudiants, plusieurs collectifs, comme l'Association indochinoise d'enseignement mutuel, manifestent leur indignation. Les rédacteurs de *L'Étudiant pauvre de la Sorbonne* affirment que cette « parade impérialiste, avec ses figurants embauchés dans le monde entier, n'empêchera pas les étudiants de voir clair[7] ».

C'est le rapprochement avec les Indochinois employés à l'Exposition coloniale que recherche le mouvement spécialement constitué pour la dénoncer, le Comité de lutte indochinois contre l'Exposition coloniale de Vincennes et le régime de terreur en Indochine, en rédigeant des tracts en quôc-ngu et en les jetant, une nuit, par-dessus le mur d'enceinte de l'Exposition, à proximité du village des figurants indochinois. Mais leur projet de manifester autour de la réplique du temple

1. D. Guérin, *Ci-gît le colonialisme*, Paris, Mouton, 1973.
2. R. Crevel, *Le Clavecin de Diderot*, Paris, Éditions surréalistes, 1932.
3. Tract collectif surréaliste : « Ne visitez pas l'Exposition coloniale », avril 1931.
4. *Idem.*
5. Discours de Jacques Doriot à la Chambre le 3 décembre 1928, *Les Colonies et le communisme*, Paris, Montaigne, 1929, p. 39.
6. Tract non daté de la Ligue de défense de la race nègre, Aix-en-Provence, Centre des archives d'outre-mer (CAOM).
7. *L'Étudiant pauvre de la Sorbonne*, n° 4, mai-juin 1931.

d'Angkor Vat a toujours été déjoué par les services de surveillance.

Pour tous ces militants, il s'agit d'opposer à la « mission civilisatrice » et au voyage colonial du bois de Vincennes une tout autre réalité. Au guide officiel de l'Exposition, ils répliquent par *Le Véritable guide de l'Exposition coloniale*, dans lequel « l'alcool » et l'« opium » ne sont plus les éléments du décor exotique, mais les raisons de la « terreur impérialiste ». Leur but est de dire le vrai sur le colonialisme et de dénoncer la mascarade de l'Exposition coloniale. De même, la Ligue anti-impérialiste, d'obédience communiste, entend, avec l'aide de quelques surréalistes, détruire par les mots les pavillons du bois de Vincennes en disant « la vérité sur les colonies ».

L'exposition « anti-impérialiste » intitulée « La vérité sur les colonies » est inaugurée le 19 septembre dans le pavillon des Soviets, la Maison des syndicats, non loin de la place du Colonel-Fabien. Ouverte très tard, fréquentée par seulement 5 000 visiteurs – y compris les visites collectives organisées par les syndicats –, cette exposition est bien dérisoire comparée à celle qu'elle remet en cause, et qui a attiré plus de 8 millions de badauds. Le premier étage présente une succession de panneaux, de documents, de cartes et de photographies révélant la face sombre du colonialisme. Des agrandissements de bustes de chefs indigènes sont mis en regard avec des portraits de Mangin et de Lyautey. Une salle évoque les Républiques russes censées incarner le contre-modèle du colonialisme occidental. Une autre regroupe « une remarquable collection d'art nègre, océanien et des dernières tribus peaux-rouges », à laquelle sont opposées « images religieuses et propagande catholique », selon les termes du *Petit Guide pour visiter l'Exposition de la Ligue anti-impérialiste* distribué à l'entrée, qui mentionne Louis Aragon comme son scénographe.

Plusieurs surréalistes se sont investis dans cette manifestation, comme Paul Éluard qui, dit-il non sans humour, a travaillé comme un « nègre à l'Exposition anticolonialiste[8] ». Deux tracts, « Ne visitez pas l'Exposition coloniale » (ill. 89) et « Premier bilan de l'Exposition coloniale » (ill. 95) (3 juillet 1931), ont été tirés et signés par André Breton, Paul Éluard, Benjamin Péret, Louis Aragon, René Crevel, René Char, Yves Tanguy, Maxime Alexandre, Pierre Unik, André Thirion, Georges Sadoul et Georges Malkine. Certains surréalistes étrangers ne les ont pas signé par peur de représailles. Le premier de ces deux tracts a été exposé dans le hall d'entrée du palais de la Porte Dorée.

Par ailleurs, Paul Éluard, Louis Aragon et René Crevel ont publié plusieurs textes pour révéler, derrière les « charmes des spoliations lointaines dans un décor édénique[9] », « le véritable sens de la démonstration impérialiste de Vincennes[10] ». De nombreux anticolonialistes issus des colonies, comme Tiemoko Garan Kouyate, secrétaire général de la Ligue de défense de la race nègre, comptent aussi parmi les principaux organisateurs de la contre-exposition.

« La vérité sur les colonies » s'oppose à l'Exposition coloniale par une série de contrepoints. Comme Vincennes, elle est une manifestation de propagande, ou plutôt de contre-propagande, dans la tradition de l'*agit-prop* communiste. Tardive, artisanale, anecdotique, elle est, selon *Le Figaro*, la « réplique mesquine, laide, odieuse et criminelle[11] » de Vincennes. Louis Aragon lui-même reconnaît sa qualité discutable[12]. Mais elle est aussi l'une des rares initiatives qui brise le consensus colonial de 1931 et suscite de ce fait le contrôle des services rattachés au ministère des Colonies. Car, si les anticolonialistes qui dénoncent l'Exposition coloniale sont très minoritaires, ils ne font pas moins l'objet d'une « surveillance très active[13] » : leurs réunions sont infiltrées, leurs tracts saisis, leurs plans de manifestations aux abords du bois de Vincennes déjoués, et lorsque la Ligue anti-impérialiste de Berlin envisage de présenter un stand au sein même de l'Exposition coloniale, c'est le ministre Paul Reynaud et le maréchal Lyautey eux-mêmes qui se chargent de lui opposer une fin de non-recevoir[14].

Preuve, peut-être, que l'âge d'or du colonialisme est aussi celui de ses premiers doutes…

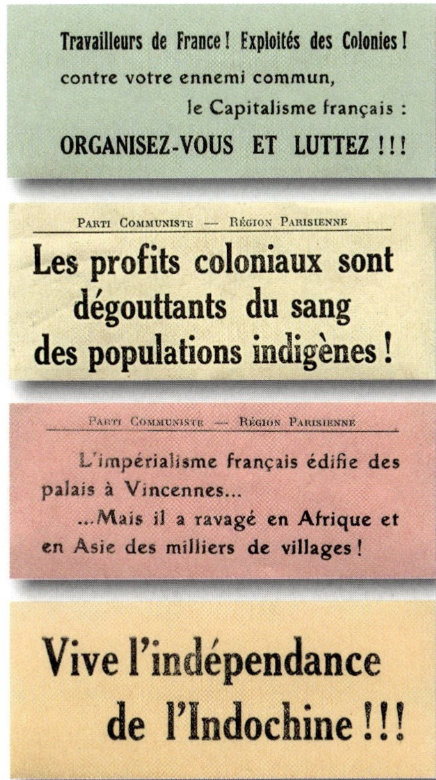
Travailleurs de France ! Exploités des Colonies !
contre votre ennemi commun,
le Capitalisme français :
ORGANISEZ-VOUS ET LUTTEZ !!!

PARTI COMMUNISTE — RÉGION PARISIENNE
Les profits coloniaux sont dégouttants du sang des populations indigènes !

PARTI COMMUNISTE — RÉGION PARISIENNE
L'impérialisme français édifie des palais à Vincennes...
...Mais il a ravagé en Afrique et en Asie des milliers de villages !

Vive l'indépendance de l'Indochine !!!

90. Papillons de propagande anticoloniale du Parti communiste français et des associations qui s'en réclament, 1931.

8. 1er septembre 1931, *Lettres à Gala, 1924-1948*, Paris, Gallimard, 1984, p. 150.
9. L. Aragon, « Mars à Vincennes », *Œuvre poétique*, t. V, *1939-1933*, Belgique, Livre du Club Diderot, 1975, p. 215.
10. Dans « Premier bilan de l'Exposition coloniale ».
11. G. Rayon, « Chez les exposants rouges », *Le Figaro*, 9 octobre 1931, p. 2.
12. Voir « La vérité sur les colonies. Une salle de l'exposition anti-impérialiste », *L'Internationale de l'enseignement*, n° 10, octobre 1931, p. 21-24.
13. Note dactylographiée du 20 novembre 1931 non signée à propos de l'Exposition anticoloniale, CAOM.
14. Minute du cabinet de Paul Reynaud à Lyautey du 10 mars 1931 et réponse du 20 mars 1931, CAOM.

91. À Tombouctou qui n'est plus la mystérieuse « l'autre exposition coloniale / des noirs observent des colons blancs sous des parasols / Ca, c'est Paris ! ». Illustration de Vallee (1884-1960) pour *Fantasio*, 1er juillet 1931.

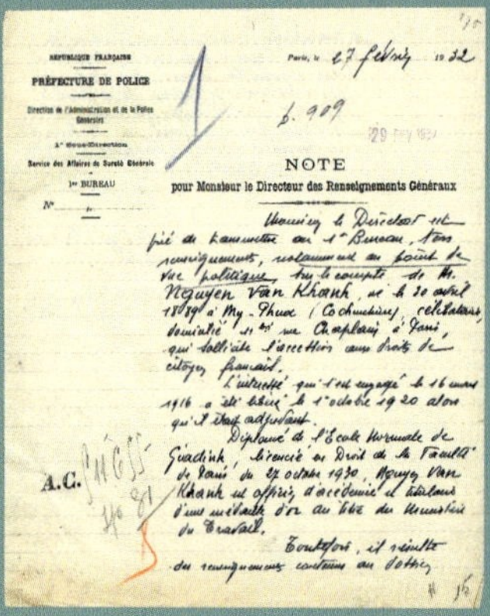
RÉPUBLIQUE FRANÇAISE
PRÉFECTURE DE POLICE

Paris, le 27 février 1932

NOTE

pour Monsieur le Directeur des Renseignements Généraux

A.C.

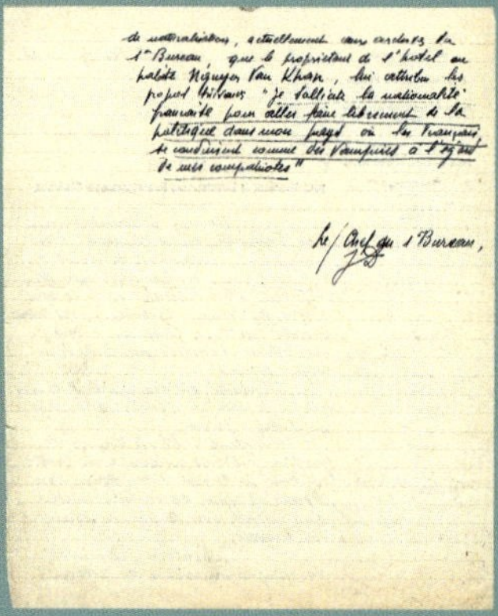

92. Lettre jointe au dossier de naturalisation de Nguyen Van Khanh, étudiant en droit et militant anticolonialiste qui explicite les raisons de sa demande en 1932.

93. Tracts anticoloniaux en quôc-ngu, 1931.

« Frères soldats franco-annamites, ensemble avec les ouvriers et les paysans, exterminons les bandits ! Le parti communiste Ouvriers, paysans et soldats, soyons solidaires ! »

« Ouvriers, paysans et soldats, vos femmes et vos enfants, vos soeurs ont faim, sont dans la misère à cause du régime impérialiste féodal de l'Empire d'Annam. Balayons ensemble ces buveurs du sang de vos femmes et enfants. »

« Les impérialistes détruisent et brûlent les maisons de nos frères révolutionnaires À bas l'ennemi cruel ! Le parti communiste »

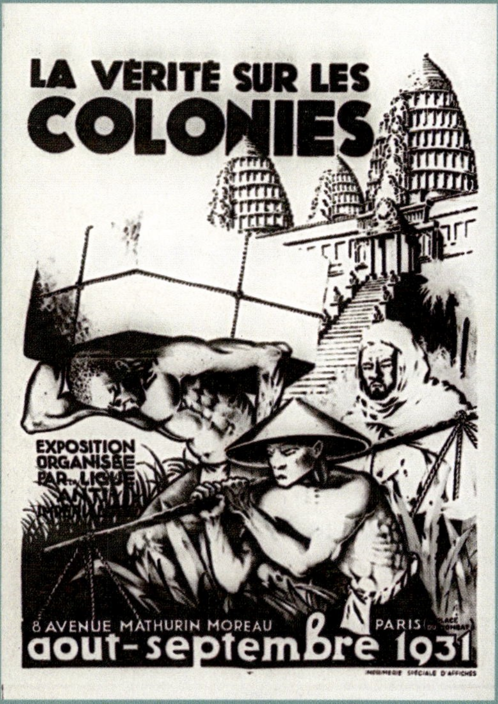

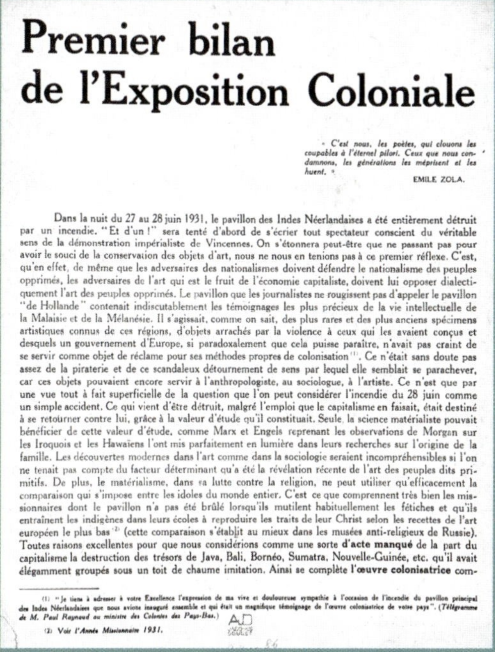

Premier bilan de l'Exposition Coloniale

« *C'est nous, les poètes, qui clouons les coupables à l'éternel pilori. Ceux que nous condamnons, les générations les méprisent et les huent.* »

EMILE ZOLA.

Dans la nuit du 27 au 28 juin 1931, le pavillon des Indes Néerlandaises a été entièrement détruit par un incendie. "Et d'un !" sera tenté d'abord de s'écrier tout spectateur conscient du véritable sens de la démonstration impérialiste de Vincennes. On s'étonnera peut-être que ne passant pas pour avoir le souci de la conservation des objets d'art, nous ne nous en tenions pas à ce premier réflexe. C'est, qu'en effet, de même que les adversaires des nationalismes doivent défendre le nationalisme des peuples opprimés, les adversaires de l'art qui est le fruit de l'économie capitaliste, doivent lui opposer dialectiquement l'art des peuples opprimés. Le pavillon que les journalistes ne rougissent pas d'appeler le pavillon "de Hollande" contenait indiscutablement les témoignages les plus précieux de la vie intellectuelle de la Malaisie et de la Mélanésie. Il s'agissait, comme on sait, des plus rares et des plus anciens spécimens artistiques connus de ces régions, d'objets arrachés par la violence à ceux qui les avaient conçus et desquels un gouvernement d'Europe, si paradoxalement que cela puisse paraître, n'avait pas craint de se servir comme objet de réclame pour ses méthodes propres de colonisation (1). Ce n'était sans doute pas assez de la piraterie et de ce scandaleux détournement de sens par lequel elle semblait se parachever, car ces objets pouvaient encore servir à l'anthropologiste, au sociologue, à l'artiste. Ce n'est que par une vue tout à fait superficielle de la question que l'on peut considérer l'incendie du 28 juin comme un simple accident. Ce qui vient d'être détruit, malgré l'emploi que le capitalisme en faisait, était destiné à se retourner contre lui, grâce à la valeur d'étude qu'il constituait. Seule, la science matérialiste pouvait bénéficier de cette valeur d'étude, comme Marx et Engels reprenant les observations de Morgan sur les Iroquois et les Hawaïens l'ont mis parfaitement en lumière dans leurs recherches sur l'origine de la famille. Les découvertes modernes dans l'art comme dans la sociologie seraient incompréhensibles si l'on ne tenait pas compte du facteur déterminant qu'a été la révélation récente de l'art des peuples dits primitifs. De plus, le matérialisme, dans sa lutte contre la religion, ne peut utiliser qu'efficacement la comparaison qui s'impose entre les idoles du monde entier. C'est ce que comprennent très bien les missionnaires dont le pavillon n'a pas été brûlé lorsqu'ils mutilent habituellement les fétiches et qu'ils entraînent les indigènes dans leurs écoles à reproduire les traits de leur Christ selon les recettes de l'art européen le plus bas (2) (cette comparaison s'établit au mieux dans les musées anti-religieux de Russie). Toutes raisons excellentes pour que nous considérions comme une sorte **d'acte manqué** de la part du capitalisme la destruction des trésors de Java, Bali, Bornéo, Sumatra, Nouvelle-Guinée, etc. qu'il avait élégamment groupés sous un toit de chaume imitation. Ainsi se complète **l'œuvre colonisatrice** com-

(1) "Je tiens à adresser à votre Excellence l'expression de ma vive et douloureuse sympathie à l'occasion de l'incendie du pavillon principal des Indes Néerlandaises que nous avions inauguré ensemble et qui était un magnifique témoignage de l'œuvre colonisatrice de votre pays". (*Télégramme de M. Paul Raynaud au ministre des Colonies des Pays-Bas.*)

(2) Voir *l'Année Missionnaire 1931.*

94. Affiche de l'Exposition « anti-impérialiste » intitulée La Vérité sur les colonies *inaugurée le 19 septembre dans le pavillon des Soviets.*

95. Manifeste contre le colonialisme signé par Yves Tanguy, Louis Aragon, André Breton... le 3 juillet 1931.

Paulette Nardal ou la volonté de briser « la boîte aux accessoires exotiques »

SARAH FRIOUX-SALGAS

À Paris, en novembre 1931, Paulette Nardal et Léo Sajous fondent le mensuel bilingue franco-anglais *La Revue du monde noir* : « Créer entre les Noirs du monde entier, sans distinction de nationalité, un lien intellectuel et moral qui leur permette de se mieux connaître, de s'aimer fraternellement, de défendre plus efficacement leurs intérêts collectifs et d'illustrer leur Race, tel est le triple but que poursuivra *La Revue du monde noir*. [...] Par ce moyen, la race noire contribuera avec l'élite des autres races [...] au perfectionnement matériel, intellectuel et moral de l'humanité. »

Depuis une dizaine d'années, Paris est la capitale de la « vogue nègre » et d'un empire colonial à son apogée. L'Afrique est quadrillée par les autochenilles de Citroën et la mission ethnographique Dakar-Djibouti, l'Américaine Bric Top donne des cours de black bottom au cabaret *Le Grand-Duc* et l'acteur soudanais Habib Benglia joue au théâtre de l'Odéon.

La capitale attire aussi des étudiants, des artistes, des intellectuels, des militaires et des ouvriers d'Afrique, d'Amérique, des Antilles et de Madagascar. L'Américain W.E.B. Dubois y a organisé en 1919 le 1er Congrès panafricain, le Guyanais Léon Gontran Damas y a étudié le japonais et le russe, le Sénégalais Lamine Senghor y a fondé en 1927 le Comité de défense de la race nègre et le médecin haïtien Léo Sajous y a ouvert en 1930 l'Institut nègre de Paris.

Cette diaspora noire se croise sans pour autant former un groupe homogène. Les expériences sociales, politiques et historiques de chacun donnent lieu à des discours idéologiques différents, dont témoignent des publications comme *Les Continents*, *La Race nègre*, *La Dépêche africaine*, *La Voix des Nègres*. Certaines sont anticolonialistes, d'autres défendent uniquement l'égalité des droits ou encore une reconnaissance culturelle.

Paulette Nardal, jeune intellectuelle martiniquaise née en 1896 à Saint-Pierre, est engagée depuis plusieurs années dans la défense et la reconnaissance d'un internationalisme noir. Elle veut valoriser les cultures noires du monde entier en essayant de briser la « boîte aux accessoires exotiques » pleine de « doudous antillaises », de « tirailleurs souriants » ou de « zoos humains ». Désormais, il faut faire découvrir la richesse de la biguine, l'histoire haïtienne et aussi les poèmes de Claude McKay. Elle décide de jouer le rôle de « passeuse culturelle » en mettant en relation les membres des diasporas noires présentes à Paris. Déjà, les écrivains Léopold Sédar Senghor, Aimé Césaire, René Maran, Countee Cullen...

96. Portrait de René Maran, premier écrivain noir à obtenir le prix Goncourt, en 1921, pour son livre Batouala.

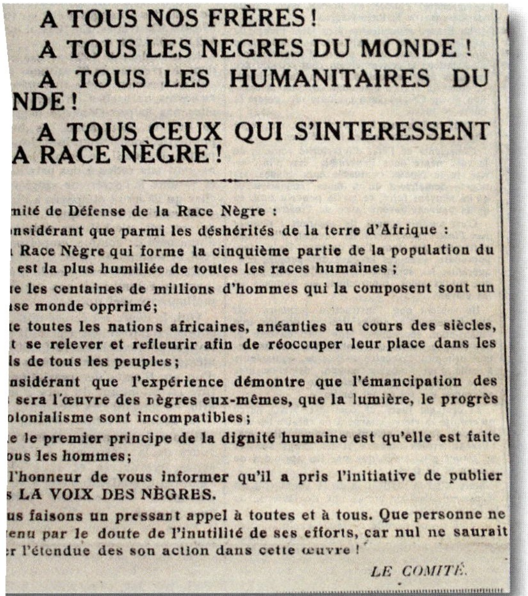
A TOUS NOS FRÈRES !

A TOUS LES NEGRES DU MONDE !

A TOUS LES HUMANITAIRES DU
NDE !

A TOUS CEUX QUI S'INTERESSENT
A RACE NÈGRE !

nité de Défense de la Race Nègre :

nsidérant que parmi les déshérités de la terre d'Afrique :

Race Nègre qui forme la cinquième partie de la population du
est la plus humiliée de toutes les races humaines ;

te les centaines de millions d'hommes qui la composent sont un
ise monde opprimé;

te toutes les nations africaines, anéanties au cours des siècles,
t se relever et refleurir afin de réoccuper leur place dans les
ls de tous les peuples;

nsidérant que l'expérience démontre que l'émancipation des
sera l'œuvre des nègres eux-mêmes, que la lumière, le progrès
olonialisme sont incompatibles;

e le premier principe de la dignité humaine est qu'elle est faite
ous les hommes;

l'honneur de vous informer qu'il a pris l'initiative de publier
s LA VOIX DES NÈGRES.

us faisons un pressant appel à toutes et à tous. Que personne ne
enu par le doute de l'inutilité de ses efforts, car nul ne saurait
r l'étendue des son action dans cette œuvre !

LE COMITÉ.

se retrouvent dans le salon qu'elle anime dans son appartement de Clamart.

En 1927, Paulette Nardal a proposé à l'éditeur Payot de traduire *The New Negro* d'Alan Locke. Cette anthologie publiée aux États-Unis en 1925 rassemble des textes d'auteurs qui assument et revendiquent leur place d'artistes et d'intellectuels noirs dans la culture américaine comme leurs rigines africaines. La tentative a échoué, mais elle aboutira autrement avec la création en 1931 de *La Revue du monde noir*.

Dans les six numéros qu'aura duré cette tribune, les mondes noirs se croisent à travers des textes de sciences humaines, des poèmes et des essais… On y aborde ainsi la vie politique et économique du Liberia ou de l'Éthiopie, l'importance du Mouvement indigéniste haïtien illustré par l'ouvrage *Ainsi parla l'Oncle* de Jean Price-Mars, la spécificité de la communauté noire de Cuba, ou encore l'engagement poétique des auteurs noirs américains Langston Hughes et Claude McKay dans les poèmes « I, Too » et « To America ». Sont publiés des articles sur l'Afrique, son histoire et ses cultures, et sur l'influence de ce continent sur la culture occidentale.

Cet inventaire de la richesse et de la diversité des cultures noires doit permettre de « redonner à nos congénères la fierté d'appartenir à une race dont la civilisation est peut-être la plus ancienne au monde », mais aussi de rejoindre la position des écrivains de la Harlem Renaissance qui « expriment tranquillement leur être individuel à la peau noire et sans honte ».

Les désirs exprimés par Paulette Nardal dans le numéro d'avril 1932 anticipent l'idéologie de la négritude. Cette démarche précède aussi celle de membres plus jeunes et plus radicaux de la revue, qui s'exprimeront dans les éphémères *Légitime Défense* et *L'Étudiant noir*.

Enfin, la revue réunit au motif de l'émancipation des Noirs celui de l'émancipation féminine. Roberte Horth, une des six femmes qui participent à la revue, décrit dans une nouvelle, « Histoire sans importance », son désarroi de femme métisse dans la société métropolitaine. Une situation qui, selon Paulette Nardal, a participé à l'« éveil de la conscience de race » des collaboratrices de la revue.

97. Appel « À tous nos frères !… », publié à la une du premier numéro de La Voix des Nègres, *organe mensuel du Comité de la défense de la race nègre créé par Lamine Senghor en 1926.*

98. Winold Reiss, Portrait d'Alain LeRoy Locke.

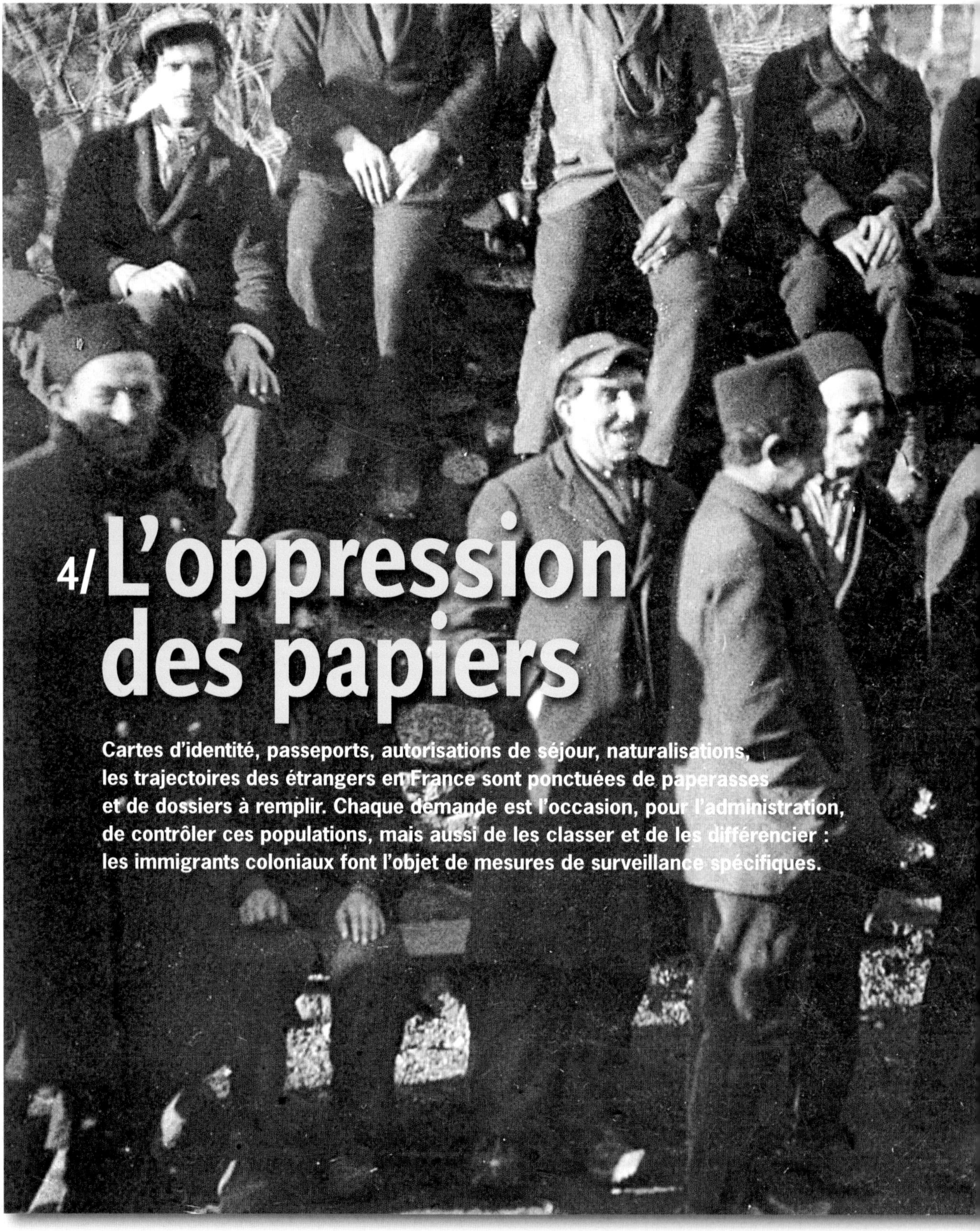

4/ L'oppression des papiers

Cartes d'identité, passeports, autorisations de séjour, naturalisations, les trajectoires des étrangers en France sont ponctuées de paperasses et de dossiers à remplir. Chaque demande est l'occasion, pour l'administration, de contrôler ces populations, mais aussi de les classer et de les différencier : les immigrants coloniaux font l'objet de mesures de surveillance spécifiques.

99. Mineurs nord-africains dans les années 1930. Les légendes des photographies d'époque reprennent les catégorisations contemporaines. La mention « Nord-Africain » y est fréquente.

Les immigrants et la police française durant l'entre-deux-guerres

CLIFFORD ROSENBERG

La France de la IIIe République est un cas unique dans le monde : elle a fait venir un grand nombre de travailleurs immigrés afin de satisfaire ses besoins en main-d'œuvre, tout en réservant certains de ses droits sociaux à ses seuls ressortissants. L'Allemagne bismarckienne a mis en place des programmes sociaux bien plus étendus. Les États-Unis, le Canada ou l'Argentine ont connu d'importants flux migratoires de main-d'œuvre bien avant la France. Toutefois, la combinaison d'une immigration étrangère et de la mise en place d'un système de protection sociale fut une spécificité hexagonale.

Dans ce cadre, les préoccupations de la police évoluèrent et se concentrèrent sur les problèmes posés par les différences de nationalité et de statut juridique, plaçant au second plan l'appartenance sociale (dont la référence aux prétendues « classes dangereuses » d'ici ou d'ailleurs). Au moment où l'État reprenait aux municipalités et à l'Église la responsabilité de la lutte contre la pauvreté, les forces de police françaises durent faire la distinction non seulement entre les citoyens français (auxquels certains étrangers privilégiés étaient associés) et les travailleurs immigrés, mais aussi entre ces derniers et les réfugiés politiques, et encore entre toutes ces catégories et les ressortissants des colonies.

Les frontières de la France sont toujours restées ouvertes, contrairement à celles d'autres pays d'immigration qui pouvaient décider de les fermer temporairement (ou de les laisser fermées) en fonction du contexte politico-économique de l'entre-deux-guerres. Afin de contrôler les immigrés, dont la France ne pouvait se passer, les autorités françaises commencèrent à mettre en place une police de l'immigration à travers tout le territoire, et non plus seulement aux frontières. Juste après la guerre, c'est d'abord à Paris que fut instituée cette politique qui commença ensuite à s'étendre à tout le pays au cours de la crise des années 1930.

La Première Guerre mondiale a mis en évidence les dysfonctionnements du système de surveillance

100. Notice individuelle de la préfecture du Rhône concernant un immigré italien, arrêté en novembre 1931 pour activisme politique anarchiste.

101. Rapport du commissariat spécial de Lyon, concernant la surveillance de ce même immigré italien, décembre 1931.

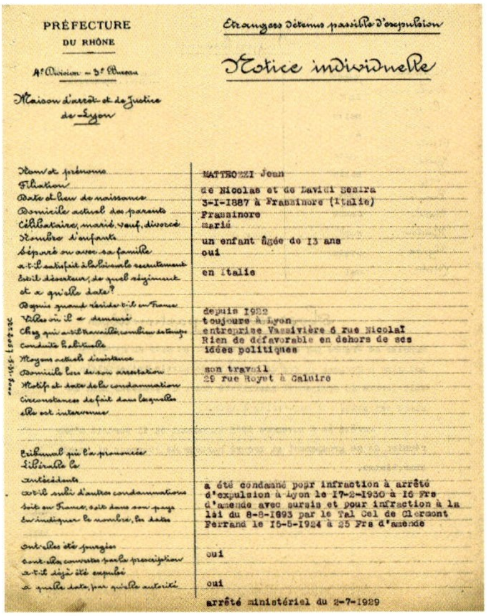

PRÉFECTURE DU RHÔNE

4e Division – 3e Bureau

Maison d'arrêt et de Justice de Lyon

Étrangers détenus passibles d'expulsion

Notice individuelle

Nom et prénoms	MATTEOZZI Jean
Filiation	de Nicolas et de Davici Sesira
Date et lieu de naissance	3-I-1887 à Frassinore (Italie)
Domicile actuel des parents	Frassinore
Célibataire, marié, veuf, divorcé	marié
Nombre d'enfants	un enfant âgée de 13 ans
Séparé ou avec sa famille	oui
A-t-il satisfait à la loi sur le recrutement	en Italie
Depuis quand réside-t-il en France	depuis 1922
Villes où il a demeuré	toujours à Lyon
Chez qui a-t-il travaillé, combien de temps	entreprise Vassivière 6 rue Nicolaï
Conduite habituelle	Rien de défavorable en dehors de ses idées politiques
Moyens actuels d'existence	son travail
Domicile lors de son arrestation	29 rue Royet à Caluire
Antécédents	a été condamné pour infraction à arrêté d'expulsion à Lyon le 17-2-1930 à 16 Frs d'amende avec sursis et pour infraction à la loi du 8-8-1893 par le Tal Cel de Clermont Ferrand le 15-5-1924 à 25 Frs d'amende
Ont-elles été purgées	oui
A-t-il déjà été expulsé	oui
À quelle date, par quelle autorité	arrêté ministériel du 2-7-1929

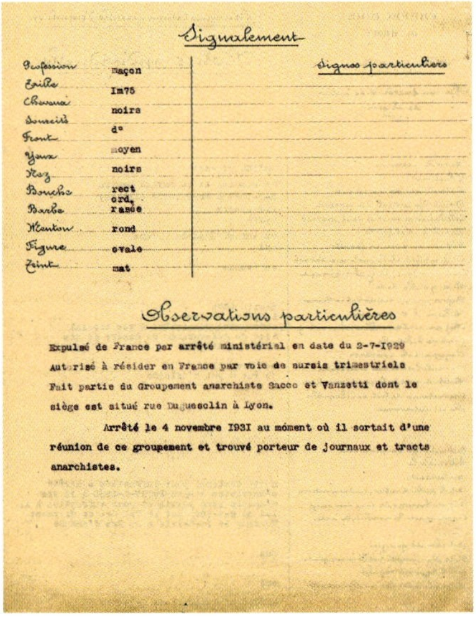

Signalement

Profession	maçon
Taille	1m75
Cheveux	noirs
Sourcils	d°
Front	moyen
Yeux	noirs
Nez	rect
Bouche	ord.
Barbe	rasée
Menton	rond
Figure	ovale
Teint	mat

Signes particuliers

Observations particulières

Expulsé de France par arrêté ministériel en date du 2-7-1929 Autorisé à résider en France par voie de sursis trimestriels Fait partie du Groupement anarchiste Sacco et Vanzetti dont le siège est situé rue Duguesclin à Lyon.

Arrêté le 4 novembre 1931 au moment où il sortait d'une réunion de ce groupement et trouvé porteur de journaux et tracts anarchistes.

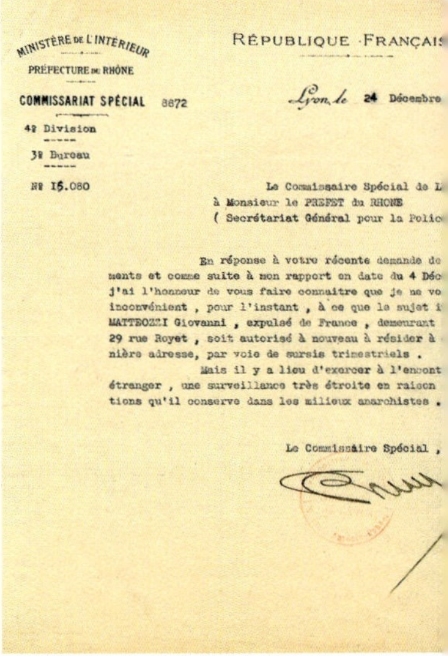

MINISTÈRE DE L'INTÉRIEUR

PRÉFECTURE DU RHÔNE

COMMISSARIAT SPÉCIAL 8672

4e Division

3e Bureau

N° 15.080

RÉPUBLIQUE FRANÇAIS

Lyon, le 24 Décembre

Le Commissaire Spécial de L

à Monsieur le PREFET du RHONE

(Secrétariat Général pour la Polic

En réponse à votre récente demande de
ments et comme suite à mon rapport en date du 4 Déc
j'ai l'honneur de vous faire connaitre que je ne vo
inconvénient , pour l'instant , à ce que le sujet i
MATTEOZZI Giovanni , expulsé de France , demeurant
29 rue Royet , soit autorisé à nouveau à résider à
nière adresse, par voie de sursis trimestriels .
Mais il y a lieu d'exercer à l'encont
étranger , une surveillance très étroite en raison
tions qu'il conserve dans les milieux anarchistes .

Le Commissaire Spécial ,

des étrangers dans la capitale. En 1912, la police de Paris, qui était de loin la force la plus importante du pays, n'employait que 14 agents dans ses bureaux de l'immigration. Une proportion élevée d'étrangers, estimée à 70 % selon la police, ignorait la nouvelle réglementation les concernant. La diffusion de l'information s'était perdue à travers un trop grand nombre de services de police[1]. Au début des hostilités, les fonctionnaires français étaient incapables d'identifier clairement les ennemis potentiels qui se trouvaient sur le territoire national. Ils commencèrent donc à aborder le problème pendant la guerre en exigeant que les étrangers puissent produire une carte d'identité à tout moment. Ainsi armés, les ministères du Travail et de la Guerre dépensèrent beaucoup d'énergie à gérer les immigrants, à négocier les contrats de travail et à surveiller les travailleurs étrangers[2]. De son côté, la Préfecture de police centralisa tous ses dossiers. Mais c'est après la guerre que des changements significatifs ont vu le jour.

Au lendemain de l'armistice, alors que l'État abandonne son contrôle dans bien des domaines, il le conserve toutefois pour la surveillance des étrangers et parvient à imposer des distinctions selon la nationalité et le statut juridique. Ayant désespérément besoin de main-d'œuvre pour reconstruire un pays dévasté, les Français négocient une série de conventions bilatérales sur l'immigration avec des pays européens exportateurs de main-d'œuvre, garantissant aux ressortissants des États signataires l'égalité des conditions de travail, des salaires et des avantages sociaux avec les travailleurs français, à condition que leurs papiers soient en règle[3]. Ces étrangers-là constituaient ainsi une classe particulière et privilégiée de travailleurs immigrés.

Même si le gouvernement français faisait tout ce qui était en son pouvoir pour contraindre tous les travailleurs étrangers à détenir visas et permis de travail à leur arrivée[4], les réalités géopolitiques l'obligèrent à prendre des mesures supplémentaires. Vu l'étendue des frontières terrestres de la France, l'administration ne parvenait pas à contrôler les entrées aux postes frontières ou à surveiller les compagnies de transports internationales, pourtant peu nombreuses à l'époque. Elle s'appuya donc de plus en plus sur des mesures policières, telles que des interpellations en pleine rue accompagnées de contrôles d'identité.

Paris était précurseur en la matière. Créée par Louis XIV et réorganisée par Napoléon, la Préfecture de police de Paris était l'une des

Cl. Ville de Paris (Serv. Hyg. Soc.).

PL. XII, 2. — Façade du service de la rue Lecomte.

102. Façade de la rue Lecomte, siège de la Brigade nord-africaine de la préfecture de la Seine, créée en 1925.

administrations les plus efficaces au monde. Elle réunissait à elle seule plus de fonctionnaires que toutes les autres forces de police du territoire[5] et son budget était contrôlé par une solide majorité de droite. Terrifiés par la révolution bolchevique et par le spectre d'une criminalité issue de l'immigration, les députés centristes coopéraient avec l'aile droite du conseil municipal de Paris, afin de remanier le service de la ville en charge des immigrés. Émile Massard, membre influent du conseil municipal de Paris, déplorait, dès 1921, que ce service ait été surchargé pendant la guerre et qu'il n'ait survécu que grâce à des expédients, il estimait donc qu'il devait être réformé de fond en comble[6]. Un an plus tard, le nombre d'agents était déjà multiplié par sept, et ce chiffre continua à augmenter rapidement au cours des années suivantes.

La première des priorités du service des étrangers de Paris était de classer le nombre considérable d'informations qui s'étaient accumulées pendant les trois dernières décennies. Or les dossiers étaient difficiles à exploiter à cause du manque de personnel. Même soigneusement classés par ordre alphabétique, ils n'apportaient pas un réel éclairage sur les différentes communautés immigrées. La police affirmait que seules de nouvelles techniques d'archivage

Notes

1. C. Rosenberg, *Policing Paris: The Origins of Modern Immigration Control*, New York, Ithaca, 2006, p. 47.

2. L'histoire du contrôle des immigrés pendant la guerre reste encore largement à écrire. En attendant, voir M. Favre, *Un milieu porteur de modernisation. Travailleurs et tirailleurs vietnamiens en France pendant la Première Guerre mondiale*, 2 vol., thèse de l'Ecole nationale des Chartes, 1986 ; T. Stovall, « Color-Blind France ? Colonial Workers during the First World War », Race & Class 35, n° 2, 1993 ; J. Horne, « Immigrant Workers in France during World War I», *French Historical Studies* 14, printemps 1985 ; et G. Cross, « Towards Social Peace and Prosperity: The Politics of Immigration in France during the Era of World War I » *French Historical Studies* 11, automne 1980.

3. Les travailleurs français qui s'expatriaient, très peu nombreux il est vrai, appréciaient aussi cette égalité de traitement avec les salariés du pays dans lequel ils avaient émigré. M. Livian, *Le Régime juridique des étrangers en France*, Paris, Gaillon, 1936.

4. R. Schor, *L'Opinion française et les étrangers, 1919-1939*, Paris, Publications de la Sorbonne, 1985, chap. 6. Voir G. Cross, *Immigrant Workers in Industrial France: The Making of a New Laboring Class*, Philadelphie, Pennsylvanie, 1983.

5. On exclut la gendarmerie, qui reste sous contrôle militaire.

6. É. Massard, « Rapport au nom de la 2e Commission sur la réorganisation du service des étrangers à la Préfecture de police », Conseil municipal de Paris, *Rapports et documents*, n° 32, 7 mars 1921, Paris, 1922, p. 2-3.

et l'enregistrement de données supplémentaires permettraient de mieux surveiller les étrangers de la capitale. Au lieu d'une longue liste unique et peu maniable, on en créa plusieurs fin 1921, issues du recoupement et de la centralisation de près d'un million de dossiers venus de tous les services de la Préfecture. Chaque immigré séjournant légalement sur le territoire avait donc un dossier contenant toutes les références aux fichiers auxquels il était lié, qu'ils soient conservés au service central ou non. On pouvait y trouver par exemple une demande de naturalisation ou de permis de travail ou une éventuelle référence au fameux « Carnet B », liste de ceux que le gouvernement considérait comme des ennemis politiques en cas d'état d'urgence ou en temps de guerre[7]. La police parisienne classa ces dossiers non seulement par ordre alphabétique, mais aussi par nationalité, par profession et par rue, créant ainsi une base de données qui conservait la trace de centaines de milliers de personnes en même temps.

Pour stocker toutes ces informations et les rendre accessibles, le service des étrangers prit finalement possession d'un vaste bureau portant le numéro 205, au deuxième étage, escalier F, du siège de la Préfecture, boulevard du Palais. Il était équipé de nombreux bureaux et tapissé du sol au plafond d'étagères couvertes de boîtes tout spécialement créées pour l'occasion, qui débordaient de fiches cartonnées de couleurs différentes. « Je me suis rendu sur place, commenta Massard, et j'ai constaté avec quel soin et quelle minutie ont été réglés les moindres détails : la dimension et la couleur des fiches et des chemises de dossiers, les boîtes en bois d'un modèle nouveau qui les contiennent, tout, jusqu'à la hauteur des chaises selon la taille des employés, hommes ou femmes, la disposition des tables de travail et des rayons, tout a été soigneusement étudié et réalisé[8]. »

L'administration ne tarda pas à prendre conscience que cette nouvelle classification et l'amélioration de la gestion étaient inutiles sans une mise à jour minutieuse des informations. Elle dépêcha donc des inspecteurs à travers la ville pour vérifier que tous les immigrés sur lesquels ils pouvaient mettre la main étaient en règle. En 1924, le préfet missionna aussi des inspecteurs à travers la ville, pour faire littéralement du porte à porte et vérifier l'identité de chaque étranger qui s'était enregistré auprès des services de police. Il s'en vanta : « Nous avons envoyé un groupe d'agents quartier par quartier, rue par rue, maison par maison, toute la région parisienne a été visitée à fond ; ce travail a duré environ cinq mois, mais il a permis de procéder à l'examen de situation de très nombreux étrangers qui, par incurie ou par intérêt, avaient négligé de se faire connaître[9]. » Les migrants qui ne se pliaient pas à la réglementation (encore fallait-il qu'ils la comprennent en maîtrisant un minimum le français) perdaient les quelques avantages sociaux qu'ils avaient pu obtenir. De plus, il leur était plus difficile de trouver un emploi et ils encouraient de lourdes peines, voire l'expulsion[10]. Au milieu des années 1920, le service des étrangers employait plus d'hommes et de femmes et traitait bien plus de dossiers que n'importe quel autre service de la Préfecture. Ses efforts étaient tels que de nombreux chefs de police du monde entier sont venus une dizaine d'années plus tard en étudier le fonctionnement, et tout particulièrement son imposant système de dossiers et de fiches cartonnées[11].

Jusqu'au milieu des années 1920, la police de Paris ne se souciait que des migrants venus de l'étranger. Elle observait toutefois avec une passivité mêlée de crainte l'arrivée d'un nombre considérable de musulmans originaires des colonies d'Afrique du Nord. Tout changea radicalement en 1925. Au moment même où les agents des bureaux de l'immigration devenaient parmi les plus efficaces de la Préfecture, un Kabyle

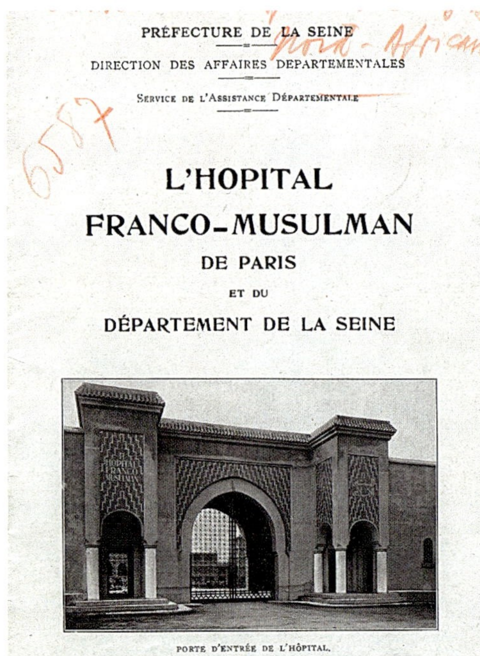
PRÉFECTURE DE LA SEINE

DIRECTION DES AFFAIRES DÉPARTEMENTALES

SERVICE DE L'ASSISTANCE DÉPARTEMENTALE

L'HOPITAL FRANCO-MUSULMAN DE PARIS ET DU DÉPARTEMENT DE LA SEINE

PORTE D'ENTRÉE DE L'HÔPITAL.

7. D. N. Baker, « The Surveillance of Subversion in Interwar France: The Carnet B in the Seine, 1922-1940 », *French Historical Studies* 10, 1978, p. 486-516.
8. É. Massard, « Rapport [...] sur le fonctionnement du Service des étrangers », Conseil municipal de Paris, *Rapports et documents*, n° 156, 1922, p. 2.
9. La première salve de contrôles fut conduite par des officiers en uniforme appartenant à la police municipale, « Communication de M. le Préfet de police sur le régime des étrangers », Conseil municipal de Paris, *Procès-verbaux*, 15 juillet 1925, p. 1596.
10. Pour un exemple d'étrangers qui parlaient un bon français et qui échappaient à ces restrictions, voir la lettre du Groupe des chambres syndicales du bâtiment et des industries diverses au préfet de police, 8 mars 1921, Archives nationales, F7 13 651. Le nombre d'immigrants clandestins reste impossible à déterminer avec précision. Le directeur des RG à la fin des années 1930, Jacques Simon, établit celui-ci à 10 000, voir *La Direction des Renseignements généraux que j'ai connue*, Saint-Brieuc, 1956, p. 11.
11. Picard, « Les Étrangers à Paris », Police parisienne, n° 5, 29 février 1936, p. 19. Voir aussi D. Eleanor Westney, « The Emulation of Western Organizations in Meiji Japan: The Case of the Paris Prefecture of Police and the Keishi-ch », *Journal of Japanese Studies* 8, n° 2, 1982, p. 307-342.
12. C. Rosenberg, *op. cit.*, p. 141-145.
13. Godin, Besombes et Massard, « Proposition tendant à créer à la Préfecture de police une section d'affaires indigènes nord-africaines qui s'occupera de la situation matérielle et morale et de la police des indigènes nord-africains, résidant ou de passage à Paris », Conseil municipal de Paris, *Rapports et documents*, n° 178, 20 décembre 1923, p. 1.
14. C.-R. Ageron, *Les Algériens musulmans et la France, 1871-1919*, Paris, PUF, 1968, vol. 2, p. 1110-14.
15. C. Rosenberg, *op. cit.*, p. 162.
16. É. Massard, « Rapport [...] sur le fonctionnement des services de la PP [...] 1930 », Conseil municipal de Paris, *Rapports et documents*, n° 1, 1931, p. 160. Les caractères en italique sont de l'auteur.

au chômage assassina deux femmes en plein jour et en blessa deux autres[12]. La police appréhenda l'auteur des crimes, mais fut dans l'impossibilité de calmer les protestations populaires. Elle ne parvenait même pas à répondre à des questions toutes simples comme : Combien de musulmans nord-africains vivent à Paris ? D'où sont-ils originaires et de quoi vivent-ils[13] ? Les responsables politiques craignaient que le rétablissement du permis de circulation en Algérie (aboli en 1914[14]) ne provoque un soulèvement. Ils mirent en place des mesures administratives renforcées, créant d'une part une brigade de police spéciale et des services sociaux d'autre part.

La Brigade nord-africaine a vu le jour pendant l'été 1925, basée dans une école reconvertie à cet effet, au numéro 6 de la rue Lecomte, une petite rue à l'est du XVIIe arrondissement. Tout comme le service des étrangers de la Préfecture, la Brigade commença d'abord par un travail d'identification, passant au peigne fin les quartiers où les Nord-Africains vivaient et surveillant les cafés qu'ils fréquentaient. Au même titre que pour les étrangers, la police exigea qu'ils s'enregistrent auprès de ses services et qu'ils la tiennent informée de leurs déplacements. Celui qui n'obéissait pas était arrêté et présenté comme l'exemple à ne pas suivre. Les Nord-Africains ne constituaient pas vraiment une menace pour l'ordre public, mais la police parisienne les avait pris pour cible. Les chiffres le prouvent. Ils ne représentaient pas plus de 1,4 % de la population de la capitale, et jamais plus de 2 % des arrestations répertoriées dans les archives existantes. Si un peu plus 4% de la communauté nord-africaine ont été arrêtés en 1936, 12,5 % ont été arrêtés ou expulsés en 1938[15].

104. Photographie de Laoussine, prise lors de son arrestation à Paris en 1930.

En plus de ces formes traditionnelles du maintien de l'ordre, la Préfecture de police collabora avec le département de la Seine pour mettre en place une série de mesures sanitaires et sociales. Les socialistes siégeant à la Chambre des députés et au conseil municipal tombèrent d'accord pour accepter ces mesures coercitives à l'unique condition que le gouvernement accepte aussi de mettre sur pied un programme d'assistance ambitieux. Ainsi, en plus de la Brigade de la rue Lecomte, la ville de Paris créa des cours de langues, des dispensaires, un centre d'aide à l'embauche et même un hôpital, qui ouvrit ses portes à Bobigny au plus fort de la crise, en 1935, et permit à ces immigrants l'accès aux immeubles de rapport. La police mit en place ces programmes à caractère social pour faire taire l'opposition et pour obtenir davantage de données sur les musulmans de la capitale. Selon Massard en 1930, ces initiatives « consistent à les protéger et à les aider afin de pouvoir mieux les surveiller[16] ». Interrogé pendant le Front populaire, Jacques Simon, directeur des Renseignements généraux de Paris, soulignait : « Cette efficacité, il est bon de le souligner, trouve son point d'appui, ou une grande partie de son origine, dans le fait que nous avions un service complet, au courant de tous les aspects de la vie quotidienne des indigènes. » De plus, continuait-il, « je suis obligé de dire qu'au point de vue police même, je ne vois pas comment la dissociation pourrait s'opérer, actuellement, sans nuire à la partie police ». Tout en concédant que quelques erreurs avaient été commises, il exigea avec le préfet de police,

103. Brochure de la Préfecture de police de Paris présentant l'hôpital franco-musulman de Paris, dont la construction, commencée en 1931, s'achève en 1935.

Roger Langeron, que l'assistance reste sous la tutelle de la police. Ce qu'une commission d'étude réunie en 1937 accepta[17].

Il faut attendre la crise des années 1930 pour que des changements significatifs voient le jour sur le reste du territoire. Plusieurs facteurs empêchaient les forces de police de province de répertorier correctement les immigrés par nationalité ou par statut juridique. C'est là où la concentration d'immigrés était élevée que cela posait le moins de problèmes. En effet, dans plusieurs centres d'industrie lourde du Nord et de l'Est, les étrangers représentaient une grande partie de la population et constituaient plus de 90 % de la main-d'œuvre dans certains secteurs essentiels de l'économie. La prédominance de travailleurs étrangers et non qualifiés rendait le contrôle plus simple, d'autant qu'ils étaient généralement au service d'un nombre restreint d'employeurs. Une poignée de grands patrons avait la mainmise sur le marché du travail. Ils recrutaient des immigrés en provenance d'un ou deux pays seulement et contrôlaient en même temps le marché local du logement et les programmes d'assistance[18]. Les problèmes étaient bien plus complexes à Lyon ou à Marseille, car ces deux villes ressemblaient beaucoup à Paris. Au cours des années 1920, on y assista à une explosion économique sans précédent, soutenue par une arrivée massive d'immigrés venus de tout horizon. Ces deux villes n'étaient pas le théâtre de batailles rangées entre Italiens fascistes et anti-fascistes, ou entre Russes blancs et bolcheviks, ni le lieu privilégié des activités anticoloniales, incidents qui motivèrent en premier lieu la police parisienne à réorganiser ses services chargés de l'immigration. Comme l'a démontré Mary Lewis, les autorités de Marseille et de Lyon ne se souciaient guère des questions liées à la nationalité ou au statut juridique dans les années 1920. Leur politique de répression s'appuyait davantage sur une approche traditionnelle basée sur la surveillance sociale[19].

Ce qu'on appelle le « modèle parisien » a commencé à se répandre en province à la suite de deux événements spectaculaires survenus en 1934 : en janvier, la mort mystérieuse d'Alexandre Stavisky, escroc juif d'origine russe, et en octobre le double assassinat du ministre français des Affaires étrangères Louis Barthou et du roi Alexandre Ier de Yougoslavie en octobre. Cela joua pour la province le même rôle de détonateur que les événements de la Grande Guerre pour Paris[20].

Les forces de police de province demeuraient

DÉTECTIVE

Les hors la loi

" Haut les mains ! " La police, envahissant un bouge, tombe en plein repaire de malfaiteurs. Image classique de ce monde étrange et redoutable des hors la loi, évoqué par l'enquête saisissante que nous publions à dater d'aujourd'hui.

(Lire, pages 7, 8 et 9, le sensationnel reportage de notre collaborateur Paul Bringuier)

105. « Les hors-la-loi » : la police fait une rafle dans un bistrot. Couverture du magazine Détective *du 20 août 1931.*

impuissantes à suivre la trace des étrangers, à encadrer le marché du travail et même à empêcher des crimes politiques ou crapuleux. La Sûreté nationale ne comptait que 7 000 agents en 1934 et disposait d'un budget de 47 millions de francs par an (en comparaison, la police de Paris avait trois fois plus d'agents et un budget annuel de 540 millions de francs). La Sûreté créa alors sans plus tarder un nouveau système d'archivage et d'enregistrement sur le modèle parisien. Ce parent pauvre de la Préfecture de police amassa donc rapidement un nombre important de données. Au bout de trois ans, il fut nécessaire d'acquérir un nouveau bâtiment pour les stocker : à lui seul

17. Commission d'études du Haut Comité méditerranéen, « Compte rendu du 5 juillet 1937 », Archives du Quai d'Orsay, K-Afrique, 1918-1940, vol. 75.
18. Pour plus d'informations sur les centres d'industrie lourde, voir G. Noiriel, *Longwy, Immigrés et prolétaires, 1880-1980*, Paris, PUF, 1984 ; J. Ponty, *Polonais méconnus. Histoire des travailleurs immigrés en France dans l'entre-deux-guerres*, Paris, Publications de la Sorbonne, 1990.
19. M. Dewhurst Lewis, *The Boundaries of the Republic: Migrant Rights and the Limits of Universalism in France, 1918-1940*, Stanford, Californie, 2007.
20. P. Jankowski, *L'Affaire Stavisky. Anatomie d'un scandale politique*, Paris, Fayard, octobre 2000 ; M. Dewhurst Lewis, *op. cit.*

le ficher central était constitué d'environ 20 000 cartons d'archives et occupait un étage entier[21].

À partir de 1934, après avoir redéployé des agents mieux formés, rationalisé la logistique et accru ses ressources financières, la police nationale put étendre son contrôle à des villes comme Marseille ou Lyon, qui étaient jusqu'alors restées sourdes à ses directives[22]. La coalition gouvernementale de droite formée par Pierre-Étienne Flandin et Pierre Laval envoya une avalanche de circulaires administratives en province, imposant une surveillance plus étroite des étrangers. Les forces de police de province se servirent aussi d'une nouvelle législation destinée à privilégier l'emploi des travailleurs français en temps de crise économique. Comme dans la capitale, des inspecteurs de police étaient déployés à travers toute la France et imposaient l'application stricte des lois sur l'immigration. Les exemples ne manquent pas. Un Polonais malchanceux qui roulait à vélo un peu trop à gauche dans les montagnes de l'est de la France en subit les conséquences ; un pauvre Britannique fut arrêté pour vagabondage dans le Vaucluse et expulsé parce qu'il ne parlait pas correctement le français ; un habitant de Sète, né en France de parents italiens et qui n'avait jamais quitté le pays, se retrouva sans emploi ; une cinquantaine de femmes mariées à des étrangers, qui avaient négligé les formalités pour conserver leur nationalité, reçurent un avis d'expulsion en même temps que leur mari quand celui-ci perdit son emploi[23].

Toujours en 1934, un bureau des affaires nord-africaines ouvrit ses portes à Lyon. Quelques années plus tôt, en 1928, des services spécialisés avaient aussi été créés à Saint-Étienne, Bordeaux et Marseille. Même si ces bureaux travaillaient à plus petite échelle qu'à Paris, ils n'en appliquaient pas moins scrupuleusement les directives de la capitale. Ils combinaient une surveillance policière classique des militants syndicalistes et des mouvements anticolonialistes à des programmes sociaux, tels que des bureaux de placement. En province comme à Paris, les Nord-Africains souffraient d'un sérieux handicap : ils n'avaient accès à aucune forme de représentation politique.

La police française n'a jamais réussi à contrôler totalement la population étrangère. Un petit nombre d'immigrants furent expulsés et contraints à quitter le territoire. Les nouvelles mesures modifièrent la relation entre immigrés et État français. La loi définissait désormais rigoureusement quelles étaient les familles qui avaient le droit de rester ensemble sur le sol national, quels étaient les ouvriers qui pouvaient conserver leur emploi, quand ils avaient la chance d'en avoir un, ou quels étaient ceux qui n'avaient plus qu'à partir. La nationalité et le statut juridique devenaient donc des critères de plus en plus déterminants.

La particularité du contrôle de l'immigration en France durant l'entre-deux-guerres s'appuie sur la construction de nouvelles frontières intérieures et non plus seulement extérieures. Dévasté lors de la Première Guerre mondiale, le pays ne pouvait pas se permettre de limiter l'immigration à l'image du Royaume-Uni et des États-Unis, même si de nombreux dirigeants politiques l'auraient souhaité. La France connaissait déjà une forte immigration avant la guerre, mais le nombre d'arrivées a augmenté de façon très spectaculaire ensuite. L'économie du pays dépendait de la main-d'œuvre immigrée, tout particulièrement dans l'industrie lourde en pleine croissance. Mais, en dépit des efforts de l'administration pour réglementer l'immigration à coups de visas ou de contrats de travail, les besoins en main-d'œuvre et la porosité des frontières terrestres rendaient les contrôles migratoires difficiles. Le gouvernement français mit en place des programmes à caractère social afin de pacifier la classe ouvrière et il recruta un nombre considérable de travailleurs étrangers qui acceptaient les tâches que refusaient d'effectuer les Français. Il s'est ainsi retrouvé dans l'obligation de marquer clairement la frontière entre citoyens et travailleurs immigrés d'une part, entre travailleurs immigrés et réfugiés politiques d'autre part, et enfin entre toutes ces catégories et les ressortissants des colonies dispersés à travers tout le territoire. Ce processus commença à Paris après la Première Guerre, s'étendit au reste du pays au cours des années 1930, s'amplifia pendant le régime de Vichy et se prolongea bien après la Seconde Guerre mondiale.

(Traduit de l'américain par Jean-Marck Molignier et Stéphane Nissant)

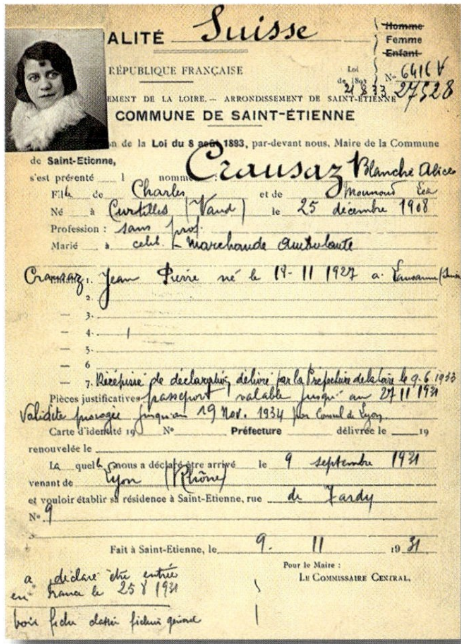
ALITÉ Suisse
~~Homme~~ Femme ~~Enfant~~
RÉPUBLIQUE FRANÇAISE
Loi de 1893 N° 6416 V 27528
EMENT DE LA LOIRE. — ARRONDISSEMENT DE SAINT-ÉTIENNE
COMMUNE DE SAINT-ÉTIENNE
n de la Loi du 8 août 1893, par-devant nous, Maire de la Commune de Saint-Etienne,
s'est présenté 1 nommé Crausaz Blanche Alice
Fille de Charles et de
Né à Curtilles (Vaud) le 25 décembre 1908
Profession : sans prof.
Marié à célib. marchande ambulante
Crausaz 1. Jean Pierre né le 17-11 1927 a Lausanne
— 2.
— 3.
— 4.
— 5.
— 6
— 7.
Pièces justificatives passeport valable jusqu'au 27 11 1931
Validité prorogée jusqu'au 19 Nov. 1934 par Consul de Lyon
Carte d'identité 19 N° Préfecture délivrée le 19
renouvelée le
La quelle nous a déclaré être arrivé le 9 septembre 1931
venant de Lyon (Rhône)
et vouloir établir sa résidence à Saint-Etienne, rue de Tardy
N° 9
Fait à Saint-Etienne, le 9. 11 1931
Pour le Maire :
Le Commissaire Central.
a déclaré être entrée en France le 25 8 1931

106. Déclaration de résidence d'une marchande ambulante suisse, dans la ville de Saint-Étienne, novembre 1931. En 1893, tout étranger est tenu, dans les huit jours qui suivent son arrivée, de se présenter à la mairie de la commune où il désire exercer une profession ou, à défaut, au commissariat, pour y déclarer la nature de son activité. Le récépissé qui lui est délivré est une pièce obligatoire pour pouvoir être employé. Cette disposition est à l'origine d'un ensemble de mesures qui, à partir de 1893, vont lier le séjour de l'étranger à son emploi.

21. Archives nationales, Centre des archives contemporaines, Fontainebleau (CAC), 19940500, art. 7, dossier 77 ; et particulièrement le rapport non daté et anonyme sur les réformes des années 1930 et les instructions pour l'utilisation du fichier central, 19940493, art. 123, dossier 1904.
22. La police marseillaise a été intégrée à la Sûreté nationale en 1908, celle de Lyon en 1851.
23. CAC, 19940495, art. 18 ; 19940457, art. 92.

Algériens et étrangers à Nanterre et à Roubaix

FRANÇOISE DE BARROS

Pour examiner les conséquences qu'entraînent en métropole les différences de statut entre étrangers et sujets coloniaux, on peut se demander comment les personnels politiques et administratifs métropolitains non spécialistes du droit colonial font appel à ces catégories lorsqu'ils sont confrontés dans leur commune à une population relevant de ce droit, en l'occurrence les Algériens. Les cas de Roubaix et Nanterre permettent non seulement de sortir du cadre parisien souvent décrit, mais aussi de comparer deux communes différentes socialement, administrativement et politiquement.

Disparités démographiques et sociales

Si étudier une nationalité commence par la situer « dans l'"espace social" que forme la totalité des nationalités présentes [...] à un moment donné[1] », alors on constate une première différence entre les Algériens de Nanterre et ceux de Roubaix.

À Nanterre, ils sont relativement nombreux et occupent, comparativement à d'autres migrants, une place sociale dévalorisée par la municipalité dominée de 1919 à 1935 par une majorité située à droite et socialement plutôt proche des rentiers et des employeurs. En 1931, on y compte près de 10 % d'étrangers (4 193 sur 43 227 habitants)[2], soit la proportion d'étrangers dans la commune la plus forte de tout l'entre-deux-guerres. Les chefs de famille italiens sont très majoritaires parmi ces étrangers, mais les « originaires du Maghreb » sont présents en proportion équivalente dans la population communale : respectivement de 4,8 et 6,2 %, soit 625 Italiens et 816 du « Maghreb » sur les 13 000 chefs de ménage que compte la commune[3]. Tandis que les premiers sont en partie petits patrons du bâtiment, secteur qui emploie localement le plus grand nombre de personnes résidant et travaillant dans la commune, les « Nord-Africains » sont plutôt « manœuvres »[4].

À l'inverse, à Roubaix, les « indigènes algériens[5] » sont très peu nombreux : en 1938, seuls 26 « Algériens » sont recensés[6] sur 107 105 habitants[7]. La population roubaisienne compte en revanche une proportion très importante d'étrangers depuis la fin du XIXe siècle, venant principalement de Belgique, puis de Pologne et d'Europe de l'Est à partir des années 1920. Ces différentes nationalités se hiérarchisent socialement en fonction de leur poids dans le monde ouvrier textile du fait de la place prépondérante de cette industrie dans la société locale et dans l'assise électorale du pouvoir municipal socialiste. En 1925, sur environ 40 000 ouvriers recensés dans le textile, l'écrasante majorité des 14 000 étrangers sont des Belges[8], considérés par la municipalité comme des Roubaisiens à part entière dès lors qu'ils sont résidents, alors que les Belges frontaliers sont perçus comme des concurrents déloyaux sur le marché local de l'emploi et les Polonais comme

107. Nord-Africain, Paris, fin des années 1930. La catégorisation de « Nord-Africain » est dominante pour caractériser l'immigration algérienne, également marocaine et tunisienne en France dans les années 1930.

Notes

1. G. Noiriel, *Le Creuset français. Histoire de l'immigration XIXe-XXe siècles*, Paris, Seuil, 1988, p.144.
2. Recensement de la Préfecture de la Seine.
3. M. Segalen, *Nanterriens. Les familles dans la ville. Une ethnologie de l'identité*, Toulouse, Presses universitaires du Mirail, 1990, p. 60-63.
4. *Ibid.*, p. 62-63.
5. Les guillemets signalent les appellations originales.
6. AMR, D II d vol. 54 : Registre des doubles de la correspondance avec le préfet, lettre du 15 mars 1938, p. 287.
7. ADN, M474-6-1, Tableaux des États n° 9 du RGP de 1936.
8. 13 000 sont belges et 1 000 d'autres nationalités (polonaise, hollandaise, italienne et hongroise). AMR, D II d vol. 46 : Registre des doubles..., *op. cit.*, p. 702.
9. *Ibid.*, Rapport à la préfecture sur les « groupements d'étrangers », 31 mars 1925, p. 700-702.
10. AMR, D II d vol. 54 : Registre des doubles..., *op. cit.*, lettre du 15 mars 1938, p. 287.
11. G. Massard-Guilbaud, *Des Algériens à Lyon. De la Grande Guerre au Front populaire*, Paris, CIEMI-L'Harmattan, 1995, p. 344-349.
12. C.-R. Ageron, *Histoire de l'Algérie contemporaine, 1871-1954*, t. II, Paris, PUF, 1979, p. 181-193.
13. AMN, *Bulletin municipal officiel*, n° 413, 15 octobre 1932, n° 484, 1er novembre 1935, et n° 507, 1er novembre 1937.

des « indésirables[9] ». Les services municipaux estiment que les « Nord-Africains ne représentent qu'un pourcentage de 1/2500e du nombre des ouvriers occupés à Roubaix[10] », et soulignent ainsi l'insignifiance démographique des Algériens en ce milieu des années 1920.

Variations locales de l'encadrement étatique des Algériens

L'identification d'une population n'est pas uniquement question de poids social et politique relatif : elle dépend aussi de l'existence d'outils d'identification et de leur plus ou moins grande diffusion. Or, si des moyens juridiques d'identification des Algériens et des étrangers existent au niveau national, leur accessibilité aux élus locaux est très inégale.

La Seine est le premier département où il existe un service administratif spécialement chargé du contrôle et de la prise en charge sanitaire et sociale des « Nord-Africains ». Le premier des SAINA (Service des Affaires indigènes nord-africaines) est créé en 1925 à l'initiative d'élus parisiens pour prendre en charge cette population sur l'ensemble du département. Mais leur mise en place dans le reste de la France reste limitée à un seul autre département au lieu des vingt initialement prévus[11]. La particularité du SAINA parisien est de faire appel à un personnel issu des départements algériens, qui reproduit en métropole la gestion des « communes mixtes », vastes territoires peuplés presque exclusivement d'« indigènes » et administrés par des fonctionnaires français nommés au lieu de conseils municipaux élus. Ces administrateurs avaient tous pouvoirs sur les Algériens, y compris ceux de police pour l'application du code de l'indigénat, et aucune inspection ne contrôlait leur activité[12]. Les opportunités et surtout les raisons de développer une compétence particulière en matière de statuts coloniaux parmi les personnels administratifs et politiques des communes métropolitaines se trouvent ainsi réduites lorsque fonctionne un SAINA. À Nanterre, la prise en charge par le SAINA parisien des « indigènes algériens » se manifeste par la parution régulière dans le bulletin municipal d'annonces invitant ces derniers à se faire recenser par ce service[13]. La municipalité a d'autant moins acquis une quelconque compétence juridique les concernant que, jusqu'en 1934, son administration est très réduite et n'a pas les moyens d'une telle spécialisation. La taille modeste de l'administration nanterrienne, conjuguée à la proximité et à

108. Mineur nord-africain dans le Pas-de-Calais, vers 1930.

l'étendue des compétences de la préfecture de la Seine, de la préfecture de police de Paris et des ministères, amène la municipalité à ne pas participer non plus au contrôle du séjour des étrangers. Elle n'a ainsi aucun moyen de se familiariser avec les différences entre les statuts respectifs des étrangers et des Algériens, à l'inverse de son homologue roubaisienne.

À Roubaix, l'administration communale a en effet développé dès les années 1920 une compétence forte dans l'identification juridique des étrangers, en raison de son rôle dans la délivrance des cartes d'identités aux travailleurs étrangers. La législation imposant à tout étranger « travailleur » de demander un titre de séjour dans sa première commune de résidence en France, Roubaix, proche de la frontière belge, recevait de ce fait de nombreuses demandes. Un service entier de la mairie s'est consacré à cette tâche et a rapidement concurrencé le service préfectoral dans l'application d'une réglementation aussi changeante que complexe. La place de l'étranger à Roubaix est donc parfaitement balisée juridiquement dans les pratiques municipales. De plus, par contraste avec le département de la Seine, l'identification spécifique des Algériens est incomparablement plus faible : il n'y a pas de

SAINA dans l'organigramme de la préfecture du Nord, bien que des registres y aient été réservés au recueil d'informations détaillées sur les « Algériens »[14].

À Roubaix, le contraste entre la maîtrise des outils juridiques d'identification des étrangers par l'administration et son ignorance de ceux qui concernent les Algériens, ajouté au poids social très différent de ces deux populations dans la commune, permettent de comprendre que les « Algériens » ont été considérés à Roubaix comme partie intégrante de la population française dans les années 1920. S'ils n'ont pas été traités comme des étrangers, ils n'ont pas non plus été renvoyés à leur condition coloniale. Les « sujets français » n'y apparaissent en effet dans les discours municipaux que sous l'injonction des services préfectoraux, qui réclament des comptages à quatre reprises. En 1925 et 1927, les réponses des services municipaux révèlent autant leur manque de moyens spécifiques d'identification que leur répugnance à donner ces statistiques : pour eux, « les Algériens, étant sujets français, ne sont tenus à aucune déclaration spéciale[15] ». L'assimilation de la qualité de sujet à celles de national et de citoyen se constate également dans l'inscription d'« indigènes algériens » sur les listes électorales au cours des années 1920[16]. Par ailleurs, la municipalité se plaignant du travail et du coût qu'entraîne le traitement des cartes d'identité des étrangers, interpréter strictement la nationalité française des Algériens constitue peut-être également un moyen de refuser des charges supplémentaires.

Les services municipaux de Roubaix se sont familiarisés aux spécificités du statut juridique des « indigènes algériens » au cours des années 1930, quand la préfecture du Nord, contrairement à la Préfecture de police de Paris, a mis à contribution les administrations communales pour organiser leur recensement. En 1935, en réponse à une nouvelle sollicitation préfectorale, l'administration roubaisienne fait la différence entre le statut de « sujet français » et « la qualité de citoyen français[17] ». Par ailleurs, la précision des réponses fournies en 1936 et 1938 aux enquêtes préfectorales atteste que la municipalité a désormais les moyens d'enregistrer la situation des « indigènes algériens ».

Des enjeux inégaux

Enfin, l'identification des coloniaux et des étrangers dépend fortement d'enjeux politiques et administratifs extérieurs à ces populations, qui se sont aussi développés différemment à Nanterre et à Roubaix.

À Nanterre, les Algériens ne sont jamais évoqués en tant que tels, mais toujours dans le cadre d'enjeux déterminants pour le personnel politique local. En 1924, ils sont désignés pour la première fois par des élus de la majorité comme un obstacle à la politique d'assainissement et d'aménagement urbains que la commune mène depuis la fin de la guerre de façon intensive à cause de la forte expansion démographique. En 1927 et en 1934, on reparle des « Algériens », mais cette fois à propos des dispositifs municipaux de secours aux chômeurs. En effet, consacrées dès 1919, les compétences communales en matière de secours aux chômeurs sont éprouvées en 1927, puis de 1931 à 1939, à l'occasion des deux crises nationales de chômage qui donnent lieu à la mise en place de Fonds municipaux de chômage (FMC) financés en partie par les communes et entièrement gérés par elles[18]. En 1927, comme toutes les communes dont la population est en partie ouvrière, Nanterre subit fortement la première grande crise de chômage de l'entre-deux-guerres, à la fois financièrement et politiquement. Pour certains élus de la majorité municipale, les « indigènes algériens » sont un moyen de réduire les dépenses. L'un d'eux « critique la distribution des secours alloués aux indigènes algériens et [...] estime que cette main-d'œuvre devrait être rapatriée [...], seul moyen d'atténuer les lourdes charges présentement

VILLE DE ROUBAIX

AVIS

Le Maire de la ville de Roubaix croit utile de rappeler aux habitants que les individus d'origine étrangère, qui prennent une part active dans les attroupements ou émeutes sont, par ce seul fait, dans le cas d'être expulsés de France ainsi que leur famille, par une simple mesure administrative.

Ces étrangers feront donc bien dans leur propre intérêt, de ne pas troubler l'ordre public, car l'autorité est résolue à user du droit que la loi lui donne.

Roubaix, le 2 Mai 1879.

Le Maire,
CH. DAUDET.

STAD ROUBAIX

BERICH

Den Burgmeester der stad Roubaix gel dig te laten weten aan de inwoners dat van vreemde afkomst die zullen werkz nemen in opstand of zich bij opstandelinge voor deze daad uit Vrankrijk gebanne met hunne huisgezinnen, door een enkel der Overheid.

De vreemdelingen zouden beter doen, belang de openbare rust niet te stooren, de Overheid het recht der wet uitvoeren.

Roubaix, den 2 Mei 1879.

Den Burgmeester,
CH. DAUDET.

109. Avis à la population de Roubaix, 1879. Le bilinguisme de l'affiche atteste de l'importance et de l'ancienneté de la présence des Belges dans la ville de Roubaix.

imposées aux communes[19] ». L'opposition communiste locale conteste la majorité en organisant un « comité des chômeurs de Nanterre », qui a pris la défense des « indigènes algériens ». Les « Algériens » apparaissent même comme la seule catégorie spécifique de chômeurs défendue par le PCF à Nanterre[20]. Le traitement discriminatoire des indigènes par les élus municipaux permet ainsi à leurs adversaires de constituer cette partie de la population en cause politique et, ce faisant, de renforcer cette catégorie.

La situation se répète en 1934, au plus fort de la crise financière causée par un nombre sans précédent de chômeurs secourus, alors que la concurrence électorale s'accroît dans la perspective des élections municipales de 1935. Des élus municipaux conservateurs proposent alors de faire rapatrier aux frais du bureau des Affaires indigènes nord-africaines [le SAINA de la préfecture de police de Paris] « dont ils relèvent, bon nombre d'Algériens et de Marocains [qui] ne remplissent pas les conditions exigées par le règlement du FMC pour les admissions aux secours[21] ».

Pour comprendre ce traitement des « indigènes », il faut comparer avec ce qui s'est passé plus tôt à l'égard des étrangers. En 1931, lorsque la crise des années 1930 s'est traduite à Nanterre par le secours des premières centaines de chômeurs, le conseil municipal discute la proposition de demander le rapatriement des chômeurs étrangers. Le maire la rejette en objectant que « la main-d'œuvre étrangère [peut], notamment dans le bâtiment, être indispensable au développement de la construction et, par suite, participer à la réduction du prix des loyers en assurant des locaux convenables à la classe laborieuse[22] ». C'est donc uniquement la prise en charge financière des chômeurs étrangers par l'État qui a été réclamée en 1931 et 1934[23]. La demande de rapatriement s'exprime alors pour les seuls « indigènes algériens », sur le modèle de la loi de 1932 qui autorise le gouvernement à faire rapatrier les étrangers chômeurs. À Nanterre, les « indigènes » ne constituent donc pas une catégorie intermédiaire entre les Français et les étrangers, mais bien la catégorie occupant la place des « plus » étrangers. En 1934, 118 des 182 chômeurs étrangers indemnisés par le FMC de Nanterre sont italiens[24] : la différence de traitement entre « sujets français » et étrangers à Nanterre correspond aussi avec l'écart social relatif entre ces deux groupes présenté plus haut.

Ce traitement spécifique est enfin permis par le monopole local du SAINA parisien dans la gestion des « indigènes », car son existence légitime et rend possible le rejet des « indigènes algériens » à l'extérieur de la commune.

À Roubaix aussi, la politisation des secours versés aux chômeurs est importante et plus continue qu'à Nanterre, mais elle se traduit par une identification des chômeurs étrangers extrêmement circonscrite et nulle concernant les Algériens. La très forte implication des syndicats ouvriers dans la municipalité socialiste conduit celle-ci à s'investir fortement dans les secours aux chômeurs. L'importance des sommes engagées l'amène à respecter scrupuleusement les règles étatiques qui impliquent un comptage par nationalités des chômeurs secourus. En revanche, l'orientation idéologique de la municipalité autant que la place des Belges (juridiquement étrangers) dans la population ouvrière, interdisent aux acteurs politiques d'utiliser cette différenciation administrative des chômeurs étrangers dans l'espace politique[25]. Quant aux Algériens, comme on l'a vu précédemment, la municipalité refuse jusqu'au milieu des années 1930 de les distinguer du reste de la population, et rien, dans le dispositif de secours et de placement des chômeurs, n'induit une telle distinction.

On attribue souvent aux règles et administrations étatiques un rôle exclusif dans l'identification des populations. Le déplacement du regard vers deux communes pour y comparer le traitement des coloniaux et des étrangers a permis de constater non seulement un décalage entre les pratiques locales et les règles étatiques d'identification de ces populations, mais également que les Algériens et les étrangers n'ont pas été identifiés et traités de la même façon par les deux communes, en raison de particularités locales démographiques, sociales, administratives et politiques. Cependant, les identifications communales des deux populations sont fortement intriquées. À Nanterre, les Algériens sont considérés comme des étrangers à rapatrier, en raison de leur poids socialement déprécié par rapport aux Italiens et de la faible compétence juridique de l'administration municipale à distinguer les uns et les autres. À Roubaix, au contraire, l'assimilation jusqu'en 1935 des Algériens à des citoyens français va de paire avec une compétence communale importante en matière d'identification des étrangers, incomparablement plus nombreux que les Algériens.

14. ADN, M 208/136, « Tableau A : Algériens résidant dans le département », et M 208/137, « Tableau B : Algériens ayant subi des condamnations ».
15. AMR, D II d vol. 47 : Registre des doubles..., *op. cit.*, lettre du 22 février 1927, p. 757.
16. AMR, D II d vol. 52 : Registre des doubles... , *ibid.*, lettre du 9 mai 1935, p. 808.
17. *Ibid.*, lettre du 9 avril 1935, p. 808.
18. F. de Barros, « Secours aux chômeurs et assistances durant l'entre-deux-guerres : étatisation des dispositifs et structuration des espaces politiques locaux », *Politix*, n° 53, 2001, p. 117-144.
19. AMN, Registre des délibérations des conseils municipaux, vol. 24, séance du 3 mai 1927, p. 133-134.
20. *Ibid.*, vol. 24, séance du 27 février 1927, p. 105.
21. AMN, Registre des délibérations des conseils municipaux, vol. 30, séance du 19 juillet 1934, p. 6-7.
22. *Ibid.*, vol. 27, séance du 8 mars 1931, p. 141.
23. *Ibid.*, vol. 29, séance du 18 janvier 34, p. 261-262.
24. *Ibid.*, p.261.
25. F. de Barros, « Les chômeurs étrangers dans l'entre-deux-guerres. Variations à l'échelle communale d'une catégorie de gestion étatique », *Hommes & Migrations*, septembre-octobre 2006, n° 1263, p. 35-46.

Pays d'accueil ou terre de transit ? La France et les réfugiés dans les années 1930

LAURE BLÉVIS ET CLAIRE ZALC

La question des « réfugiés » prend en Europe une dimension nouvelle à la suite de la Première Guerre mondiale. Dès 1915, Arméniens, Assyro-Chaldéens, Russes, Grecs, Bulgares et Turcs, puis, à partir des années 1920, Italiens, Sarrois, Tchèques, Polonais, Allemands, Autrichiens et Espagnols sont plusieurs millions à fuir leur pays, persécutés ou victimes des nouveaux régimes politiques. En 1921, un haut-commissariat aux réfugiés russes est créé à la SDN sous la direction du docteur Fritjhof Nansen, un explorateur et zoologue norvégien, prix Nobel de la paix en 1922 pour son action en faveur des réfugiés[1]. En effet, l'afflux des réfugiés russes (plus de 2 millions dans toute l'Europe), dont la plupart se sont vu retirer la nationalité russe par le pouvoir bolchevik, rend nécessaire un traitement à l'échelle internationale[2]. L'objectif de Nansen est de favoriser le retour des réfugiés à terme dans leur pays d'origine, il cherche donc à faciliter leurs déplacements en Europe en créant en juillet 1922 un passeport spécifique pour les réfugiés russes. Étendu en mai 1924 aux réfugiés arméniens chassés par le génocide turc, le « passeport Nansen » est un certificat d'identité qui restitue un état civil aux individus déchus de leur nationalité, mais surtout un titre de circulation qui leur permet de se déplacer d'un État à l'autre. L'attitude des pouvoirs publics français sur la question des réfugiés se calque, dans un premier temps, sur les décisions prises au sein de la SDN. De 1920 à 1933, un ensemble de textes réglementaires alignés sur les décisions des conférences internationales offre ainsi certaines garanties aux réfugiés russes et arméniens, notamment la possibilité de se voir délivrer, pour voyager, un passeport Nansen. Moustache élégamment coupée, cheveux châtains grisonnants, Rodien Boulatcel est âgé de 41 ans. Employé, né en Russie, il habite Marseille et y dépose, en décembre 1930, une demande de passeport Nansen pour se rendre en Angleterre. « Motif du déplacement ?

Accompagner des éléphants du jardin zoologique de Cros-de-Cagnes. » Près de 200 demandes de passeports de ce type sont déposées à la préfecture des Bouches-du-Rhône pour la seule année 1931. Elles portent trace du statut spécifique des réfugiés russes et arméniens dans la France de l'entre-deux-guerres, et témoignent, surtout, de la mobilité des immigrants à cette période. L'image d'une population étrangère ancrée en France, simplement perçue du point de vue de la société d'accueil, sort largement transformée de la lecture de ces titres de circulation. En effet, si Rodien Boulatcel se rend en Angleterre de façon temporaire, afin de convoyer les éléphants du zoo où il est employé, la majorité des demandes de passeports Nansen concernent des sorties définitives du territoire.

Les mouvements de population s'accélèrent dans le monde des années 1930. La France n'est pas seulement un « pays d'immigration », elle est aussi une terre de transit. Léonty Kordutchenko, journalier, se rend en Uruguay « pour y travailler » ; Roupen Tchoulian, accompagné de son épouse et de son fils âgé de deux ans, part à Montevideo « pour y résider ». Départ, transit par les

110. Demandes de passeports Nansen déposées par des réfugiés arméniens à la préfecture des Bouches-du-Rhône en 1931, pour pouvoir obtenir l'autorisation de sortir du territoire français.

États-Unis aussi, pour rejoindre un mari, un oncle, une cousine, un fils, des parents… On trouve ainsi des demandes déposées pour des enfants âgés de quelques années, comme celle de Maximilienne Savadjian, 7 ans, qui se rend au Maroc pour « rejoindre sa mère ». Les destinations mentionnées sont multiples, les motifs invoqués aussi. Tous ne quittent pas définitivement la France : une troupe de danseurs arméniens demande à voyager vers l'Italie pour « tournées théâtrales », un homme se rend en Roumanie pour « participer à un combat de boxe », tel ingénieur va en Syrie pour les « besoins de sa profession », un chauffeur d'autos en Suisse « pour accompagner son patron »… Et que dire de ces hommes qui déposent une requête « afin de pouvoir quitter le territoire français, étant expulsés » ? Les lettres qui, parfois, accompagnent les demandes font surtout état des difficultés économiques rencontrées par les réfugiés dans le contexte de l'année 1931. « À cause du chômage, ma situation est devenue impossible », écrit Simon Pétroff, peintre russe arrivé à Marseille deux ans auparavant, résumant d'une phrase le sentiment de bon nombre de réfugiés.

Alors que le passeport, comme on l'a vu, est institué au départ par Nansen pour encourager le retour des réfugiés dans leur pays d'origine, il apparaît très vite que cette perspective est illusoire. Les certificats d'identité délivrés aux Russes mentionnent d'ailleurs qu'ils sont valables pour le retour en France, mais qu'ils cesseront de l'être « si le porteur pénètre à un moment quelconque dans l'Union des Républiques socialistes soviétiques ». Et si les Arméniens et les Russes ont droit au passeport Nansen, de nombreux groupes exilés réclament le statut de réfugié, comme les Grecs, les Bulgares et, surtout après 1933, les réfugiés juifs allemands et plus largement d'Europe de l'Est.

La SDN décide dès lors d'élaborer un statut plus pérenne et définit les réfugiés, dans sa convention de 1933, non plus d'après leur nationalité, mais d'après leur origine nationale : un réfugié est désormais un individu « qui ne jouit pas ou qui ne jouit plus de la protection de son pays » et qui, en conséquence, ne peut être refoulé dans son pays d'origine[3]. Mais ces recommandations restent lettre morte en France : la crise économique conduit à une crispation des pouvoirs publics autour de la question des réfugiés.

Ainsi, dès la première réunion de la Commission interministérielle des réfugiés israélites allemands, le 27 mai 1933, le ministre du Travail, François Albert, s'inquiète de ce que « ces réfugiés à qui l'on va donner des cartes de travail sont susceptibles de faire concurrence à des Français[4] ». En pratique, les nombreuses mesures de restriction d'accès des étrangers au marché du travail consécutives à la loi du 10 août 1932 ne font pas exception du cas des réfugiés, en contradiction avec l'article 1er de la Convention internationale de 1933 qui, en matière d'emploi, leur accorde une mesure de faveur. Les déclarations à la Chambre du ministre de l'Intérieur Régnier le 19 février 1935 sont caractéristiques de la politique des pouvoirs publics concernant les réfugiés : « Pourvu qu'ils aient les moyens d'existence… la France leur reste ouverte ! […] Nous n'avons pas à les nourrir. Il y a assez de malheureux français sans que nous ayons à assurer l'existence d'étrangers (*applaudissements au centre et à droite*)[5]. »

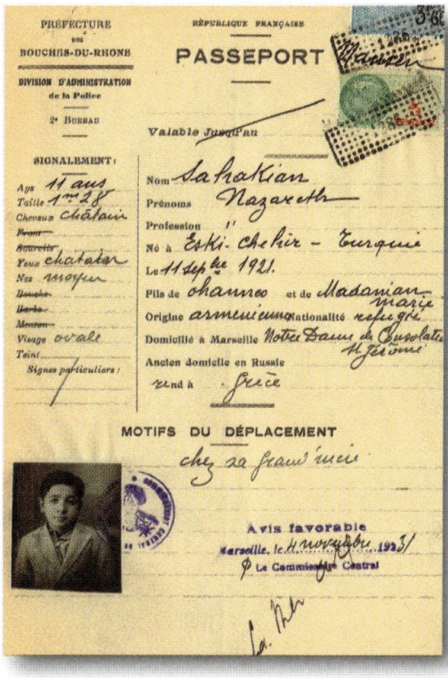
PRÉFECTURE DES BOUCHES-DU-RHONE
DIVISION D'ADMINISTRATION de la Police
2e Bureau
RÉPUBLIQUE FRANÇAISE
PASSEPORT
Valable jusqu'au
SIGNALEMENT :
Age 11 ans
Taille 1m28
Cheveux châtain
Yeux chatain
Nez moyen
Visage ovale
Signes particuliers :
Nom Sahakian
Prénoms Nazareth
Né à Eski-Chehir – Turquie
Le 11 septbre 1921
Fils de Ohannes et de Madanian Marie
Origine arménienne Nationalité réfugié
Domicilié à Marseille Notre Dame de Consolation St Jérome
Ancien domicile en Russie
rend à Grèce
MOTIFS DU DÉPLACEMENT
chez sa grand'mère
Avis favorable
Marseille, le 11 novembre 1931
Le Commissaire Central

Si l'indistinction juridique entre « réfugiés » et « immigrés » rend quasi impossible le comptage précis des « exilés » en France, on estime que près de 800 000 personnes auraient gagné la métropole durant l'entre-deux-guerres. Les récits d'exil se font très souvent l'écho des difficultés économiques, sociales et psychologiques engendrées par l'impossibilité d'y trouver un emploi. « Certains écrivent, d'autres ont investi leur dernier sou dans une blanchisserie ou une agence de photographie, font des gâteaux ou vendent des saucisses qu'ils colportent de maison en maison. Voyez là-bas ce petit homme craintif au lorgnon noir ? C'était autrefois un gynécologue berlinois réputé. Aujourd'hui, il parcourt Paris avec sa sacoche et vend des fleurs artificielles[6]. » La solution ? Quitter la France, lorsqu'on en a les moyens et lorsqu'il est encore temps.

À partir de 1936, le gouvernement français rompt totalement avec les décisions de la SDN : les conventions de 1936 et de 1938 (création d'un Comité intergouvernemental pour les réfugiés) ne sont pas ratifiées, tandis que le gouvernement de Vichy remet en cause tous les textes internationaux en faveur des réfugiés signés par la France. Ce n'est qu'après la Seconde Guerre mondiale, lors de la Convention de Genève du 28 juillet 1951, que la France reconnaît le droit d'asile.

Notes

1. G. Noiriel, *La Tyrannie du national. Le droit d'asile en Europe, 1793-1993*, Paris, Calmann-Lévy, 1991.
2. C. Goussef, *Immigrés russes en France (1900-1950). Contribution à l'histoire politique et sociale des réfugiés*, thèse de doctorat, EHESS, 1996.
3. G. Noiriel, *op. cit.*
4. C. Zalc, « Des réfugiés aux indésirables : les pouvoirs publics français face aux émigrés du IIIe Reich entre 1933 et 1939 », É. Guichard et G. Noiriel (dir.), *Construction des nationalités et immigration dans la France contemporaine*, Paris, Presses de l'École normale supérieure, 1997, p. 259-274.
5. *Journal officiel*, *Débats parlementaires*, Chambre des députés, 19 février 1935, p. 563.
6. H. Sahl, *Die Wenigen und die Vielen-Roman einer Zeit*, Francfort, Fischer, 1989.

Devenir français en 1931

ALEXIS SPIRE

Pour les 2 890 000 étrangers qui résident en France en 1931, devenir français n'est ni une formalité ni une évidence, et ils sont une minorité à faire ce choix. Pourtant, la législation adoptée en 1927 sous l'influence des populationnistes a considérablement ouvert un droit de la nationalité jusque-là conçu comme une faveur réservée aux plus méritants. L'étranger peut désormais solliciter sa naturalisation s'il réside depuis trois ans en France (au lieu de dix ans auparavant) en déposant un dossier à la mairie de son domicile. Il doit rédiger une lettre exposant les motifs de sa demande et joindre ses documents d'état civil, les preuves de sa résidence en France, une déclaration relative à ses antécédents judiciaires, un état de sa situation au regard du service militaire, un certificat médical de bonne santé et un bordereau de situation fiscale. S'il est salarié, il doit fournir une attestation de son patron concernant sa conduite, sa moralité et sa valeur professionnelle ; sinon, il doit produire des attestations constatant l'utilité et l'importance de son commerce ou de son entreprise.

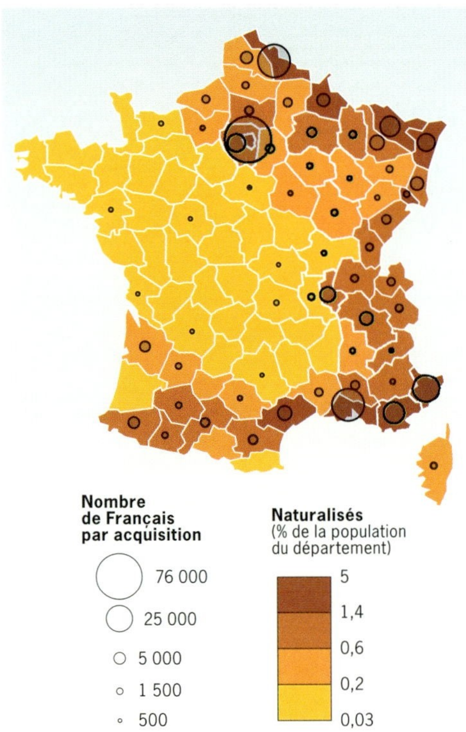

Sur la base de ces documents, le maire de la commune rédige une notice de renseignements qui s'achève par un avis motivé transmis à la préfecture du département. Une nouvelle enquête est alors diligentée par un agent de la préfecture, essentiellement consacrée au « loyalisme » du postulant. Elle consiste à vérifier sa moralité (à partir d'un extrait du casier judiciaire), sa neutralité politique, sa bonne assimilation et sa situation militaire, qui joue un rôle primordial dans l'instruction du dossier. L'autorisation de demander sa naturalisation dès 18 ans (alors que la majorité est à l'époque à 21 ans) a d'ailleurs été instaurée pour permettre aux naturalisés de faire leur service militaire avec leur classe d'âge ; tout dossier d'étranger âgé de 18 à 29 ans et apte au service est examiné avec bienveillance, car les naturalisés célibataires ne peuvent être maintenus sous les drapeaux au-delà de leur trentième année révolue. Une fois l'enquête achevée, la préfecture transmet le dossier à la chancellerie, accompagné d'un avis motivé sur l'accueil à réserver à sa demande. Le bureau du Sceau peut alors prendre trois types de décisions : le rejet, relativement rare (4,2 % des décisions prises en 1931), est notifié lorsque le postulant a commis des délits, même mineurs, ou alors en raison de ses opinions politiques (la simple participation à une réunion publique du PCF peut être retenue contre lui) ; l'ajournement, plus fréquent (16,9 % des décisions prises en 1931), laisse au postulant la possibilité de déposer quand il le souhaite une nouvelle demande ; enfin, la décision favorable (78,9 % des décisions prises en 1931) se matérialise par la publication d'un décret au *Journal officiel*, dès lors que le postulant a acquitté ses droits de sceau, dont le montant est établi par le préfet en

111. La géographie de la répartition des Français par acquisition sur le territoire métropolitain en 1931. On les retrouve en nombre en région parisienne, dans les bassins houillers du Nord-Pas-de-Calais et de Lorraine ainsi que dans l'agriculture du Midi viticole.

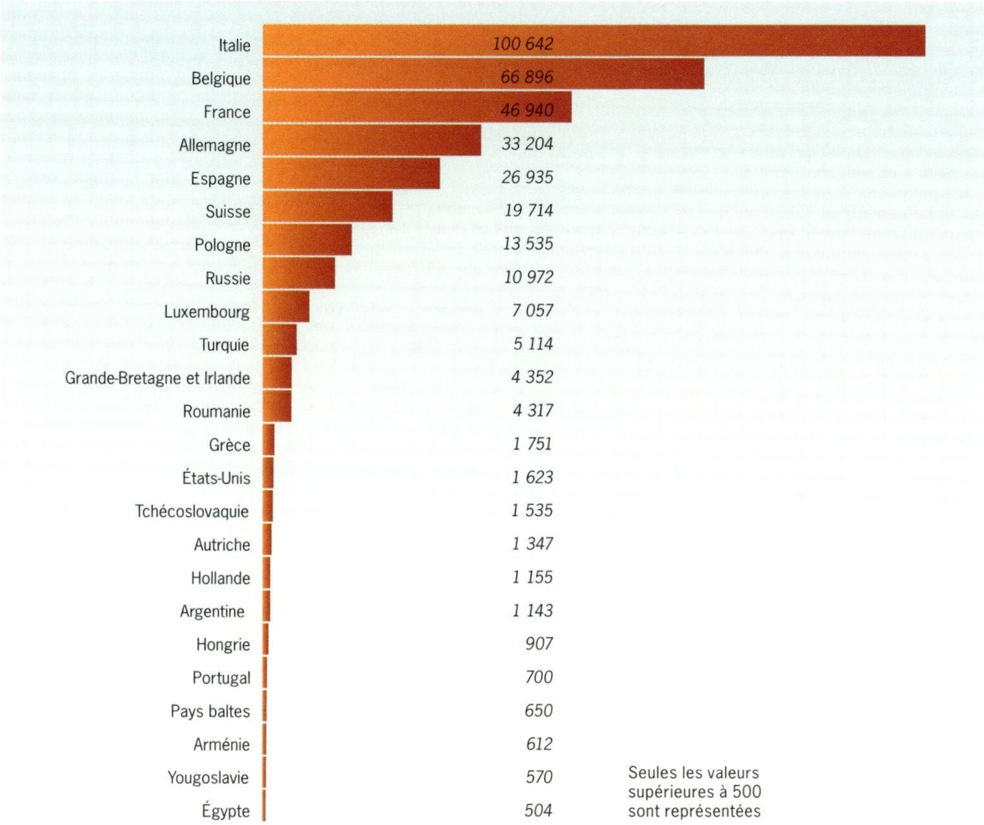

112. Les pays de naissance des Français par acquisition recensés en 1931. La répartition ressemble fort à celle de la présence étrangère quelques années plus tôt. Ainsi les Italiens, première nationalité en France depuis 1901, forment le premier groupe des naturalisés en 1931. Les Polonais, arrivés beaucoup plus récemment, sont, quant à eux, encore très minoritaires à obtenir leur naturalisation. Quant à ceux nés en France, il s'agit notamment des Françaises qui, avant la loi de 1927, perdent leur nationalité losqu'elles épousent un étranger.

fonction des ressources déclarées. Cette dernière obligation fait de la naturalisation une affaire rentable pour l'État : en 1929, les droits de sceau ont rapporté 5 292 615 francs, alors que les crédits affectés au service des naturalisations s'élevaient à 1 437 000 francs.

En 1931, 11 626 hommes et 6 013 femmes sont ainsi devenus français par naturalisation, mais selon une procédure qui ne reconnaît aucune capacité à l'épouse. Dans 85 % des cas, la femme ne fait que s'associer à la demande de son mari, et dans les 15 % restants, il s'agit de femmes seules qui, si elles ne sont pas veuves ou célibataires, doivent joindre à leur requête l'autorisation de leur mari.

Les 6 364 étrangères qui ont épousé un Français en 1931 peuvent quant à elles acquérir la nationalité de leur mari sur simple déclaration, mais elles n'ont été que 3 955 à faire cette démarche cette année-là. Dans bien des cas, elles restent étrangères par ignorance des formalités à accomplir, surtout dans les communes rurales, où l'officier ne connaît pas lui-même les pièces requises pour cette procédure. En 1931, on compte en outre 3 068 femmes qui deviennent françaises par réintégration. Ce sont toutes d'anciennes Françaises qui se sont mariées à un étranger avant 1927 et qui, conformément au Code civil de 1803, ont perdu leur nationalité. Beaucoup de femmes françaises sont ainsi devenues allemandes, belges ou italiennes, et la loi de 1927 leur a permis, par une procédure semblable à celle de la naturalisation, de réintégrer la nationalité française.

La dernière catégorie d'étrangers à acquérir la nationalité française est celle des mineurs : en 1931, ils sont 8 517 enfants nés en France à réclamer la nationalité française par déclaration avant leur majorité et 21 743 enfants de naturalisés à être devenus français en même temps que leurs parents.

Comparée aux années antérieures et ultérieures, l'année 1931 compte assez peu de naturalisations : beaucoup d'étrangers sont arrivés en France depuis peu et la législation sur le séjour leur est encore assez favorable.

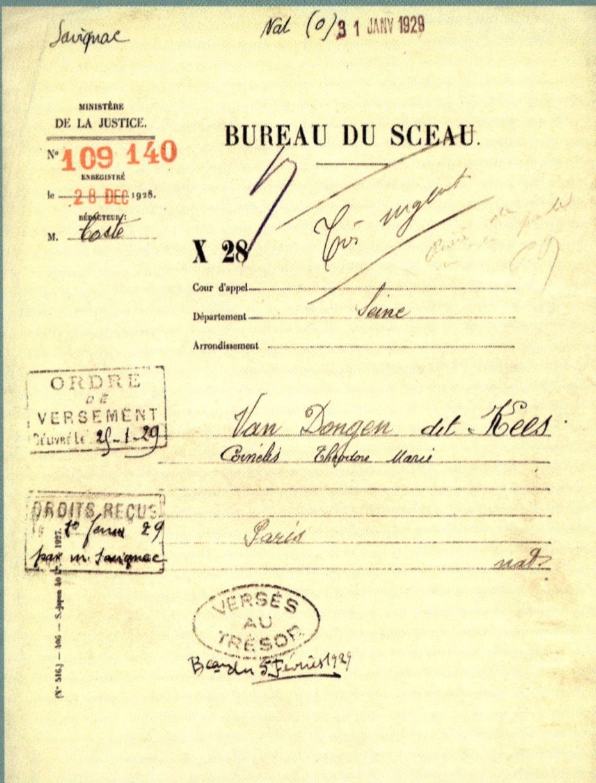

Savignac

Nat (0) 31 JANV 1929

MINISTÈRE DE LA JUSTICE.

N° 109 140

ENREGISTRÉ le 28 DEC 1928.

RÉDACTEUR : M. Caste

BUREAU DU SCEAU.

X 28

Très urgent

Cour d'appel

Département Seine

Arrondissement

ORDRE DE VERSEMENT DÉLIVRÉ LE 25-1-29

Van Dongen dit Kees

Cornelis Theodore Marie

DROITS REÇUS le 10 janv 29 par m. Savignac

Paris

nat.

VERSÉS AU TRÉSOR

Bordereau 5 Février 1929

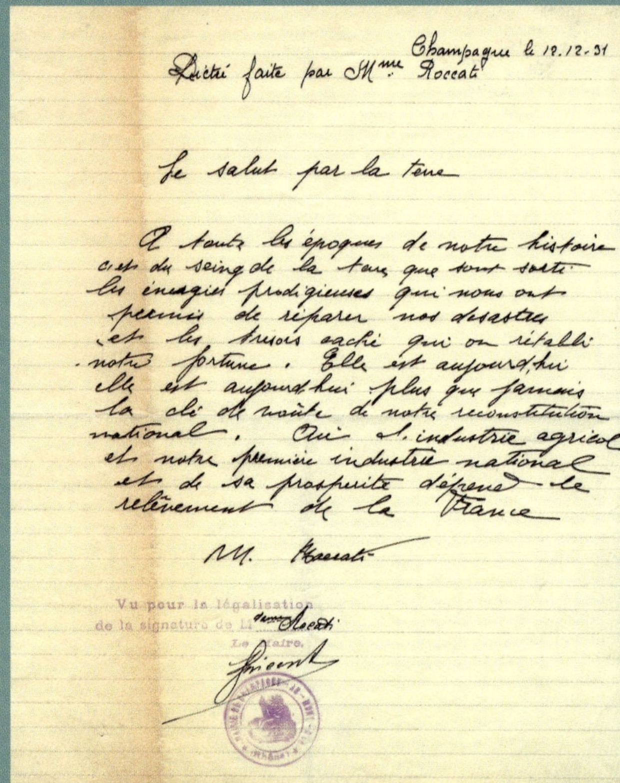

Champagne le 18.12.31

Dictée faite par Mme Roccati

Le salut par la terre

A toutes les époques de notre histoire c'est du sein de la terre que sont sorti les énergies prodigieuses qui nous ont permis de réparer nos desastres et les trésors caché qui on rétabli notre fortune. Elle est aujourd'hui elle est aujourd'hui plus que jamais la clé de voûte de notre reconstitution national. Oui l'industrie agricol et notre première industrie national et de sa prosperité dépend le relèvement de la France

M. Roccati

Vu pour la légalisation de la signature de Mme Roccati

Le Maire.

113. Demande de naturalisation de Cornelius van Dongen, peintre hollandais résidant en France depuis 1897. Déposée en 1928, il l'obtient en 1929.

114. Dictée de Mme Roccati, dossier de demande de naturalisation déposé à la préfecture du Rhône, 1931. Les postulants à la naturalisation dans le département du Rhône sont soumis à une dictée par la préfecture. Les sujets des textes choisis font la part belle aux thématiques agrariennes.

115. Le peintre hollandais Kees van Dongen (1877-1968) chez lui. Paris, vers 1930.

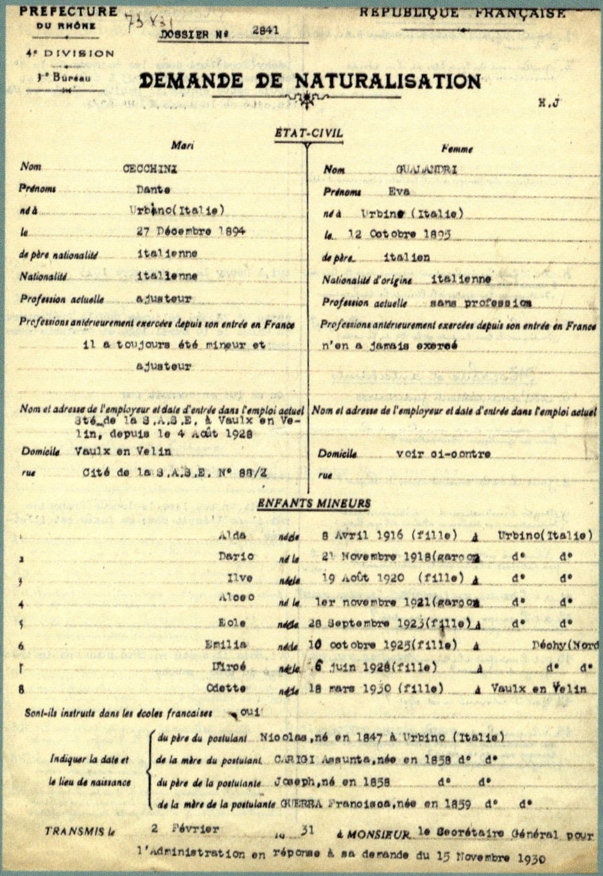

PREFECTURE DU RHÔNE — 73 X 31 — DOSSIER N° 2841 — RÉPUBLIQUE FRANÇAISE

4e DIVISION

1er Bureau

DEMANDE DE NATURALISATION

H.J

ÉTAT-CIVIL

Mari		Femme	
Nom	CECCHINI	Nom	GUALANDRI
Prénoms	Dante	Prénoms	Eva
né à	Urbino(Italie)	née à	Urbino (Italie)
le	27 Décembre 1894	le	12 Octobre 1895
de père nationalité	italienne	de père	italien
Nationalité	italienne	Nationalité d'origine	italienne
Profession actuelle	ajusteur	Profession actuelle	sans profession
Professions antérieurement exercées depuis son entrée en France	il a toujours été mineur et ajusteur	Professions antérieurement exercées depuis son entrée en France	n'en a jamais exercé
Nom et adresse de l'employeur et date d'entrée dans l'emploi actuel	Sté de la S.A.S.E. à Vaulx en Velin, depuis le 4 Août 1928	Nom et adresse de l'employeur et date d'entrée dans l'emploi actuel	
Domicile	Vaulx en Velin	Domicile	voir ci-contre
rue	Cité de la S.A.S.E. N° 88/Z	rue	

ENFANTS MINEURS

1	Alda	née le	8 Avril 1916 (fille)	à	Urbino(Italie)
2	Dario	né le	21 Novembre 1918(garçon)	à	d° d°
3	Ilve	née le	19 Août 1920 (fille)	à	d° d°
4	Alceo	né le	1er novembre 1921(garçon)	à	d° d°
5	Eole	née le	28 Septembre 1923(fille)	à	d° d°
6	Emilia	née le	10 octobre 1925(fille)	à	Déchy(Nord
7	Diroé	née le	6 juin 1928(fille)	à	d° d°
8	Odette	née le	18 mars 1930 (fille)	à	Vaulx en Velin

Sont-ils instruits dans les écoles françaises oui

Indiquer la date et le lieu de naissance
- du père du postulant Nicolas, né en 1847 à Urbino (Italie)
- de la mère du postulant CARIGI Assunta, née en 1858 d° d°
- du père de la postulante Joseph, né en 1858 d° d°
- de la mère de la postulante GUERRA Francisca, née en 1859 d° d°

TRANSMIS le 2 Février 1931 à MONSIEUR le Secrétaire Général pour l'Administration en réponse à sa demande du 15 Novembre 1930

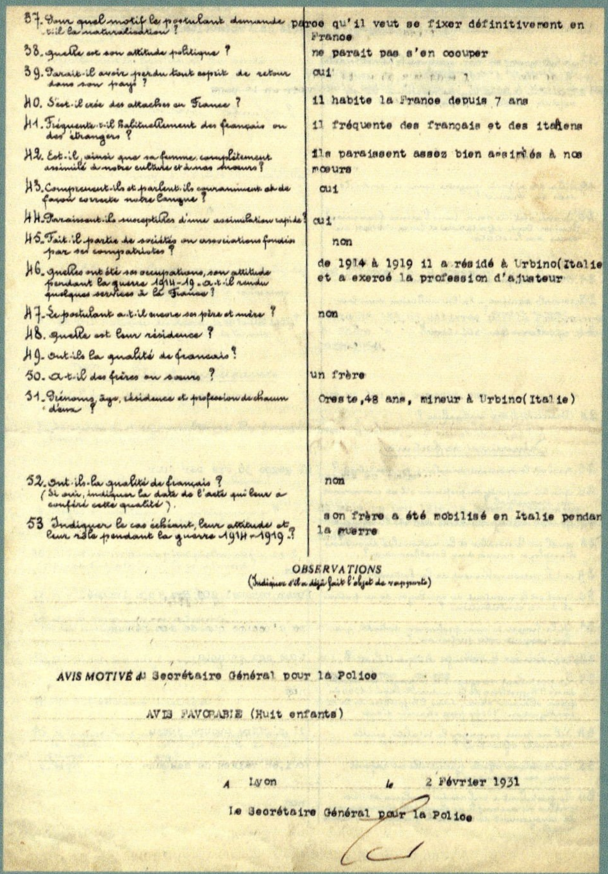

37. Pour quel motif le postulant demande-t-il la naturalisation ?	parce qu'il veut se fixer définitivement en France
38. quelle est son attitude politique ?	ne parait pas s'en occuper
39. Parait-il avoir perdu tout esprit de retour dans son pays ?	oui
40. S'est-il créé des attaches en France ?	il habite la France depuis 7 ans
41. Fréquente-t-il habituellement des français ou des étrangers ?	il fréquente des français et des italiens
42. Est-il, ainsi que sa femme, complètement assimilé à notre culture et à nos mœurs ?	ils paraissent assez bien assimilés à nos moeurs
43. Comprennent-ils et parlent-ils couramment et de façon correcte notre langue ?	oui
44. Paraissent-ils susceptibles d'une assimilation rapide ?	oui
45. Fait-il partie de sociétés ou associations fondées par ses compatriotes ?	non
46. quelles ont été ses occupations, son attitude pendant la guerre 1914-19. a-t-il rendu quelques services à la France ?	de 1914 à 1919 il a résidé à Urbino(Italie et a exercé la profession d'ajusteur
47. Le postulant a-t-il encore ses père et mère ?	non
48. quelle est leur résidence ?	
49. ont-ils la qualité de français ?	
50. a-t-il des frères ou sœurs ?	un frère
51. Prénoms, âge, résidence et profession de chacun d'eux ?	Oreste, 48 ans, mineur à Urbino(Italie)
52. ont-ils la qualité de français ? (Si oui, indiquer la date de l'acte qui leur a conféré cette qualité).	non
53 Indiquer le cas échéant, leur attitude et leur rôle pendant la guerre 1914-1919 ?	son frère a été mobilisé en Italie pendan la guerre

OBSERVATIONS
(Indiquer s'il a déjà fait l'objet de rapports)

AVIS MOTIVÉ du Secrétaire Général pour la Police

AVIS FAVORABLE (Huit enfants)

A Lyon le 2 Février 1931

Le Secrétaire Général pour la Police

116. Dossier de demande naturalisation déposé à la préfecture du Rhône en février 1931. Les postulants sont un couple d'Italiens de Vaulx-en-Velin, en France depuis sept ans. La loi du 10 août 1927 stimule l'accès à la condition de Français : le délai de résidence en France requis passe de 10 ans à 3 ans. La naturalisation apparaît alors comme une solution au déclin démographique : ici, la préfecture émet un avis favorable car le couple a 8 enfants.

117. « Gusti » Jordan en mars 1939. Joueur dans l'équipe de football autrichienne, il arrive en France en 1933 et obtient sa naturalisation en 1938. Sa sélection dans l'équipe de France suscitera des polémique dans la presse d'extrême droite.

132. Couple mixte, Saint-Étienne, années 1930.

5/ Les uns et les autres

Vivre ensemble. Le quotidien des étrangers et des coloniaux est fait de rencontres plurielles : intimités chaleureuses de l'entre-soi (famille, association), solidarités de quartier, amours et mariages mixtes. Le repli sur soi n'est pas toujours exclusif d'une ouverture aux autres. Mais les étrangers sont surtout l'objet d'un rejet xénophobe et antisémite. Le racisme se répand dans la société française des années 1930 comme une traînée de poudre.

Xénophobie et antisémitisme dans la France des années 1930

CLAIRE ZALC

La crise économique des années 1930 provoque la résurgence d'un fort sentiment xénophobe dans la société française, dont les expressions ne sont pas nouvelles[1]. L'argument principal concerne, en effet, la place des étrangers sur le marché du travail. Devant le spectre d'un chômage grandissant, les étrangers sont accusés de « voler le travail des Français », selon une rhétorique déjà utilisée lors de la Grande Dépression des années 1880-1890 ou, plus récemment, à l'occasion de la crise de 1926-1927. Cependant, les revendications xénophobes de la France des années 1930 se caractérisent par certaines spécificités. Les cibles visées sont particulières à la conjoncture de l'entre-deux-guerres : outre les « travailleurs étrangers », autrement dit les salariés, les discours stigmatisent les artisans, les commerçants et les professions libérales. Mais ils s'attaquent aussi aux réfugiés et aux naturalisés. Le rejet xénophobe glisse par ailleurs d'une rhétorique de la concurrence à des argumentaires qui font une part belle et grandissante à l'antisémitisme. En quelques années, xénophobie et antisémitisme se propagent ainsi dans la société française, jusqu'à s'imposer comme un poncif de la rhétorique ambiante. Est-ce à dire que le terrain a été préparé ? La banalisation, à cette époque, d'une lecture raciale des populations, dont témoigne avec éclat le spectacle de l'Exposition coloniale de 1931, constitue sans nul doute l'un des éléments à prendre en compte pour comprendre la fertilité du terreau auquel se nourrit la vague xénophobe des années 1930. Même si elle s'inscrit dans le contexte spécifique d'une crise économique de grande ampleur.

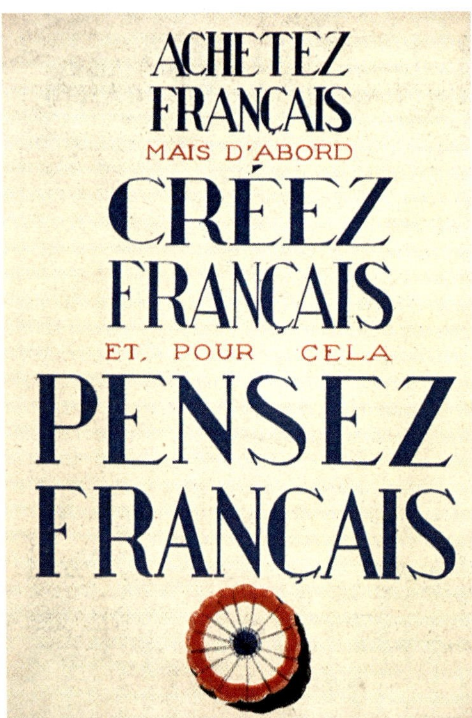

118. Illustration publiée dans Le Témoin, *20 mai 1934.*

119. Illustration anonyme, 1935.

L'efficacité de l'argument de la concurrence

Si l'on parcourt la presse quotidienne française à grand tirage de l'année 1931, les étrangers font l'objet de deux types principaux de citations. D'une part, l'évocation fréquente de faits divers dans lesquels ils sont supposément impliqués vient rappeler la criminalisation de la population étrangère : « Trois Italiens cambriolent la mairie de Pierrefitte », « Un Chinois tue un dentiste », « Sanglante bagarre entre Polonais », « Un Espagnol étrangle et viole une quinquagénaire »[2]. D'autre part, les articles de presse se multiplient autour du thème de la concurrence étrangère sur le marché du travail. En effet, si la datation de la crise économique en France prête encore à controverse, on s'accorde sur le fait que ses effets sont perçus, par les contemporains, au cours de l'année 1931,

Notes

1. L. Dornel, *La France hostile. Socio-histoire de la xénophobie (1870-1914)*, Paris, Hachette, 2004 ; R. Schor, *L'Opinion publique et les Étrangers, 1919-1939*, Paris, Publications de la Sorbonne, 1985.
2. *L'Œuvre*, 23 octobre et 9 décembre 1931, *Le Populaire*, 15 et 17 mars 1931.

120. Manifestation dans les rues des Paris, en protestation des importations de jouets, 12 décembre 1931.

quand le nombre de chômeurs se met à croître pour atteindre des chiffres jusqu'alors inconnus. Immédiatement, les étrangers sont alors désignés comme coupables par un lien, habilement tissé, entre le problème du chômage et leur présence en France. C'est autour de la concurrence que se fédère la xénophobie.

Reflet ou fabrique de l'opinion ? La presse joue un rôle majeur dans la politisation de la question de l'immigration au début des années 1930. François Coty, riche parfumeur d'origine corse, lance en 1928 *L'Ami du peuple*, journal qui tire à un million d'exemplaires en 1930 et qui se spécialise dans une ligne éditoriale nationaliste et xénophobe. Ralph Schor dénombre plus de 400 articles publiés entre 1928 et 1937 sur les étrangers, avec un pic de près de 70 articles au cours de l'année 1931 ! On assiste alors à une véritable campagne de presse en faveur du strict contingentement, voire du renvoi des travailleurs étrangers. Le thème est abondamment relayé par nombre de quotidiens nationaux et régionaux. Un exemple parmi tant d'autres, *L'Avenir lorrain* qui, le 27 mai 1931, proclame : « Quoi qu'il en soit, le mot d'ordre en matière de main-d'œuvre étrangère doit être : France d'abord ! » Pressés par l'actualité, les journaux qui sont, faut-il le rappeler, le principal média durant l'entre-deux-guerres, avec des tirages de centaines de milliers d'exemplaires, multiplient les articles relatifs à la présence des étrangers dans l'économie française. Le 5 novembre 1931, François Coty adresse une lettre ouverte à tous les députés publiée à la une de son quotidien, pour exiger une loi fixant des quotas d'étrangers dans chaque profession. Or cette pression est suivie d'effets !

Une semaine plus tard, cinq projets de loi sont déposés à la Chambre des députés sur cette question. Deux cents parlementaires de toutes tendances (sauf les communistes) forment un « groupe de défense des chômeurs » et somment le gouvernement d'intervenir. Le thème de la concurrence étrangère sur le marché du travail est fédérateur ; il dépasse les cercles de la presse pour s'installer dans l'hémicycle. À la Chambre des députés, lors du débat autour de la loi pour la « protection du travail national », les mots du député conservateur Pierre Amidieu du Clos sont sans équivoque : « Nous ne souffrons pas d'une crise de chômage national, mais d'une crise d'invasion étrangère. » Ce sont les experts du centre gauche qui font rédiger un texte de loi à la Chambre, voté en décembre 1931 à l'unanimité (les communistes et les socialistes se réfugiant dans l'abstention). Cette loi de « protection de la main-d'œuvre nationale », adoptée le 10 août 1932 par le Sénat, envisage un contingentement de la main-d'œuvre étrangère : tout en refusant le principe d'un quota unique d'étrangers autorisés, elle prévoit que des décrets, pris à l'initiative du gouvernement ou des organisations patronales et ouvrières, peuvent déterminer un pourcentage maximum d'étrangers employés dans les entreprises, secteur par secteur. « La main-d'œuvre étrangère était plus que jamais considérée comme une main-d'œuvre de complément, que l'on n'utilisait que dans la stricte mesure où l'on ne pouvait la remplacer par la main-d'œuvre nationale[3]. »

La critique des étrangers comme fauteurs de chômage se répand alors comme un poncif dans les conversations quotidiennes, dépassant les clivages idéologiques. Le communiste Maurice Lebrun ne s'étonne pas, dans *L'Humanité* (30 novembre 1931), de voir germer « des pensées nationalistes en des cerveaux hantés par la crainte légitime du chômage qui menace » et, début 1932, Maurice Thorez se plaint du « courant xénophobe qui existe dans nos rangs ». Dans les manifestations, fleurissent les pancartes et slogans relayant le thème de la préférence nationale où l'on lit « Le travail aux Français d'abord », « La France aux Français ». Certains incidents illustrent la violence du climat : à Roubaix, en mai 1931, des Belges, refusant de participer à une grève, sont molestés, bombardés de pierres et de briques et jetés dans les canaux aux cris de « Retourne à t'maison, bande de Flahutes ! Sales Flamins ! Voleux d'pain ! Bradeux d'ouvrage. » L'épisode, relaté par l'écrivain Maxence Van der Meersch dans son roman *Quand les Sirènes se taisent* (1933), se solde par un mort.

La préférence nationale chez les indépendants et les professions libérales

Le champ d'action des premières réponses des pouvoirs publics aux revendications xénophobes est restreint au monde du travail salarié. Pourtant,

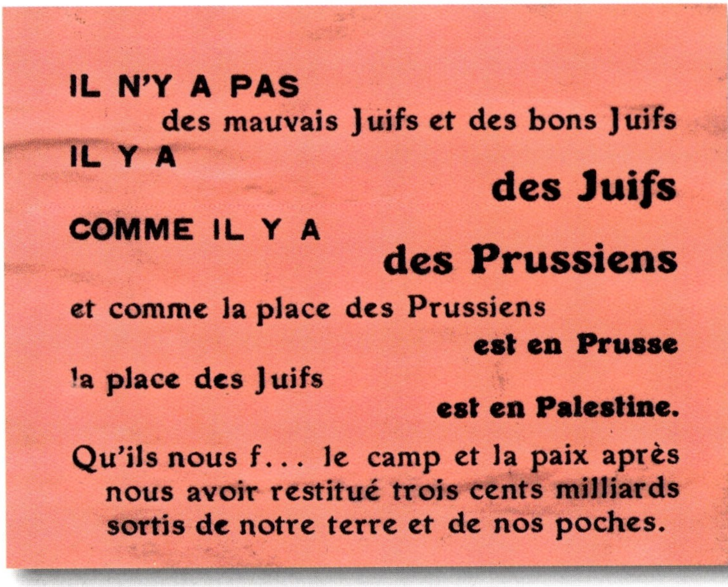

121. Papillon antisémite anonyme, vers 1935.

la rhétorique de la concurrence est également portée par les professions indépendantes. Les années 1930 sont celles d'une déferlante xénophobe particulièrement virulente parmi les professions libérales. Composante essentielle du compromis républicain depuis les débuts de la IIIe République, elles militent activement pour l'éviction des étrangers du marché du travail non salarié. Médecins et avocats, notamment, se mobilisent en nombre pour réclamer des mesures restrictives à l'encontre des étrangers et des naturalisés prétendant exercer leur profession[4]. « Défendons la médecine contre l'afflux considérable des étrangers ! » proclame le Dr Paul Cibrie, fondateur de la Confédération des syndicats médicaux français. « Nous sommes obligés d'insister sur ce fait que les étrangers qui veulent exercer la médecine en France sont indésirables, renchérit le professeur Balthazard, parce qu'ils constituent à eux seuls la cause de la pléthore médicale professionnelle[5]. » De Strasbourg[6] à Paris, les revendications se propagent dans les facultés de médecine et trouvent une écoute attentive de la part des milieux politiques : la loi Armbruster du 21 avril 1933 réserve en effet l'exercice de la médecine et de la chirurgie dentaire aux seuls individus de nationalité française munis du doctorat d'État français.

Quant aux avocats, ils sont les premiers à porter au-devant de la scène politique la question des naturalisés. Au terme d'une mobilisation discrète mais d'une efficacité remarquable, ils font adopter

3. J.-C. Bonnet, *Les Pouvoirs publics français et l'immigration dans l'entre-deux-guerres*, Lyon, université de Lyon-II, 1976, p. 277.
4. J. Fette, « Avocats et médecins xénophobes (1919-1939) », dans A. Gueslin et D. Kalifa (dir.), *Les Exclus en Europe, 1830-1930*, Paris, Éditions de l'Atelier, 1999, p. 345-357.
5. *L'Hygiène sociale*, n° 57, 25 mai 1931.
6. L. Khayat, « Les étudiants juifs étrangers à Strasbourg au tournant des années trente », *Archives juives*, n° 382, 2005/2, p. 124-135.
7. *Le Médecin de France*, 1934, p. 683.
8. C. Zalc, *Immigrants et indépendants. Parcours et contraintes. Les petits entrepreneurs étrangers dans le département de la Seine dans l'entre-deux-guerres*, thèse d'histoire, université de Nanterre, 2002.
9. M.-C. Laval-Reviglio, « Parlementaires xénophobes et antisémites sous la IIIe République. Débats relatifs à la nationalité et à la "protection du travail national" », *Le Genre humain* nos 30 et 31, Paris, Seuil, 1996, p. 85-114.

par la Chambre, après un débat d'à peine une dizaine de minutes, la loi du 19 juillet 1934, qui interdit aux naturalisés de moins de dix ans l'accès à la fonction publique et aux professions judiciaires. Les médecins réclament à leur tour un « stage de naturalisation pour l'exercice de la médecine en France[7] », et la mobilisation active des syndicats de médecins et des étudiants en médecine aboutit au vote d'une nouvelle loi, le 26 juillet 1935, qui modifie les termes de la loi Armbruster jugée insuffisante. Une série d'« incapacités échelonnées » vise désormais les naturalisés qui projettent de devenir médecins. Selon ces dispositions, les naturalisés deviennent des Français de « seconde zone ».

Les classes moyennes indépendantes, artisans et commerçants, ne sont pas en reste. Touchées de plein fouet par la crise économique et sociale, elles prennent les étrangers pour cible, trouvant dans ce combat un nouveau ciment. Pour lutter contre la menace du déclassement économique, social mais aussi politique, les petits artisans et les commerçants trouvent dans le combat contre « l'invasion » des étrangers un thème fédérateur particulièrement porteur. Dès le début des années 1930, quelques plaintes se font entendre pour « protéger le commerce honnête » et dénoncer les « pseudo-commerçants » que sont les étrangers[8]. Toutefois, ce sont surtout dans les années 1934-1935 que les Chambres des métiers et les Chambres de commerce se lèvent en masse pour réclamer auprès des pouvoirs publics une réglementation plus stricte de l'établissement des étrangers dans le monde de la petite entreprise. L'affaire Stavisky joue un rôle de catalyseur. Elle met au premier plan de la scène politique le scandale financier lié aux agissements d'un Juif d'origine russe, naturalisé français, qui déclenche, sans tarder, les foudres xénophobes et antisémites des ligues et de la presse d'extrême droite. Mais le procès de l'« escroc-métèque », selon les mots de Charles Maurras, devient immédiatement le procès de l'ensemble des milieux d'affaires étrangers et, par un glissement irrépressible, celui de tous les commerçants et artisans étrangers. Les critiques dépassent les cercles politiques de l'extrême droite pour trouver dans les institutions représentatives des artisans et des commerçants un relais efficace et énergique. De nombreux rapports et résolutions sont rédigés dans toute la France par les Chambres de commerce et les Chambres des métiers en 1934 et 1935. La mobilisation vise à lancer une vaste campagne d'opinion en vue d'alerter les pouvoirs publics.

122. *Page du titre du journal* L'Animateur des temps nouveaux, *30 décembre 1932.*

Les arguments sont repris dans l'enceinte du Palais-Bourbon[9]. Lionel de Tastes, député de la Seine, inscrit au groupe parlementaire du « centre républicain », intervient devant les députés le 6 novembre 1934 pour dénoncer ces « métèques qui viennent manger le pain des Français », individus qui sont, selon lui, « plutôt des carambouilleurs que des commerçants ». L'efficacité de la campagne est incontestable, puisqu'elle aboutit à l'adoption de deux mesures : le décret-loi du 8 août 1935 qui institue une carte d'artisan étranger, et le décret-loi du 30 octobre 1935, qui impose à tout étranger ambulant une résidence obligatoire préalable de cinq ans sur

123. Illustration anonyme pour Le Petit Journal illustré, *avril 1926.*

le territoire français pour pouvoir exercer une profession industrielle, artisanale ou commerciale. Pourtant, les mesures prises par le gouvernement Laval n'endiguent pas la mobilisation des indépendants : la contestation s'élargit à partir de 1936, forte de nouveaux soutiens. Aux côtés des institutions consulaires, nombre d'organisations politiques de défense des classes moyennes indépendantes, nées ou renforcées à l'occasion du Front populaire en 1936, s'engagent dans la lutte contre la « concurrence des étrangers ». Le ton se fait plus acerbe, la xénophobie s'affirme avec plus de netteté. Ainsi de la Confédération générale des classes moyennes (CGCM), particulièrement virulente, qui s'élève contre le « cosmopolitisme de l'or et de la main-d'œuvre » et appelle à résister à la « pénétration de l'opulent aventurier et à l'envahissement de l'aventurier famélique[10] ». Les plaintes contre la concurrence étrangère dépassent le cercle des organisations marquées à droite. *Le Coiffeur confédéré* lui-même, affilié à la CGT, se fait l'apôtre d'une interdiction des étrangers dans la profession. Il réclame que « l'entrée de travailleurs étrangers dans notre profession soit totalement interdite sur tout le territoire français[11] ». Dès 1931, la CGT exige que l'on n'accorde plus d'autorisations de travail aux artisans immigrés. Ainsi les revendications anti-étrangères sont plus que le simple reflet d'un ancrage à droite des organisations de défense des classes moyennes indépendantes. Elles jouent le rôle, dans les années 1930, de structuration politique des indépendants, de ferment d'une unité professionnelle, de soudure d'un monde à la cohésion sociale indécise. Parmi les étrangers, deux groupes sont plus particulièrement visés par les revendications des petits commerçants et des artisans : les Juifs et les réfugiés.

De nouvelles cibles : les Juifs et les réfugiés

Manifestant une hostilité particulière à l'encontre des réfugiés, les professions indépendantes développent également un antisémitisme socio-économique larvé qui se dévoile dans l'obsession de « l'origine » de leurs concurrents. Dans la France des années 1930, l'identité juive tend à devenir une altérité « indésirable[12] ». La xénophobie de la presse et des ligues d'extrême droite se teinte fortement d'antisémitisme à la faveur des tensions politiques et économiques, antisémitisme focalisé autour du thème de la « banque juive ». En février 1932, *L'Ami du peuple*, encore lui, lance une campagne contre « les financiers qui mènent le monde », « une poignée de banquiers juifs germano-américains responsables de tous les maux dont souffre l'humanité, démasqués maintenant et traînés en pleine lumière[13] ». Or son impact dépasse le lectorat du quotidien de Coty : la campagne est en effet puissamment relayée par la cinquantaine de journaux régionaux contrôlés par le parfumeur, touchant plusieurs millions de lecteurs.

La dimension économique de l'antisémitisme des années 1930 apparaît de manière récurrente dans la presse d'extrême droite. Pour *La Libre Parole*, en mars 1934, le chômage des artisans français est provoqué par « les youpins [qui] ont installé des ateliers où ils embauchent les leurs à des salaires misérables et dans des conditions d'hygiène épouvantables[14] ». De même, Paul Marion, journaliste dans l'organe de presse de Jacques Doriot, *La Liberté*, fustige en novembre 1938 « cette armée d'émigrés clandestins qui, cloîtrés ou presque dans des milliers d'appartements parisiens, bavardent, complotent, préparent des forfaits de toute nature et, en attendant mieux, concurrencent et détruisent progressivement notre commerce et notre artisanat ».

L'antisémitisme économique n'est pas le domaine réservé de la presse d'extrême droite, il est également utilisé dans les milieux professionnels. À Lens, un Comité provisoire de défense du commerce français s'inquiète de l'arrivée prochaine d'un « nouveau flot de 300 000 juifs émigrés [...] répartis entre la France, l'Angleterre et les États-Unis ». En effet, l'antisémitisme est clairement avivé à l'occasion de l'arrivée en France des réfugiés allemands[15]. Dans les départements limitrophes de l'Allemagne, la contestation de la concurrence étrangère se caractérise, dès les premiers mois qui suivent l'arrivée d'Hitler au pouvoir, par une attitude immédiatement empreinte de suspicion à l'égard des réfugiés. « La France, à force d'être hospitalière, devient le refuge de trop d'étrangers en grand nombre indésirables, ce qui à bien des points de vue constitue un véritable danger public, transformant la terre de France en terre du crime politique et de la vengeance doublée de rancunes et de représailles », écrit le préfet de la Moselle dans une lettre au ministère de l'Intérieur le 23 octobre 1934. Rapidement, le terme « réfugié » devient l'équivalent de « juif », les émigrés en provenance d'Allemagne étant en effet considérés « inassimilables en raison de leur origine ethnique[16] ».

À mesure que l'on avance dans la décennie, les accusations xénophobes et antisémites se font plus agressives. La crise du 6 février 1934, la progression continue du chômage, la montée des tensions internationales, puis l'épisode du Front populaire voient la montée en puissance de la propagande antisémite qui concentre ses attaques, à partir de 1936, sur la personne de Léon Blum. Pendant l'année 1936, les insultes fusent dans la presse d'extrême droite, de *Gringoire* à *L'Action française*, Charles Maurras en appelant même au meurtre : « C'est en tant que Juif qu'il faut voir, concevoir, entendre, combattre et abattre le Blum[17] ! » Si, à l'exception notable néanmoins de l'attentat de février 1936 dont est victime Blum, il n'y a pas de passage à l'acte, la violence antisémite franchit les portes de la Chambre des députés, par l'intermédiaire notamment de Xavier

10. M. R. Marrus et R. O. Paxton, *Vichy et les juifs*, Paris, Calmann-Lévy, 1974, p. 57.
11. S. Zdatny, *Les Artisans en France au XXe siècle*, Paris, Belin, 1999, p. 212-213.
12. R. Schor, *L'Antisémitisme en France pendant les années trente. Prélude à Vichy*, Bruxelles, Complexe, 1992.
13. L. Joly, « *L'Ami du peuple* contre les "financiers qui mènent le monde" ? La première campagne antisémite des années 1930 », *Archives juives*, 2006/2, n° 39, p. 96-109.
14. R. Schor, *L'Opinion publique et les Étrangers, 1919-1939*, *op. cit.*, p. 622.
15. V. Caron, *Uneasy Asylum, France and the Jewish Refugee Crisis, 1933-1942*, Stanford, Stanford University Press, 1999.
16. C. Zalc , « Des réfugiés aux indésirables. Les pouvoirs publics français face aux émigrés du IIIe Reich entre 1933 et 1939 » , dans É. Guichard et G. Noiriel (dir.), *Construction des nationalités et immigration dans la France contemporaine*, Paris, Presses de l'École normale supérieure, 1997, p. 259-274.
17. *L'Action française*, 15 mai 1936.
18. T. Bruttmann et L. Joly, *La France antijuive de 1936. L'agression de Léon Blum à la Chambre des députés*, Paris, Éditions des Équateurs, 2006.

Vallat, qui accueille avec force agressivité la nomination de Blum à la présidence du Conseil en juin 1936 : « Je dis, parce que je le pense – et j'ai cette originalité ici, qui quelquefois me fait assumer une tâche ingrate, de dire tout haut ce que tout le monde pense tout bas (*applaudissements à droite – exclamations à gauche et à l'extrême gauche*) –, que, pour gouverner cette nation paysanne qu'est la France, il vaut mieux avoir quelqu'un dont les origines, si modestes soient-elles, se perdent dans les entrailles de notre sol, qu'un talmudiste subtil (*protestations à l'extrême gauche et à gauche*)[18]. » Si l'antisémitisme prend, au Palais-Bourbon, la forme d'attaques *ad hominem*, il se diffuse plus généralement dans la société française des années 1930. Porté par une nouvelle génération d'écrivains et d'orateurs antisémites jeunes et dynamiques, puisant outre-Rhin de nouvelles argumentations rhétoriques, l'antisémitisme de masse s'affiche sans complexe dans la grande presse comme dans les institutions représentatives, transgressant parfois les frontières politiques.

Lors des débats au Conseil de Paris, à la xénophobie affirmée des républicains de gauche répond l'antisémitisme débridé de l'extrême droite, comme l'illustre cet échange du 15 décembre 1938 : « M. Georges Prade (conseiller du quartier de la Santé, républicain de gauche) : À Paris le commerce de la fourrure est dans une trop grande proportion aux mains des étrangers. M. Darquier de Pellepoix (élu du quartier des Ternes, extrême droite) : Entre les mains des Juifs, ayez donc le courage de le dire, au lieu d'employer toujours le qualificatif d'étrangers. »

Banalisation d'une lecture raciale des populations

Les glissements de la xénophobie à l'antisémitisme s'arriment à une lecture raciale des populations, qui attribue à chaque nationalité, chaque origine, des caractéristiques physiques et morales. Ces analyses « ethniques » du monde social sont fort répandues dans la France de la première moitié du XXe siècle, sans être l'apanage des théories racistes. Mais la hiérarchisation qui en découle produit, sans conteste, la diffusion et la banalisation d'opinions racistes. Les immigrants issus des colonies en font principalement les frais, sous couvert de l'accusation de « primitivisme » : les Nord-Africains sont jugés au mieux maladroits et paresseux, au pire instables, violents et agressifs. Dans la première moitié du XXe siècle, personne n'hésite à attribuer des « mentalités spécifiques » aux différentes populations selon leur origine. Ces jugements de valeur traversent le spectre politique : on les retrouve en 1931 sous la plume d'un journaliste du *Peuple*, quotidien de la CGT, qui déplore la « sauvagerie naturelle » des « âmes primitives » que sont les Maghrébins[19]. À une période où les thèses sur les « spécialisations professionnelles » des étrangers par nationalité, race et confession sont communément admises, les discours sont empreints de l'idée qu'il existe une relation entre l'origine et l'assimilation, maître mot des questions relatives à l'immigration durant l'entre-deux-guerres. La question de l'immigration s'impose, en outre, comme un domaine situé à la frontière du scientifique et du politique. Aussi un certain nombre d'hommes, qui tirent leur légitimité de leur « science » sur la question des étrangers, en viennent à tenir un rôle d'expert auprès des politiques. La figure de Mauco illustre le mieux ces itinéraires où se chevauchent le monde de la science et celui de la décision publique[20]. Né en 1899 à Paris, issu d'un milieu de petits indépendants, Georges Mauco a une formation d'enseignant : il est successivement instituteur puis professeur à l'École normale de la Seine et soutient en février 1932 une thèse de géographie, publiée la même année chez Armand Colin, sous le titre *Les étrangers en France. Étude géographique sur leur rôle dans l'activité économique*[21]. Cet ouvrage,

124. Georges Mauco en 1920. Il est ici photographié à Constantinople, assis au centre, au milieu de son escouade.

19. R. Schor, *Français et immigrés en temps de crise (1930-1980)*, Paris, L'Harmattan, 2004, p. 83.
20. P-A. Rosental, *L'Intelligence démographique. Sciences et politiques des populations en France (1930-1960)*, Paris, Odile Jacob, 2003.
21. É. Roudinesco, « Georges Mauco (1899-1988) : un psychanalyste au service de Vichy », *L'Infini*, septembre 1995, p. 73-84 ; P. Weil, « Georges Mauco : un itinéraire camouflé, ethnoracisme pratique et antisémitisme fielleux », dans P.-A. Taguieff (dir.), *L'Antisémitisme de plume 1940-1944. Études et documents*, Paris, Berg International éditeurs, 1999, p. 267-276.
22. Voir la contribution d'I. About dans le présent ouvrage.
23. G. Mauco, *Les Étrangers en France*, Paris, Armand Colin, 1932.
24. G. Mauco, *op. cit.*, p. 480.

qui rassemble un nombre impressionnant de données sur les étrangers en France dans l'entre-deux-guerres (statistiques, cartes, photographies), s'impose rapidement comme une référence « scientifique » incontournable sur la question, statut qu'il conserve d'ailleurs bien au-delà, le livre continuant aujourd'hui d'être utilisé comme source par les historiens.

Pourtant, les propos de Mauco en 1932 s'apparentent à une lecture « raciale » des données démographiques qui attribue à chaque nationalité des caractéristiques physiques et morales[22]. Ainsi, les Africains « se dirigent vers les activités les plus rudes et les plus salissantes », les Belges et les Suisses sont « plus évolués économiquement », les Nord-Africains « peu aptes au travail discipliné et soutenu de l'industrie moderne », alors que « le groupe des juifs polonais, russes et roumains, des Grecs et des Arméniens qui recherchent les travaux demandant plus d'ingéniosité que de force fuient le rude labeur et la discipline de l'usine[23] ». Sans rejoindre les postures ouvertement racistes d'un René Martial, anthropobiologiste de renom et vigoureux partisan d'une sélection raciale des étrangers sur la base d'un « indice biochimique » fonction des groupes sanguins des différents « peuples », Mauco se prononce en faveur de la restriction des flux migratoires. La question « ethnique » vient se greffer sur l'argumentation professionnelle dans un raccourci fort répandu durant la première moitié du xxe siècle, et Georges Mauco de déplorer « la venue avec la masse des immigrés d'un trop grand nombre d'éléments inaptes au travail manuel et qui ne viennent en France que pour y employer leurs dispositions innées au trafic et au négoce. Tel est le cas des juifs polonais, russes ou roumains, des Arméniens, des Levantins, et en général de tous les Sémites et de certains Grecs et Arabes[24] ». Engagé dans la sphère scientifique mais consulté par les politiques et participant même, à plusieurs reprises, à des institutions mises en place par les pouvoirs publics, avant, pendant et après Vichy, l'itinéraire de Mauco est typique du parcours d'« expert ». Chez lui, la question de l'assimilation sous-tend une hiérarchisation des étrangers qui part d'une distinction socio-économique pour aboutir à une différenciation ethnique. Dans le contexte de la crise économique, le spectre de la « concurrence déloyale » des étrangers, agité de toutes parts, produit la diffusion de poncifs xénophobes, souvent teintés d'antisémitisme, qui parcourent les différents segments du monde social, culturel et intellectuel, contribuant à activer un racisme populaire qui se répand comme une traînée de poudre.

Familles italiennes dans la banlieue parisienne (Issy-les-Moulineaux).

Le cordonnier arménien d'une colonie étrangère de la banlieue parisienne.

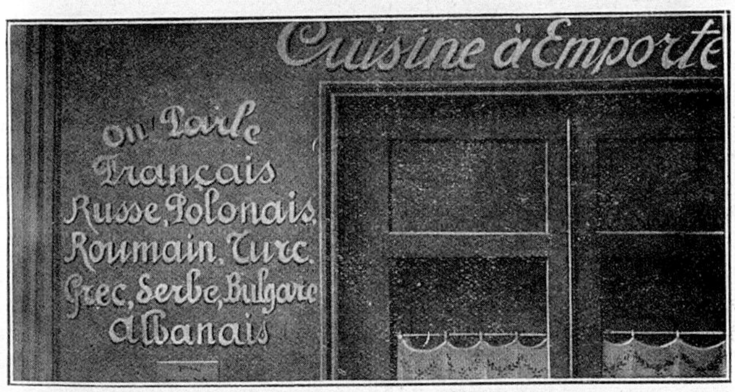

La devanture d'un restaurant dans une rue du quartier de l'Hôtel-de-Ville (IVe) à Paris, où grouille une importante population de juifs et de Levantins.

125. Planche de photographies publiée dans l'ouvrage de Georges Mauco, Les Étrangers en France, *1932. Les légendes illustrent la prégnance des stéréotypes xénophobes chez Mauco, mais également son antisémitisme.*

Loin de se cantonner à la presse d'extrême droite dans les années 1930, provoquant des résonances certaines de la part des pouvoirs publics, xénophobie et antisémitisme se déploient pourtant surtout dans les discours. C'est sous Vichy qu'ils revêtent les habits d'une politique d'État. Mais le terrain était incontestablement préparé.

Regards photographiques sur les étrangers en France autour de 1930

ILSEN ABOUT

126-131. Ces photographies sont extraites de l'ouvrage de Georges Mauco, Les Étrangers en France, *publié en 1932.*

126. Planche 2, « Myslowice (Pologne) – La signature des contrats de travail. » Source : Société générale d'immigration.

127. Planche 3, « Zagreb. – La salle d'attente du centre de recrutement ; au fond, une grande carte de la France sur laquelle les émigrants peuvent situer le lieu où leur destin les appelle. » Source : Société générale d'immigration.

128. Planche 13, « Une belle famille immigrée dans l'Isère. Types d'Italiens du Nord, robustes et travailleurs. » Source inconnue.

Dans l'entre-deux-guerres, plusieurs reportages consacrés à la présence étrangère en France paraissent dans la presse illustrée, mais les immigrants ne suscitent pas d'enquêtes photographiques de grande ampleur. L'image de l'étranger n'est cependant pas absente, loin de là, du paysage français : l'iconographie coloniale projette en métropole les archétypes visuels qui confortent la supériorité blanche et l'infériorité des peuples colonisés. Si l'imaginaire visuel qui entoure l'immigration peut être marqué par ce type de représentations, en particulier pour les migrants issus des colonies, d'autres images, fondées sur des principes différents, s'élaborent progressivement durant cette période.

Le choix des photographies qui accompagnent *Les Étrangers en France. Leur rôle dans la vie économique*, l'ouvrage publié par Georges Mauco en 1932, repose par exemple sur la séparation des étrangers en deux catégories distinguées par leur capacité supposée à l'assimilation. À l'époque, cette notion et le principe d'une sélection ethnique s'imposent progressivement au cœur des études et des prises de position sur l'immigration. Ces idées sont reprises par Mauco, qui insiste sur les obstacles à l'assimilation mais aussi sur les facteurs qui, au contraire, favorisent l'adhésion des migrants à « l'esprit national ». De même qu'il utilise abondamment, dans son texte, les stéréotypes ethniques, culturels et nationaux, le répertoire iconographique qu'il choisit permet d'établir des stéréotypes visuels d'un nouveau genre. Il puise pour cela dans les sources mises à sa disposition par la Société générale d'immigration (SGI) et le Comité central des houillères de France, et dans les archives qu'il réunit au cours de sa recherche.

La première partie de ce corpus photographique cherche à valoriser l'efficacité de la sélection, du recrutement et du transport des travailleurs étrangers importés en France par des sociétés privées avec l'appui de l'État. En reproduisant les mêmes images que celles employées par la SGI pour promouvoir son activité auprès des employeurs, Mauco illustre et légitime la nécessité d'un contrôle préventif de l'immigration. Les photographies portent ainsi sur l'enregistrement, la signature du contrat de travail, l'examen sanitaire, l'incorporation dans les centres de recrutement et l'organisation du transport (ill. 126). Les légendes soulignent l'idée d'une force humaine canalisée par les cadres matériels et symboliques de l'entreprise et de la nation. Le caractère restrictif des politiques de transfert semble alors accompagner les mécanismes d'adhésion qui sont censés agir simultanément. Une carte de la France, dans l'une des salles d'un centre de recrutement, apparaît ainsi comme un moyen pour les étrangers de reconnaître « le lieu où leur destin les appelle ».

129. Planche 4, « Type de familles espagnoles (Côte Basque) misérables et prolifiques. » Source inconnue.

130. Planche 5, « Type de cité ouvrière créée en plein champ. Cité Saint-Joseph (Loire-Inférieure) ». Source : Compagnie aérienne française.

Le second ensemble, consacré à la vie des populations étrangères, oppose, par un effet de mise en pages, les deux catégories d'étrangers. D'un côté, les signes de l'assimilation sont visibles à travers la cohésion du noyau familial et la solidarité des communautés et des associations culturelles et sportives (ill. 128). La pratique du catholicisme par la communauté polonaise revient plusieurs fois comme un élément central des photographies. Ces représentations de groupes, caractérisés par des motifs vestimentaires, des accessoires ou des drapeaux, montrent un encadrement dirigé, à la fois moralement et spirituellement, qui permet d'atténuer les conséquences du déracinement et manifeste, selon Mauco, un « esprit de discipline et d'organisation ». À l'opposé d'une immigration d'individus isolés, les images de cette immigration, organisée dans toutes les phases de sa vie quotidienne, alimentent l'un des thèmes centraux de l'ouvrage. Sur le plan esthétique, cette partie utilise abondamment les motifs de la répétition, de la conformité et de la clarté. C'est le cas, par exemple, des photographies consacrées à l'habitat, qui mettent en scène une image positive, largement idéalisée et faiblement représentative, de l'organisation du territoire. Le logement, présenté comme un lien et un facteur déterminant pour la sédentarisation et l'enracinement des migrants, est montré dans des prises de vue épurées de maisons isolées, d'alignements ou de groupements d'habitations qui matérialisent une occupation rationnelle de l'espace (ill. 130).

D'un autre côté, les étrangers « inassimilables » apparaissent à travers des motifs tout à fait opposés. En privilégiant la multitude des femmes et des enfants, les images choisies permettent d'insister sur le caractère « prolifique » de certaines familles étrangères, l'adjectif désignant, sous l'influence d'un vocabulaire biologisant, une natalité incontrôlée. Les légendes insistent dans le même temps sur la pauvreté et les conditions de vie misérables de ces familles (ill. 129 et 131). Qu'il s'agisse des ruelles étroites de Nice ou des rues, qualifiées de « bourbiers », de la région parisienne, l'espace semble sombre et menaçant, les habitats vétustes et insalubres. Le sale, opposé à un ordre social et spatial dominé par l'hygiène, est associé à une forte natalité dénoncée, dans ce cas, comme un « signe d'infériorité et un manque de maîtrise de soi ». Si l'auteur appelle au redressement démographique de la France, la natalité des étrangers est donc tout d'abord présentée comme un fléau. Les collectivités organisées s'opposent aux regroupements des quartiers, décrits comme des enclaves territoriales et des « colonies étrangères ».

La dernière photographie du corpus illustre de manière significative une dénonciation du cosmopolitisme. Sur la devanture d'un restaurant, près de l'Hôtel de Ville de Paris, parmi les langues parlées, le français est mêlé à plusieurs langues de l'est de l'Europe. La légende signale que, dans ce quartier, « grouille une importante population de juifs et de Levantins » et permet d'accéder au discours implicite de la photographie : l'inscription des langues étrangères sur les murs des villes françaises manifeste la submersion du pays par une immigration orientale, composée de « métèques » et de juifs. L'image laisse ainsi supposer la collusion des communautés étrangères et l'existence d'une mixité imposée au détriment du pays d'accueil (ill. 125, p. 119).

131. Planche 4, « Types de vieilles rues des villes méditerranéennes (Menton et Nice) peuplées exclusivement d'Italiens en Provence et d'Espagnols en Languedoc ». Source : Roston.

D'une manière moins explicite que les caricatures xénophobes qui se généralisent au cours des années 1930, l'ouvrage de Mauco présente à travers ce registre visuel, promis à un long avenir, une image du « bon » et du « mauvais » étranger et défend, à travers une illustration accessible et originale, le principe d'une sélection des migrants.

Les mariages mixtes dans l'entre-deux-guerres

JUDITH RAINHORN

Depuis le début du XXe siècle, plus d'un million de mariages mixtes ont été célébrés en France, témoignant d'échanges constants entre les Français et les diverses populations étrangères qui se sont installées dans le pays. Nous entendons ici par « mariages mixtes » les unions légales dont l'un des conjoints est étranger et l'autre français[1]. L'évolution chronologique de la mixité matrimoniale épouse globalement le rythme des grandes vagues d'immigration en France, et l'entre-deux-guerres voit leur nombre augmenter fortement par rapport à la fin du siècle précédent.

La forte croissance des flux d'immigration en France au lendemain de la Grande Guerre, ainsi que le manque d'hommes lié à l'hécatombe de 1914-1918 provoquent une croissance notable des mariages mixtes. Mais, après un pic en 1919-1920, lié au rattrapage des années de

132. Couple mixte, Saint-Étienne, années 1930.

	1921		1931	
	TOTAL	%	TOTAL	%
Deux époux français	431 393	94,7	294 717	90,2
Français-étrangère	6 686	1,5	6 364	1,9
Étranger-Française	11 672	2,6	10 956	3,4
Deux époux étrangers	5 792	1,2	14 624	4,5
Total des unions	455 543	100	326 661	100

Tableau 1. Mariages célébrés en France selon la nationalité des époux, 1921 et 1931[2].

	NOMBRE D'UNIONS CÉLÉBRÉES	% DU TOTAL DES UNIONS MIXTES
Italien(ne)s	5 241	30,3
Belges	3 394	19,6
Espagnol(e)s	2 232	12,9
Suisses	1 374	7,9
Polonais(es)	1 050	6,1
Russes	601	3,4
Autres nationalités	3 428	19,8
Total	17 320	100

Tableau 2. Principales nationalités concernées par les unions mixtes célébrées en 1931 (hommes et femmes)[3].

guerre, leur nombre reste globalement stable au cours des années 1920, autour de 18 000 unions chaque année. Pendant toute la période, le nombre de mariages entre Français(es) et étranger(e)s dépasse sensiblement celui des unions entre étrangers (voir tableau 1). Au cours des années 1930, le nombre de mariages d'étrangers diminue en raison de plusieurs facteurs : la décroissance du flux migratoire et les départs d'étrangers, souvent liés à la récession économique, l'augmentation des naturalisations facilitées par la loi de 1927, et, enfin, la baisse d'ensemble de la nuptialité en France.

Les mariages entre Françaises et étrangers sont toujours nettement plus nombreux (environ le double) que ceux entre Français et étrangères, principalement en raison du déséquilibre du marché matrimonial : les migrants célibataires sont majoritairement – quoique non exclusivement, bien sûr – des hommes. Mais les unions Français-étrangères apparaissent en nombre plus important qu'on ne l'a longtemps dit, notamment au sein des jeunes filles de la deuxième génération, qui se marient plus volontiers que leurs mères hors du groupe d'appartenance nationale. Outre le déséquilibre des effectifs en présence (il y a dans les années 1920 en France deux hommes pour une femme chez les Russes, par exemple), ce sont essentiellement des facteurs socioculturels qui expliquent les différences de comportement selon le sexe : les traditions plus pesantes et l'activité professionnelle extérieure plus réduite ancrent davantage les femmes dans le groupe d'appartenance et, surtout, restreignent le cercle social où se font les rencontres susceptibles d'aboutir au mariage (usine, atelier, loisirs, etc.). À travers les générations successives, cependant, il est notable que ces spécificités de genre s'atténuent rapidement avec la durée de l'implantation.

Tous les étrangers installés en France ne participent pas à part égale à la mixité matrimoniale (voir tableau 2). Depuis la fin du XIXe siècle, Belges et Italien(ne)s, majoritaires parmi les étrangers, sont aussi les plus nombreux à épouser des Français(es). À partir de 1924, les Italiens occupent la première place – qu'ils garderont jusqu'en 1980.

Si les femmes étrangères sont moins nombreuses à épouser des Français que le schéma inverse, l'ordre des nationalités et la chronologie sont sensiblement les mêmes que pour leurs compatriotes masculins. Cependant, le nombre de mariages entre des étrangères et des Français ne subit pas le même tassement que celui des unions entre étrangers et Françaises,

133. Mariage de Pierrino Reale et de Juliette Bricout à Saint-Quentin (Aisne), juin 1924.

Notes

1. Il n'est pas possible de comptabiliser les unions libres entre Français et étrangers, pour lesquelles il n'existe pas de statistiques. Le nombre de couples mixtes est donc ici légèrement sous-estimé. Par ailleurs, ne font pas l'objet du présent article les unions entre étrangers de nationalités différentes, qui peuvent également être considérées comme des mariages « mixtes ».
2. Les données statistiques précises manquent malheureusement pour la décennie 1932-1942. Les données citées ici sont issues de F. Muñoz-Pérez, M. Tribalat, « Mariages d'étrangers et mariages mixtes en France. Évolution depuis la Première Guerre », *Population*, 1984, vol. 39, n° 3, p. 427-462.
3. *Ibid.*

au seuil des années 1930 : la présence des femmes étrangères est plus stable et, malgré la conjoncture économique défavorable qui s'amorce, elles sont moins affectées par le reflux migratoire qui touche les migrants masculins (émigration différée, retour au pays, expulsions, etc.).

Au-delà de ce schéma général, des nuances sont perceptibles entre les étrangers de différentes nationalités, certaines populations étant plus enclines que d'autres à la mixité matrimoniale. Au milieu de l'entre-deux-guerres, alors que les Belges et les Italiens se marient majoritairement hors de leur nationalité d'origine, ce n'est pas le cas des Russes, encore moins des Polonais, qui se caractérisent par une très forte endogamie nationale[3] (voir tableau 3).

D'une façon générale, l'histoire migratoire et la durée de séjour en France déterminent largement la propension au mariage mixte. Les étrangers nés en France ou arrivés très jeunes sont les plus nombreux à épouser des Français, avec qui, depuis l'enfance, ils ont partagé temps scolaire, voisinage, loisirs et travail. Au-delà de la durée de séjour des individus concernés, l'ancienneté

	Belge	Italienne	Espagnole	Russe	Polonaise
Union étranger-Française	74 %	62 %	44 %	43 %	9 %
Union étrangère-Français	63 %	45 %	30 %	16 %	8 %

Tableau 3. Proportion des mariages mixtes parmi les mariages d'étrangers suivant la nationalité, 1927-1931[5].

du courant d'immigration auquel ils appartiennent joue également : à durée de séjour égale, un étranger épouse d'autant plus facilement un conjoint français qu'il appartient à un groupe national d'implantation ancienne, devenu moins étrange, plus transparent au sein de la société française. D'autres facteurs permettent d'expliquer les différences entre les groupes : le milieu de vie – quartier urbain mixte, campagne isolée, espace d'habitat communautaire lié à une mono-industrie, etc. – et la possibilité ou non d'un retour au pays sont des éléments déterminants pour comprendre par exemple les différences majeures entre Russes et Polonais à la même époque.

Les nombreux mariages mixtes sont indubitablement un élément essentiel de la sédentarisation et de l'insertion des étrangers

4. Voir l'étude rétrospective menée en 1947-1949 dans le Pas-de-Calais, dont il est rendu compte dans R. Poignant, « Étude sur l'assimilation de l'immigration polonaise dans le Pas-de-Calais », *Population*, 1949, n° 1, p. 157-162.
5. Chiffres arrondis, tirés de F. Muñoz-Perez, M. Tribalat, « Mariages d'étrangers... », art. cit., p. 444-445.

134. Mariage de Pierrino Reale et de Juliette Bricout à Saint-Quentin (Aisne), juin 1924.

dans la société française de l'entre-deux-guerres. Ils constituent, en contrepoint, 3 à 5 % des unions contractées par des Français à la même époque, ce qui, tout en demeurant modeste, n'est pas négligeable.

En suspendant l'activité de la plupart des associations étrangères, en leur faisant partager les souffrances de l'Occupation et, parfois, les luttes de la Résistance, la Seconde Guerre mondiale crée les conditions d'un rapprochement plus étroit entre Français et étrangers, qui se traduira, au lendemain du conflit, par l'augmentation sensible du nombre des mariages mixtes.

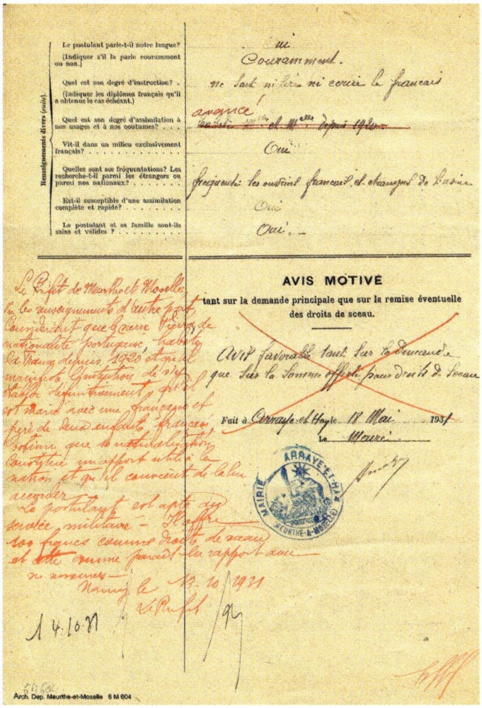

Renseignements divers (suite).

Le postulant parle-t-il notre langue? (Indiquer s'il la parle couramment ou non.) — Oui. Couramment.

Quel est son degré d'instruction? (Indiquer les diplômes français qu'il a obtenus le cas échéant.) — ne sait ni lire ni écrire le français

Quel est son degré d'assimilation à nos usages et à nos coutumes? — avancé

Vit-il dans un milieu exclusivement français? — Oui

Quelles sont ses fréquentations? Les recherche-t-il parmi les étrangers ou parmi nos nationaux? — fréquente les ouvriers français et étrangers de l'usine.

Est-il susceptible d'une assimilation complète et rapide? — Oui

Le postulant et sa famille sont-ils sains et valides? — Oui.

AVIS MOTIVÉ

tant sur la demande principale que sur la remise éventuelle des droits de sceau.

Fait à ..., le ... 1931

Le Maire

Arch. Dep. Meurthe-et-Moselle 6 M 604

135. *Dernière page du dossier de demande de naturalisation de Manuel Vieira, en 1931. Manuel, immigrant portugais arrivé en France en 1920, a épousé une Française, ce qui lui vaut un avis favorable du préfet de Meurthe-et-Moselle, d'autant qu'il est père de deux enfants français et « apte au service militaire ».*

Année 1933. Le cinq août mil neuf cent trente trois, Dépt de la Seine Ville de VITRY-SUR-SEINE

Registre 1. N° 211.

MARIAGE

Entre Manuel do Vale, profession monteur ajusteur, Né à Vila do Conde (Portugal), le 19 mai 1905 (28 ans). Domicilié à VITRY-SUR-SEINE 44, av. Ernest Havet, Fils de Jean Félix, Et de Marie Ecnarte, époux; divorcé de Renée Madeleine Le Mas;

Et Simone Eugénie Elisabeth Péchard, profession maroquinière, Née à Paris (15e arrt), le 29 avril 1912 (21 ans). Domiciliée à VITRY-SUR-SEINE 87, av. de Rouilly, Fille de René Charles Jules, décédé, Et de Alphonsine Emilie ..., sa veuve.

Contrat de mariage Néant.

Signature de l'Epoux. Do Vale

Signature de l'Epouse. Péchard Do Vale

L'Officier de l'état civil,

Délivré le 5 août 1933.

Décédé le 6 Août 1981 à Ivry-sur-Seine (Val de Marne) n° 652

L'Officier de l'état civil,

Décédée le ... n° ... à ...

L'Officier de l'état civil,

136-137. *Manuel Do Vale, Portugais, arrivé en France en 1920, épouse Simone Péchard, le 6 août 1933, à Vitry-sur-Seine.*

Les Algériens à Paris (1926-1932)

LAURE PITTI

La Première Guerre mondiale marque un tournant dans l'histoire de l'immigration algérienne en France métropolitaine. Devenue l'objet d'un recrutement organisé entre 1916 et 1918, sous la houlette du Service d'organisation des travailleurs coloniaux (SOTC), en vue de remplacer dans les mines et les usines françaises les hommes partis au front, la migration algérienne connaît, aux lendemains de la Grande Guerre, un accroissement sans précédent – et ce, malgré l'arrêt de cette politique de recrutement organisé. D'un demi-millier en 1912, les immigrants algériens sont évalués à 62 000 en 1926, 92 000 en 1931[1].

Plus d'un quart vit et travaille en région parisienne – une proportion variant selon les estimations : en décembre 1931, dans une conférence donnée à la Sorbonne, Louis Milliot évalue à 30 000 ou 40 000 le nombre de « Kabyles à Paris »[2]. La Kabylie, et plus précisément les communes de Dra-El-Mizan et Fort-National, dans la région de Tizi-Ouzou (Grande Kabylie), fournissent alors en effet l'essentiel des candidats au départ.

À Paris comme en région Rhône-Alpes et dans le nord et l'est de la France, les Algériens sont massivement employés dans l'industrie,

138. La rentrée des usines Renault, Boulogne-Billancourt, vers 1930.

en particulier dans la métallurgie. En 1926, année où les industries des métaux deviennent le premier secteur d'emploi industriel dans la capitale, devançant celui du textile avec près de 200 000 actifs, Georges Mauco évalue à 2 790 le nombre d'« Africains » (alors en majorité Algériens) qui travaille – loin, il est vrai, derrière les Italiens[3]. Mais ce chiffre n'inclut pas les entreprises de la petite couronne parisienne, notamment l'industrie automobile, comme Citroën à Clichy et Levallois, ou Renault à Billancourt, qui, dès les années 1920, emploient des Algériens. Chez Renault, leur nombre est estimé à 260 en 1932, soit 1,2 % de la main-d'œuvre ouvrière – estimations qui ne reflètent qu'*a minima* l'emploi des Algériens dans l'entreprise au début des années 1930, l'année 1932 étant marquée par une réduction importante du personnel ouvrier sous l'effet de la crise.

Les trajectoires d'emploi de certains de ces immigrants témoignent d'un début de stabilisation de la migration algérienne[4], bien que celle-ci reste marquée, dans l'entre-deux-guerres, par de fréquents mouvements de va-et-vient entre la colonie et la métropole. Ainsi, Amar I., originaire de Dra-El-Mizan, est embauché à Renault en octobre 1928 (il a alors 22 ans), où il travaille jusqu'en novembre 1933, rentrant en Algérie pour revenir deux ans plus tard, en novembre 1935, et être réembauché à Renault, où il travaillera jusqu'en octobre 1938.

Outre la métallurgie, on trouve des Algériens dans la chimie (usines à gaz, fabriques d'acide ou raffineries) ou les sucreries, secteurs d'activité où les conditions de travail sont particulièrement rudes. Ainsi Lebaudy, sucrerie du XIXe arrondissement de Paris, emploie 500 ouvriers algériens en 1929 (soit près de la moitié du personnel ouvrier), qui côtoient des Russes et des Polonais.

Singularité parisienne, la profession de laveurs de voitures, chargés du nettoyage des taxis des différentes compagnies de la capitale, est entièrement tenue par des ouvriers « nord-africains », quasi exclusivement originaires d'Algérie[5].

Employés dans les industries de l'Est parisien et des communes de l'ouest de la petite couronne, les Algériens vivent pour l'essentiel dans les XVe, XVIIIe, XIXe et XXe arrondissements, ainsi qu'à Billancourt, Clichy, Gennevilliers, Saint-Denis ou Aubervilliers. Logeant dans des garnis, ces cafés-hôtels dont la capitale et les communes limitrophes regorgent dans l'entre-deux-guerres – et qui hébergent en majorité, à compter de 1926, des étrangers et des coloniaux[6] –, les Algériens s'y regroupent selon leur commune d'origine en Algérie.

Dans ces cafés-hôtels, la vie quotidienne n'est pas seulement rythmée par le travail, le militantisme y tient aussi une place importante. C'est en effet dans ces années 1920 que le mouvement national algérien prend forme, dans l'émigration et, en large partie, à Paris : en juin 1926, l'Étoile nord-africaine voit le jour, fortement liée – du moins dans un premier temps – au Parti communiste français. Lorsqu'elle est dissoute par le gouvernement français en novembre 1929, elle compte « 3 600 militants répartis en quinze sections, dont huit à Paris[7] ». Ses militants, regroupés autour de Messali Hadj, n'en poursuivent pas moins leurs activités, en publiant un mensuel, *El Ouma*, dont le premier numéro sort en octobre 1930, titrant : « Notre émancipation dépend de notre action », avant de reconstituer le mouvement en 1933. La diffusion de ce mensuel, dont le deuxième numéro est financé par une souscription lancée auprès de l'immigration algérienne, ira croissant, jusqu'à atteindre les 2 000 exemplaires au milieu des années 1930 (5 000 pour les numéros spéciaux), vendus exclusivement par les militants. À elle seule, cette diffusion est un signe de l'impact du mouvement nationaliste dans l'immigration.

Si la crise économique touche de plein fouet les immigrants algériens, entraînant un accroissement des retours dès 1931, elle ne signe pas pour autant la fin de la présence algérienne en métropole. Dès 1935, celle-ci s'accroît de nouveau et 1937 marque « l'année de pointe de l'emploi des Algériens dans l'industrie d'avant-guerre[8] ».

138. La sortie des usines Renault, Boulogne-Billancourt, vers 1935.

Notes

1. Voir O. Carlier, « Pour une histoire quantitative de l'émigration en France dans la période de l'entre-deux-guerres », dans J. Costa-Lascoux, É. Temime (dir.), *Les Algériens en France. Genèse et devenir d'une migration*, Paris, Publisud, 1985, p. 153-182, p. 165.
2. Cité par K. Bouguessa, *Aux sources du nationalisme algérien*, Alger, Casbah Éditions, 2000, p. 62.
3. G. Mauco, *Les Étrangers en France*, Paris, Armand Colin, 1932, p. 300.
4. Comme l'a montré G. Massard-Guilbaud, *Des Algériens à Lyon, de la Grande Guerre au Front populaire*, Paris, L'Harmattan, 1995.
5. S. Sirot, *Les Conditions de travail et les grèves des ouvriers à Paris de 1919 à 1935*, doctorat d'histoire, université Paris-VII, 1994, p. 182.
6. Voir A. Faure, C. Levy-Vroelant, *Une chambre en ville. Hôtels meublés et garnis à Paris, 1860-1990*, Paris, Créaphis, 2007, p. 185.
7. B. Stora, *Ils venaient d'Algérie*, Paris, Fayard, 1992, p. 28.
8. A. Michel, *Les Travailleurs algériens en France*, Paris, CNRS, 1956, p. 16.

L'histoire de trois familles arméniennes

JEAN-LUC HUARD

Les familles Nichanian, Bagdalian, Zortian sont intimement liées, et leur histoire montre les dramatiques événements que la plupart des Arméniens de l'Empire ottoman ont connu depuis le génocide de 1915 : les massacres, les premiers refuges dans les pays voisins de la Turquie, puis l'exil en France.

Haroutioun Nichanian, son épouse Nouritza, leurs deux garçons Souren et Agop ainsi que leurs deux filles Manouchak et Aznive vivaient à Guermir, près de Césarée. Haroutioun, directeur du collège du monastère de Sourp Garabed, à quelques kilomètres de Guermir, mourut avant le génocide.

En 1915, la famille se disloqua à cause du génocide perpétré par le gouvernement jeune-turc. Souren, rhumatologue, fut parmi les 650 notables arméniens arrêtés à Constantinople, et pendu. Agop s'exila en Égypte et s'engagea dans la Légion d'Orient à Port Saïd en 1915 et, après avoir combattu au Proche-Orient, gagna la Cilicie. Aznive, son mari et leur fils Aram furent déportés ; personne ne les a jamais revus. Quant à Manouchak, elle se maria avec Logofet Bagdalian. Tous deux ainsi que leurs deux enfants, Garabed et Élise, vivaient avec Nouritza Nichanian à Guermir.

Pendant les massacres de 1915, Logofet était parti à Adana pour son travail (vente de produits agricoles). Les autres membres de la famille, toujours à Guermir, échappent d'abord aux tueries, car les Turcs les croyaient convertis à l'islam. Cinq ans plus tard, tous rejoignirent Logofet à Adana, ville occupée par l'armée française depuis la fin de la Grande Guerre. Pris de panique lors de l'abandon de la Cilicie aux Turcs nationalistes de Mustafa Kemal en octobre 1921, les Bagdalian et Nouritza Nichanian, comme beaucoup d'Arméniens, s'exilèrent. Ils embarquèrent dans le premier bateau venu et parvinrent à Smyrne, sous autorité grecque depuis le traité de Sèvres (1920).

À Smyrne, ils ne restèrent qu'un an. En novembre 1922, les troupes de Mustafa Kemal occupèrent la région où de nouveaux massacres eurent lieu. Parounag, un des frères de Logofet qui vivait à Smyrne, fut tué lors de la prise de la ville. Les Grecs et Arméniens prirent une nouvelle fois le chemin de l'exil ; et les Bagdalian quittèrent définitivement l'Asie Mineure pour se réfugier en Grèce, près du Pirée.

140. Panos Zortian devant sa boucherie rue Bouffier à Valence (1933).

141. Garabed, Élise et Béatrice Zortian devant leur magasin de chaussures, rue Bouffier à Valence (1934).

Devant les difficultés économiques de ce pays qui ne pouvait assurer du travail pour tous, ils repartirent. Agop Nichanian et sa mère Nouritza embarquèrent en 1925 pour la France. Logofet Bagdalian, qui obtint par l'intermédiaire du consulat de France un certificat d'embauche pour Bollène (Vaucluse), accompagné de son fils Garabed, quitta la Grèce à bord de l'*Andros*, qui accosta à Marseille le 28 octobre 1926. Puis, le 11 novembre 1926, ce fut au tour de Manouchak, elle aussi munie d'un contrat de travail à Bollène, et de sa fille Élise de débarquer dans la cité phocéenne.

La famille Zortian est originaire de Tchorum. Krikor et son épouse Guliané eurent six enfants : Sebouh, qui mourut en 1914, Haïgaz, Marie, Garabed, Agop et Aram. Pendant le génocide, la famille fut déportée et séparée. Krikor, employé de force à la construction de la voie ferrée vers Bagdad, mourut d'épuisement. Le reste de la famille fut convoyé à Deir ez-Zor, dans le désert syrien. Pendant le trajet, le plus jeune fils, Aram, mourut de faim. Arrivée à destination, en 1916, la famille survécut dans la misère et la peur. Le mari et l'une des filles de Marie moururent là.

Les survivants se séparèrent. Haïgaz, le fils aîné, s'exila en Bulgarie, Marie et son autre fille, Païlazoum, se retrouvèrent en Roumanie.

Guliané, Garabed et Agop Zortian réussirent à fuir à Bagdad où ils arrivèrent vers 1919-1920. En 1925, ils quittèrent l'Irak pour la France. Ils s'arrêtèrent le 16 mai 1925 à Beyrouth, où Agop fut confié, faute d'argent, à une mission américaine. Guliané et Garabed quittèrent le Liban et débarquèrent à Marseille le 24 mai 1925.

Là, les trois familles, les Nichanian, les Bagdalian et les Zortian, suivirent des itinéraires différents avant de se retrouver dans la Drôme.

Agop Nichanian débarqua à Marseille en 1925, mais il partit ensuite pour la Roumanie. Il revint plus tard à Marseille, puis à Valence et à Cannes avant de terminer sa vie à Valence en 1953.

De Marseille, les Bagdalian rejoignirent Bollène où les contrats de travail signés en Grèce furent respectés. Logofet travailla comme manœuvre à la fabrication de produits réfractaires (entreprise Philip) et la société Habermacher embaucha Manouchak et Élise dans son entreprise de moulinage. Ils y restèrent jusqu'en 1928. À cette époque, Panos Zortian, membre éloigné des familles Bagdalian et Zortian, les fit venir à Valence, car il y avait beaucoup plus de possibilités d'emploi.

Logofet et sa famille arrivèrent donc à Valence en 1928 où ils logèrent à l'*Hôtel de Russie*, un meublé, pendant quelques mois. Après plusieurs déménagements dans la même ville, ils s'installèrent rue Bouffier, au cœur du quartier arménien de la ville. Logofet travailla alors dans un atelier de fabrication de chaises. Malade, il s'arrêta de travailler et mourut en 1941. Manouchak travailla dans un atelier de confection tenu par la famille Maksoudian, rue Bouffier, jusqu'en 1959. Elle s'est éteinte à Valence en 1980. Élise trouva différents emplois dans des entreprises de moulinage : Chabannes en 1928 puis Allègre en 1928-1929. Elle fit la connaissance, par l'intermédiaire de Panos Zortian, de Garabed Zortian.

Arrivés à Marseille en 1925, Garabed Zortian, avec sa mère Guliané, rejoignit aussitôt Le Pouzin, petite commune ardéchoise qui a hébergé des centaines d'Arméniens ayant trouvé du travail dans les entreprises locales dans les années 1920. Il y retrouva sa sœur Marie, venue de Roumanie,

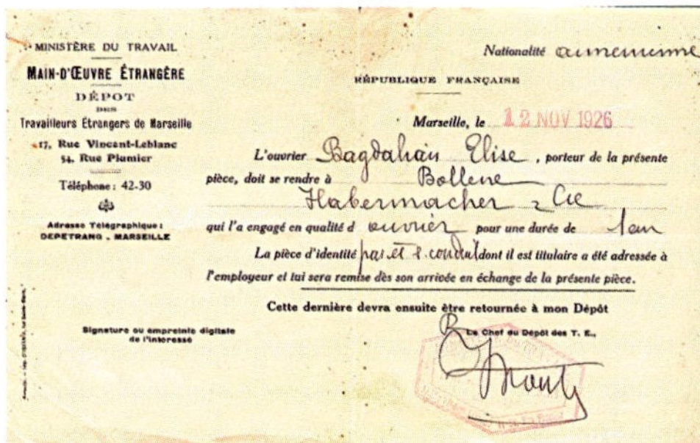
MINISTÈRE DU TRAVAIL

MAIN-D'ŒUVRE ÉTRANGÈRE

DÉPOT des Travailleurs Étrangers de Marseille

17, Rue Vincent-Leblanc
54, Rue Plumier

Téléphone : 42-30

Adresse Télégraphique : DEPETRANG . MARSEILLE

Nationalité arménienne

RÉPUBLIQUE FRANÇAISE

Marseille, le 12 NOV 1926

L'ouvrier Bagdalian Elise, porteur de la présente pièce, doit se rendre à Bollene Habermacher & Cie qui l'a engagé en qualité d'ouvrier pour une durée de 1 an

La pièce d'identité [illegible] dont il est titulaire a été adressée à l'employeur et lui sera remise dès son arrivée en échange de la présente pièce.

Cette dernière devra ensuite être retournée à mon Dépôt

Signature ou empreinte digitale de l'intéressé

Le Chef du Dépôt des T. E.,

142. *Laisser-passer concernant Élise Bagdalian pour se rendre de Marseille à Bollène pour travailler dans les établissements Habermacher, 1926.*

qui travaillait pour Panos Zortian, boucher dans cette ville. Garabed et sa mère n'y restèrent que peu de temps. L'errance se poursuivit, les amenant tout d'abord à Crest (Drôme) où une tannerie employa Garabed pendant deux ans. C'est là que son jeune frère Agop, laissé à l'orphelinat de Beyrouth, rejoignit sa famille. Il avait appris par un journal arménien, certainement *Haratch*, que sa famille le recherchait depuis la France. Il donna alors de ses nouvelles et fut ramené par Garabed. En 1928, tous déménagèrent à Aouste-sur-Sye. Dans cette localité drômoise, Garabed ouvrit une petite boutique de vente et de réparation de chaussures. C'est ici qu'il rencontra Élise Bagdalian. Ils se marièrent à Valence en 1930 et partirent habiter à Romans, où naquit leur fille Béatrice. Début 1931, ils s'installèrent définitivement à Valence où ils ouvrirent une nouvelle boutique de chaussures, rue Bouffier.

Aujourd'hui, cette boutique n'existe plus. Béatrice, qui avait succédé à son père, a pris sa retraite et personne n'a poursuivi l'activité.

Les « Polonais » du Racing Club de Lens

MARION FONTAINE

« Et voilà qu'ils me semblaient avoir à demi perdu qualité humaine, ballottés d'un bout à l'autre de l'Europe par les courants économiques, arrachés à la petite maison du Nord, au minuscule jardin, aux trois pots de géraniums que j'avais remarqués autrefois à la fenêtre des mineurs polonais » (Antoine de Saint-Exupéry, *Terre des hommes*, 1939). D'un côté les rapatriements forcés, de l'autre ces mineurs du Nord applaudissant aux matchs du Racing Club de Lens et aux exploits de joueurs comme Siklo (Ladislas Schmidt), Stanis (Stephan Dembicki), Nowicki (Edmond), Marek (Anton), Ignace (Kowalczyk). Au début des années 1930, le football semble, déjà, offrir l'image idyllique d'une réalité autrement plus grinçante, à moins qu'il n'en démontre les paradoxes.

On aurait tort d'ailleurs de se fier entièrement aux patronymes des équipiers lensois. Si le club, patronné par la Compagnie des mines de Lens et engagé dans un championnat professionnel né en 1932, fait appel, comme nombre de ses rivaux, à des joueurs de nationalité étrangère, ceux-ci sont pour partie le produit d'une immigration purement sportive. Certes, ce n'est pas toujours le cas. Parmi les plus jeunes joueurs, Stephan Dembicki ou Ignace Kowalczyk sont directement issus des migrants venus d'Europe centrale, principalement de Pologne, pour travailler dans les mines après la Première Guerre mondiale. Reste que les dirigeants du club, appuyés sur ceux de la compagnie, ne recourent que modérément à un recrutement aussi localisé, fondé sur la population ouvrière et immigrée du bassin. Soucieux de former une équipe compétitive capable de retenir l'attention des mineurs et de porter la réputation de modernisme des mines, ces dirigeants participent en revanche sans complexe aux premiers balbutiements du marché des transferts.

Ainsi, si certains des joueurs les plus emblématiques du club, comme Marek ou Siklo, sont originaires d'Europe centrale, ils n'entretiennent aucun lien avec la vague migratoire installée dans le bassin. Anton Marek, comme un grand nombre d'autres joueurs étrangers du RCL, arrive d'Autriche ; quant à Siklo, il a d'abord été formé à l'Attila Club de Budapest, avant d'être recruté par le club minier. La relation entre football et immigration semble se nouer ici sur un strict plan sportif, en fonction d'une offre et d'une demande que démultiplie le passage au professionnalisme. Cela ne veut pas dire pour autant que le monde des clubs se tient à l'écart des crises et des pulsions de rejet qui agitent la France. Après Stephan Dembicki, Marek et Siklo demandent et obtiennent, sous la pression de leurs dirigeants, leur naturalisation, afin de contourner les règles édictées en 1938 par la Fédération française de football, qui n'autorisent plus que deux joueurs étrangers par équipe, contre quatre auparavant. Au malthusianisme, ou à cette marque supplémentaire de la xénophobie ambiante, répondent ces naturalisations négociées, exorbitantes par rapport à la situation commune des migrants.

143. Embauche de personnel aux mines de Lens, 31 août 1932.

144. *L'équipe de football* Polonia *de Waziers (Nord), à la fin des années 1920.*

Les footballeurs étrangers du RCL paraissent donc demeurer extérieurs à la société ouvrière locale en général, à sa composante immigrée en particulier, dont ils ne partagent ni les mouvements, ni le travail, ni les difficultés. Cela n'empêche pas les mineurs polonais d'observer de plus en plus attentivement l'équipe. Pour ces migrants ouvriers, notamment pour ceux qui sont d'origine rurale, les matchs joués à Lens constituent en effet l'une des voies ouvrant à l'apprentissage du football. Cet apprentissage bat en général son plein durant les années 1930, sur le plan de la pratique (parfois dans les clubs de la Fédération polonaise de football en France, plus souvent dans ceux de la Fédération française), comme sur le plan du spectacle. Si les effets de cette diffusion ne sont pas encore tout à fait visibles, surtout en matière de recrutement des joueurs professionnels, les premiers signes s'en font pourtant sentir.

Malgré les tensions racistes, malgré les phénomènes d'exclusion et d'auto-exclusion auxquels sont en proie ceux que l'on appelle alors les « Polaks », ces derniers sont de plus en plus nombreux dans les tribunes du stade, voire dans les rangs du Supporters Club lensois. Sans doute cette présence, à laquelle les dirigeants du club minier prêtent une attention certaine, constitue-t-elle une explication supplémentaire au privilège accordé aux équipiers venus, d'une manière ou d'une autre, d'Europe centrale. Ceux que les responsables du RCL qualifient de « Polonais », en y adjoignant Siklo (Hongrois) et Marek (Autrichien), ne sont certes pas explicitement présentés comme des modèles d'une « intégration sportive », qui n'a alors guère de réalité, ni dans les faits, ni comme projet. Cependant, leur présence est déjà un moyen d'encourager les migrants, ceux qui sont appelés à rester, à s'identifier à l'équipe, à l'entreprise et aussi à la localité, en s'identifiant à des joueurs qui, même s'ils ne sont pas comme eux, sont les plus proches d'eux.

Les « Polonais » du RCL cristallisent donc un moment charnière, à la fois pour le football professionnel et pour le devenir de toute une vague migratoire. Il faudra cependant attendre un second après-guerre pour que le recrutement du club se « polonise » massivement, cette fois en s'appuyant sur les enfants des immigrés installés dans le bassin, et pour que ces joueurs d'origine polonaise en viennent à incarner un club érigé au même moment en symbole du groupe des « gueules noires ».

6/ L’étrange étranger

Au début des années 1930, Paris concentre l’essentiel de l’activité artistique internationale, hors de toute considération de nationalité. Les artistes étrangers exilés y trouvent asile et foyer. Le surréalisme anime la scène artistique. Le mouvement Abstraction-Création fédère toutes les tendances de l’art abstrait. L’engouement pour les arts d’Afrique, d’Amérique et d’Océanie où l’exotisme côtoie l’étrange se diffuse dans les milieux de la mode, des arts décoratifs ou de la publicité.

145. Sortie d'école arménienne. Quartier Saint-Jérôme, Marseille, 1934.

Les artistes étrangers au début des années 1930

SOPHIE KREBS

Au début des années 1930, Paris est la capitale incontestable de l'art et un foyer intellectuel de premier ordre, ce qui incite les artistes ou apprentis artistes à venir y étudier, y séjourner, s'y installer. À la différence de tous les autres flux migratoires arrivés en France dans la même période, les artistes, quelle que soit leur nationalité, se mélangent et constituent des réseaux cosmopolites ouverts. Ce phénomène est tellement évident que la critique des années 1920 en vient à créer l'appellation d'« école de Paris » pour désigner des étrangers venus « à l'école de Paris » se frotter à la modernité et trouver le chemin de la réussite et de la liberté. Ce rassemblement éclectique sans maîtres ni doctrine traverse toutes les esthétiques du moment – cubisme, art indépendant, primitivisme, réalisme, expressionnisme, etc. –, pourvu qu'elles s'opposent à l'académisme.

Si l'école de Paris domine la scène artistique jusqu'à la fin des années 1920, le surréalisme attire aussi nombre d'étrangers dans la seconde moitié des années 1920 et pendant toutes les années 1930, de même que l'abstraction qui, à partir de 1925, rassemble à Paris toutes les tendances du

146. Les peintres de Montparnasse lors de la soirée du Nouvel An 1931.

moment : constructivisme, néoplasticisme, élémentarisme, art concret, biomorphisme… Mais il s'agit de groupes plus ou moins structurés et internationaux ayant pour picentre Paris, qu'il faut différencier de l'école de Paris.

Au cours des années 1930, on observe un reflux de cette émigration volontaire : les artistes étrangers retournent dans leur pays d'origine à cause de la crise qui bouleverse le marché de l'art et l'activité économique mondiale[1]. Une autre émigration la remplace, subie celle-là, et dans des circonstances souvent tragiques. Paris devient, un temps, le dernier refuge des artistes échappés aux régimes totalitaires avant de devenir la tête de pont vers Londres et New York, qui ne possèdent pas encore tous les atouts de la capitale française. Seule la Seconde Guerre mondiale stoppera ces mouvements inaugurés plus d'un demi-siècle auparavant.

147. Gustave Miklos, Méduse, *vers 1930. Plâtre patiné noir.*

Le repli sur le nationalisme

Il est particulièrement difficile de cerner les contours esthétiques précis de l'école de Paris. Il n'est pas rare de lire sous la plume des critiques que c'est une réunion d'artistes dont les différences sont plus marquées que les points communs. Modigliani, par exemple, n'a pas grand-chose à voir avec Chagall ou Soutine. Kisling, Foujita ou Pascin, pas davantage. C'est donc des critères autres qu'esthétiques qui caractérisent les affinités. D'abord, leur arrivée à Paris avant 1914 en venant de différents horizons, de différentes classes sociales : Pascin en 1905, Modigliani en 1906, Kisling et Chagall en 1910, Soutine et Foujita en 1913. Ils se regroupent tous dans deux quartiers de la capitale, Montmartre et surtout Montparnasse, échappant aux groupements communautaires et créant ainsi des réseaux de solidarité cosmopolites qui jouent un rôle indéniable dans la vie artistique du moment. D'autre part, ce qui les caractérise, c'est un individualisme chevillé au corps. En ce sens, Modigliani fut plus proche de Soutine et de Kisling que leur peinture ne le montre. De même, Pascin et Kisling sont des animateurs de la vie artistique, ainsi que, dans une moindre mesure, Foujita. Des liens les rassemblent : une trajectoire artistique, la vie de bohème... Enfin, un amour de l'art français les unit sans qu'ils renoncent pour autant à leur culture propre. Très tôt, ils se sont heurtés à la réception de leur art dans un climat oscillant entre l'assimilation et le rejet : être trop personnel, c'était demeurer étranger. Mais trop faire français, c'était perdre sa personnalité. L'évolution d'un Soutine est des plus remarquables : passant de l'artiste inassimilable à l'art français à un art forgé de citations de Corot à Courbet, perdant aussi cette expressivité si rare et si explosive. Peut-être que l'art français était trop fort pour qu'un petit juif du ghetto puisse en réchapper.

Enfin, tout aussi fluctuant, le nombre des artistes qui composent l'école de Paris. Au sens large, ce sont les étrangers installés à Montmartre et Montparnasse ; au sens strict, ce sont cette poignée d'artistes inclassables : Modigliani, Soutine, Kisling, Picasso, Lipchitz, Brancusi, Orloff, Zadkine, Pascin, Foujita, Chagall…

Mais, dès 1932, le critique Tériade annonçait dans le journal *L'Intransigeant*[2] la fin de l'école de Paris. Née au moment de la querelle des étrangers en 1923-1924 au Salon des indépendants, car le classement des artistes par nationalité avait été vécu comme une mesure discriminatoire et « vexatoire », cette école a un temps rassemblé un groupe d'artistes étrangers installés à Paris, engagés aux côtés des Français dans le combat contre l'académisme. Mais pourquoi les étrangers s'intéressaient-ils à l'École des beaux-arts et aux institutions françaises alors qu'ils en étaient complètement exclus[3] ? Pour ces artistes, ce combat devait en fait se répandre dans tous les pays qui soutenaient l'académisme, provoquer un

Notes

1. Tériade, « La fin de l'école de Paris ou le retour des enfants prodigues », *L'Intransigeant*, 15 mars 1932.

2. *Ibid.*

3. Des réformes leur permirent de s'inscrire aux Beaux-Arts, mais ils n'avaient pas le droit de concourir pour le prix de Rome. La situation des femmes était encore plus difficile. C'est pourquoi un grand nombre d'étrangères s'inscrivirent dans des académies libres dont l'enseignement était très proche de celui des Beaux-Arts.

mouvement en faveur de l'art vivant et permettre à l'art français de s'introduire à l'étranger.

« Le fait est, écrit Tériade, que de multiples expositions qui réunissaient dans une macédoine somptueusement arrosée des artistes appartenant à toutes les latitudes, toutes les races et surtout toutes les couleurs paraissaient comme des manifestations aussi oubliées en 1932 que [...] la plus retentissante préface de catalogue de l'année 1931[4]. »

L'école de Paris subit en fait le mouvement de l'histoire : après le cosmopolitisme de l'après-guerre de 1914, on assiste à un repli sur le nationalisme avec le krach de Wall Street de 1929 et la crise économique mondiale qui en découle. À présent, les artistes s'exposent par nationalité : par exemple, un groupe d'Italiens à la galerie Zak à Paris en 1930, des artistes américains en 1932 à la galerie de la Renaissance, toujours dans la capitale...

Une exposition internationale des artistes de l'école de Paris paraîtrait donc quelque peu paradoxale à cette époque, puisque ce sont la division et le regroupement national qui dominent désormais à Paris. Rego de Monteiro et Geo Charles, directeurs de la revue *Montparnasse*, en organisent pourtant une au Brésil, il est vrai qu'ils soutiennent la communauté artistique depuis 1914. En janvier 1930, sort le dernier numéro de cette revue, le n° 58, qui ressemble à un catalogue d'exposition : « La revue *Mont*parnasse organisera dans les principales villes du Brésil, par l'intermédiaire du peintre Monteiro, pendant les premiers mois de l'année 1930, une exposition d'art moderne très importante ainsi que l'on en pourra juger d'après les noms des exposants ci-dessous énumérés. Elle réunira la plupart des talents symptomatiques de l'école de Paris. Cette exposition sera accompagnée de conférences de M. Geo Charles sur l'art et la littérature modernes en France. Cet ensemble, qui groupe des œuvres de Dufy, Vlaminck, Léger, Gris, Picasso, Derain, Le Fauconnier, Zak, Loutreuil et de beaucoup de jeunes artistes d'avenir, compte environ soixante toiles, aquarelles et dessins... Nous ne pouvions évidemment songer à transporter au Brésil une œuvre de chaque artiste intéressant de l'école de Paris, nous espérons pouvoir faire connaître d'autres noms dans de futures manifestations. »

Il y avait 28 étrangers sur les 49 artistes exposés, et cette exposition a été montrée à Pernambouc, Rio de Janeiro et São Paulo. Comme elle mettait en avant le long compagnonnage entre Français et étrangers sans distinction, elle ne correspondait pas au terme d'« école de Paris » inventé par Roger Allard en 1923[5], exclusivement réservé aux étrangers, mais plutôt au sens que lui donne André Warnod quand, en 1925, il le reprend : il n'exclut pas totalement les Français de l'école de Paris, il leur octroie au contraire une place de choix, voire un statut de supériorité. Les étrangers sont, selon lui, de toute façon, sous l'influence des artistes français.

En présentant l'école de Paris au Brésil, une terre vierge par excellence, le but est aussi de favoriser l'émergence d'un art moderne dans un pays en voie de développement. Le cas du Brésilien Do Rego Monteiro est particulièrement intéressant et rappelle un peu celui du Mexicain Diego Rivera, puisque, à l'issue de son séjour en France, il prend conscience de la culture amazonienne et rédige plusieurs contes et légendes dans l'esprit de Blaise Cendrars.

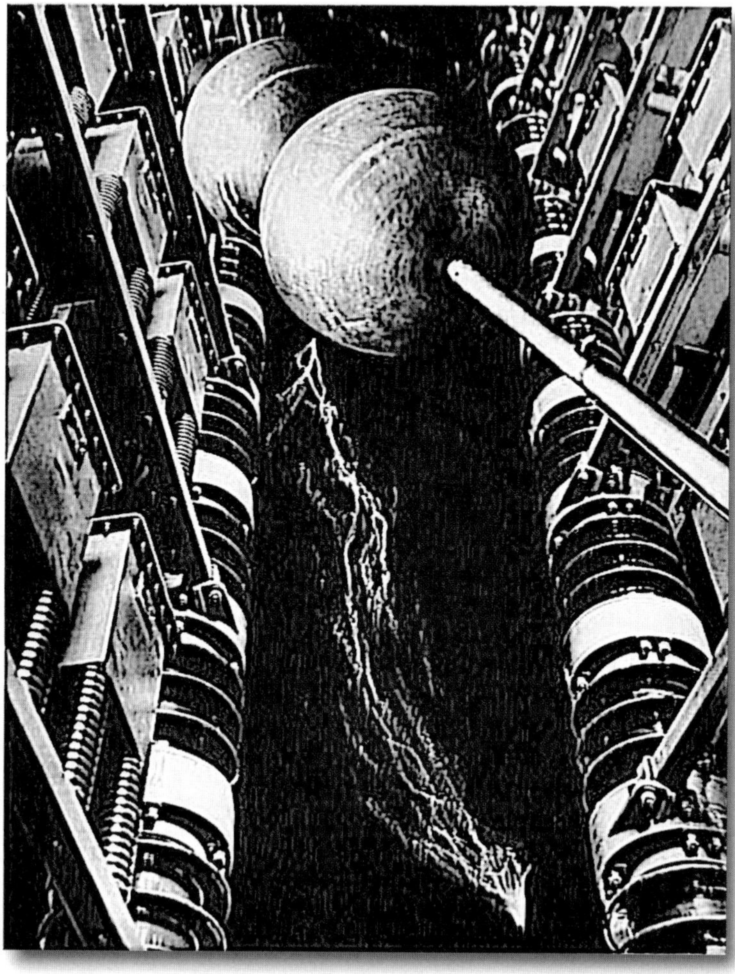

148. César Domela, Énergie, *1931. Photomontage, épreuve gélatino-argentique montée sur carton.*

4. Tériade, *op. cit.*
5. R. Allard, « Salon des indépendants », *La Revue française*, 17 février 1924. André Warnod reprend le terme dans son livre *Les Berceaux de la jeune peinture*, Paris, Albin Michel, 1925.
6. C. Mauclair, *L'Ami du peuple*, 1er août 1929.
7. W. George, « L'école de Paris et l'École française », *Formes*, juin 1931.
8. Tériade, *op. cit.*

La mise à mort de l'école de Paris

La fin de l'école de Paris, c'est aussi la fin des figures quasi légendaires qui ont accompagné le mouvement : Modigliani est mort en 1920 ; Pascin se suicide en 1930 ; Kisling s'éloigne de plus en plus de Montparnasse et s'installe sur la Côte d'Azur, continuant en vrai indépendant à gérer sa carrière qui connaît un fléchissement au début des années 1930. Soutine a quitté Paris, vivant le plus souvent en province. Chagall, dès le début des années 1930, commence à voyager, notamment en Palestine. Enfin Foujita, après des déboires avec le fisc, repart pour le Japon ; il ne reviendra à Paris qu'en 1950.

L'école de Paris devient un bouc émissaire parfait dans cette période de crise. Le critique Camille Mauclair l'attaque ainsi violemment dans *Les Métèques contre l'art français* et *La Farce de l'art vivant*, réunion d'articles publiés dans *Le Figaro* et *L'Ami du peuple* de 1928 à 1930. Il accuse les peintres, les collectionneurs et les marchands juifs de vouloir détruire la tradition artistique française : « Comment donc n'être pas frappé et rendu très défiant par ce fait que le marché actuel de la peinture est aux mains des israélites de France et de la Mitteleuropa, que les marchands, les critiques des marchands, les peintres juifs si nombreux s'accordent tous pour attaquer la tradition latine et obéir à l'esprit de criticisme négateur de dissociation, de chambardement des valeurs, qui est le vieux fonds bolchevik de leur race ? » Dans un registre toujours aussi haineux, il écrit encore : « Il m'a paru que l'esprit le plus intime de la France était menacé par l'afflux d'internationaux qui, quoi qu'on en dise avec une étrange impudence et un optimisme béat, ne se francisent nullement chez nous et injectent au contraire un virus nuisible dans l'esprit de nos jeunes... Un assaut méthodique est tenté dans toute l'Europe d'après-guerre contre l'esprit, la discipline, la culture, la grâce de la Renaissance par le germano-slavisme[6]. »

Waldemar George, qui a pourtant défendu l'école de Paris, la fustige en 1931 dans sa revue *Formes* : « Le moment est venu pour la France de faire son examen, d'opérer un retour sur elle-même et de trouver dans son fonds national des éléments premiers de son salut. L'école de Paris est un château de cartes construit à Montparnasse[7]. »

Le retour sur soi, la peur de l'autre commencent à faire leur travail de sape au début des années 1930. Chacun se réfugie dans sa patrie et y cherche les fondements et les sources de l'art actuel. Bientôt, la vague nationaliste balayera toute idée d'universalisme et de cosmopolitisme, ce qui, jusque-là, a fait le succès de Paris.

149. Léon Tutundjian, Dessin abstrait géométrique, *1928. Encre de Chine sur papier jaune clair.*

Un musée pour les étrangers

Le 23 décembre 1932 a lieu l'inauguration officielle du « musée des Écoles étrangères contemporaines », situé au musée du Jeu de paume, avec des salles comprenant 500 peintures et une centaine de sculptures d'artistes étrangers.

Il s'agit en fait d'un vieux projet pour remédier à l'exiguïté du musée du Luxembourg consacré aux artistes vivants. En 1922, on a séparé arbitrairement les écoles françaises des écoles étrangères pour les reléguer au Jeu de paume, comme une simple annexe. Mais, sous la houlette de son conservateur André Dézarrois nommé en 1931, la modernité va peu à peu avoir droit

de cité, grâce à une politique hardie due à son autonomie relative. Mais la tâche est rude, car les nations étrangères font des dons peu représentatifs de l'art vivant et soutiennent toujours l'expression la plus académique. Il peut quand même acquérir quelques artistes modernes étrangers, ce qui est devenu quasiment impossible au Luxembourg. Toutefois, ce musée apparaît au début des années 1930 comme déjà dépassé. L'idée d'écoles étrangères n'a que peu de sens au regard de l'art moderne. Héritage du passé, le musée continue la tradition muséographique du classement par écoles « pour qu'aucune contamination ne puisse nuire à la gloire des artistes, dont la nationalité a été parfaitement définie et reconnue par les ambassades[8] ».
Il ignore complètement les échanges artistiques qui bouleversent toutes les scènes nationales.

Deux étages sont consacrés à l'Angleterre, la Belgique, l'Espagne, le Portugal, l'Italie, l'Amérique latine, la Pologne, la Suisse, la Roumanie, la Yougoslavie, la Tchécoslovaquie, l'Allemagne, la Hollande, le Danemark, la Suède, la Norvège et l'Amérique du Nord. Mais où accrocher les étrangers « parisiens » qui, pour la plupart, n'ont que peu de rapports avec leur pays ou ont tout simplement coupé les ponts avec leur patrie d'origine ? Pascin, qui a été naturalisé américain pendant la guerre de 1914-1918 pour ne pas avoir le statut d'apatride, a du mal à entrer dans l'école américaine. De même, où placer Kisling, naturalisé français, qui a refusé d'être exposé avec ses congénères polonais, mais qui n'a jamais vraiment intégré l'école française ?

Dézarrois crée donc la salle 14, dédiée officiellement à l'école de Paris. C'est, au dire des commentateurs, la meilleure salle. C'est aussi reconnaître que l'art vivant, qu'on appelle dès lors « moderne », n'a pas grand-chose à voir avec ce classement par nationalité. Cette salle regroupe des œuvres de Zadkine, Orloff, Manolo, Gargallo, Modigliani, Van Dongen, Picasso, Ensor, Gris, Zak, Kisling, Chagall, Soutine…, dont la plupart des œuvres ont été prêtées pour l'occasion par des marchands et des collectionneurs privés. Cette salle souleva bien des débats en cette période de crispation des nationalismes.

Cependant, le statut de ce musée le rend dépendant d'un accord entre le ministère de l'Intérieur et le ministère des Affaires étrangères, et le contraint régulièrement à décrocher la totalité des œuvres pour accueillir des expositions qui n'avaient généralement rien à voir avec l'art contemporain ; au contraire, elles promeuvent les tendances les plus retardataires de l'art national de tel ou tel pays.

150. Otto Freundlich, Composition, *1930. Huile sur toile.*

Paris comme refuge

On ne peut parler de Paris au début des années 1930 sans évoquer l'arrivée de nouveaux étrangers poussés sur le chemin de l'exil, alors que beaucoup d'artistes de l'école de Paris sont repartis dans leur pays après la crise économique de 1929 : les marchands ne lancent plus d'artistes inconnus (leurs stocks sont bien remplis), les collectionneurs américains ont fui la capitale, faute de capitaux.

L'avant-garde allemande commence à s'installer à Paris. Un mouvement qui s'accentue à partir de 1933, au moment de l'arrivée d'Hitler au pouvoir. De nombreux intellectuels et artistes émigrent alors à Paris, comme Grosz, Wols, Kandinsky, Gisèle Freud...

Depuis l'exposition « L'Art d'aujourd'hui », en 1925, première manifestation de l'abstraction en France, Paris est devenu un des centres de l'art abstrait : le Hollandais Mondrian y vit de nouveau depuis 1920, rejoint en 1927 par Van Doesburg, un autre Hollandais ; Kandinsky, Russo-Allemand, autre grande figure de l'abstraction, quitte Berlin après l'arrivée des nazis au pouvoir et arrive à Paris où il a déjà exposé en 1929 ; le Belge Michel Seuphor, fondateur de Cercle et carré (1929), s'y trouve également, sans oublier Robert et Sonia Delaunay, d'origine russe, et le Tchèque Kupka. Cette diversité se concrétise en février 1931 avec le mouvement Abstraction-Création, auquel participent Kupka, Mondrian, Arp, Domela, Kandinsky, Vantongerloo, Calder, Pevsner, Gabo, Freundlich, Robert et Sonia Delaunay, sa femme d'origine russe. Prenant la suite des groupes Cercle et carré et Art concret, Abstraction-Création réunit les différents courants abstraits existant à Paris et un grand nombre d'étrangers présents ou non sur le sol parisien. C'est la différence entre l'école de Paris et un groupe international.

Enfin, le tableau ne serait pas complet sans les surréalistes qui animent la scène artistique de l'époque. Le surréalisme prend, en effet, la place de l'école de Paris à la fin des années 1920 et opte pour des méthodes assez similaires : un réseau de cafés, de galeries, des liens très forts avec les écrivains... Si les mouvements abstraits parisiens ont des ramifications avec d'autres foyers étrangers (Berlin, Moscou, la Suisse...), il en est de même pour les surréalistes qui, dans les années 1930, organisent des expositions à Prague, Londres, Ténérife...

Alors que l'école de Paris perd de sa crédibilité à l'étranger, le surréalisme et les mouvements abstraits présents à Paris vont attirer des personnalités étrangères, dont il serait fastidieux de dresser la liste, tant elles sont nombreuses malgré les vicissitudes de l'époque : certains avancent le chiffre de 20 000 artistes vivant à Paris dans les années de l'entre-deux-guerres.

Dans les années 1930, les surréalistes fustigent le nationalisme du colonialisme et s'attirent des réactions xénophobes et antisémites.
Le 28 novembre 1930, la première de *L'Âge d'or* de Luis Buñuel et de Salvador Dalí au Studio 28 à Montmartre déchaîne de violentes manifestations de la part de la Ligue des patriotes et de la Ligue antijuive : jets d'encre sur l'écran, fauteuils brisés, dans le hall d'entrée tableaux de Arp, Dalí, Ernst, Miró et Man Ray lacérés de coups de couteau. Le film est interdit.

Les surréalistes n'étaient pas à une provocation près. Déjà lors du banquet en l'honneur de Saint-Pol-Roux en juillet 1925, ils chahutèrent l'écrivain Rachilde qui venait de déclarer qu'une Française ne pouvait épouser un Allemand. Breton se lève alors pour protester et on entend crier dans les rangs des surréalistes : « Vive l'Allemagne ! Vive la Chine ! Vive les Rifains ! À bas la France ! » Il faut dire que les surréalistes ont pris position contre la guerre du Rif aux côtés des communistes, ils sont d'ailleurs perçus comme des promoteurs du cosmopolitisme et de dangereux agitateurs bolcheviks mettant la patrie en danger...

En 1931, au moment de l'Exposition coloniale qui se tient au bois de Vincennes, ils décident de protester contre cette manifestation du colonialisme français en publiant un tract : « Ne visitez pas l'Exposition coloniale ». Par ailleurs, ils vendent à l'hôtel Drouot leur collection d'objets primitifs, en faisant au passage de substantiels bénéfices. Le produit de la vente financera la publication de leur nouvelle revue, *Le Surréalisme au service de la révolution*.

Au début des années 1930, Paris offre toujours un asile et un foyer aux artistes étrangers exilés volontaires ou malgré eux. Cependant, on observe une radicalisation politique de la démarche artistique dans un climat de plus en plus tendu de xénophobie teintée souvent d'antisémitisme. L'école de Paris, qui a été un lieu de liberté d'expression et de liberté tout court, refusant tout maître à penser, ne va pas survivre à cette nouvelle époque.

Jusqu'à l'entrée en guerre en 1939, les artistes restent pourtant à Paris, souvent pour des raisons affectives. Quant aux groupes internationaux abstraits et surréalistes, ils bénéficient de contacts intellectuels et commerciaux en dehors de la France, alors que l'État français n'est pas en mesure de leur offrir la reconnaissance désirée, car le lobby académiste garde la main haute sur les carrières et les achats.

Le nouveau musée d'Art moderne, en ouvrant en 1937, arrive bien tard pour pallier cette politique. Mais il mettra un terme à la question des nationalismes et à cette notion d'école qui appartient désormais au passé.

« Me voilà enfin ici, où j'ai tant désiré être »

Victor Brauner

HÉLÈNE LAFONT-COUTURIER

« J'ai vu l'émeute des paysans en Roumanie en 1907 »

Victor Brauner est né le 15 juin 1903 à Pietra Neamtz, dans les Carpates, en Roumanie. Son père s'y occupe d'une scierie. Lors des émeutes paysannes de 1907, sa famille quitte la Roumanie pour Hambourg. La vaste révolte paysanne qui éclate au mois de mai est suivie d'une répression sanglante qui fait près de 10 000 victimes. Ces deux événements appartiennent aux quelques éléments biographiques majeurs que Brauner souligne dans un carnet.

Après deux années passées à Vienne entre 1912 et 1914, la famille Brauner s'installe à Bucarest.

Dès 1916, Victor commence à peindre et, en 1919, il entre à l'École des beaux-arts de Bucarest. Au cours des années 1920, il se lie avec les milieux de l'avant-garde roumaine de mouvance cubo-futuriste, dont il devient l'une des principales figures.

« J'ai vu Paris, la plus belle ville du monde »

Deux séjours parisiens vont précéder son installation définitive dans la capitale en 1938 : un premier séjour de 1925 à 1927, suivi d'un second de 1930 à 1935, durant lequel Victor Brauner adhère au surréalisme. Yves Tanguy l'entraîne dans les réunions surréalistes du *Café de la place Blanche*. La réalisation d'illustrations pour le recueil consacré à Violette Nozières (1933) et la participation à l'exposition « Minotaure » à Bruxelles en 1934 – trois de ses tableaux y sont présents – témoignent de son activité et de sa reconnaissance au sein du mouvement.

En décembre de cette même année, Pierre Loeb organise à Paris la première exposition personnelle de l'artiste et expose 17 de ses œuvres, parmi lesquelles *L'Étrange K de Monsieur K.* André Breton célèbre « la plus haute valeur sociale » de la peinture de Brauner qui « nous dédommagerait à elle seule, sur le plan social, de l'outrecuidance d'une prétendue peinture de propagande révolutionnaire. [...] Monsieur K... bardé de décorations, de messes, de prostituées et de mitrailleuses ne campe pas en vain à l'entrée de cette exposition, un ventre comparable à celui qu'Alfred Jarry avait déjà tatoué d'une cible. Cette image, en se précisant, a depuis longtemps cessé de nous faire rire. La vision de Brauner, à tout coup, l'atteint en plein centre d'une balle » (*Botte rose blanche*, 28 novembre 1934).

Durant ce séjour parisien, l'artiste côtoie également les artistes roumains installés à Paris, comme Brancusi qui l'initie à la photographie, Jacques Hérold et Benjamin Fondane. Faute de ressources, Brauner, amer, doit retourner à Bucarest en 1935. Il s'inscrit alors au parti communiste clandestin de Roumanie, qu'il quittera au moment des procès de Moscou. La dégradation de la situation politique et l'état de la scène artistique le conduisent à s'installer définitivement à Paris :

« Me voilà enfin ici, où j'ai tant désiré être. Je vous assure que pour moi, ça me paraît magnifique de vivre en France, surtout en ce moment, où vraiment en Europe il n'y a pas un

151. Victor Brauner, Portrait d'André Breton et Paul Éluard, *1934. Pnceau, aquarelle, plume et encre de Chine sur papier Vélin beige.*

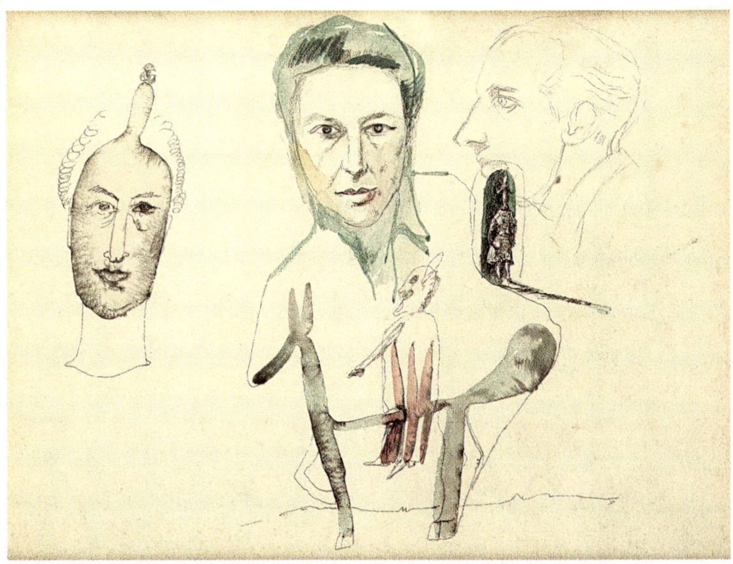

seul endroit habitable. J'ai eu énormément de difficultés de tout ordre là-bas, des choses m'ont férocement retenu et paralysé dans cet ignoble pays. D'ailleurs, ma femme est restée encore là-bas, ça aurait encore demandé du temps pour qu'on puisse venir tous les deux. En plus – la dictature du Roi – dissolution de tous les partis politiques et arrestation du moindre suspect, je ne voulais pas être arrêté.
Je reste maintenant ici où j'ai l'intention de m'installer pour très longtemps... » (lettre de Brauner à Breton, Paris, 12 juillet 1938).

L'artiste fréquente assidûment la galerie Pierre, où a eu lieu sa première exposition personnelle, et retrouve Henriette Gomès, alors collaboratrice du galeriste Pierre Loeb. En 1938, cette dernière ouvre sa propre galerie – la galerie Henriette –, avenue de Matignon. Après avoir exposé Rouault, Cézanne et Hartung en 1938, elle consacre en 1939 une exposition à son ami Brauner. André Gomès témoigne : « La galerie était toute petite et sur le mur latéral Henriette avait accroché le tableau de Brauner *L'Étrange K de Monsieur K*. Le lendemain de l'ouverture de l'exposition, le commissaire de police est arrivé et nous a sommés de décrocher ce tableau car, d'après lui, il constituait un outrage aux bonnes mœurs. On a essayé de discuter mais il n'y a eu rien à faire. Les bourgeois du VIIIe arrondissement [...] avaient fait une pétition » (entretiens avec André Gomès dans le catalogue de l'exposition, « Le regard d'Henriette. Collection Henriette et André Gomès », musée Picasso d'Antibes, 1er juillet-30 septembre 1994). De fait, cette œuvre marque toujours le spectateur contemporain, saisi devant une telle force de dérision.

152. Victor Brauner, L'étrange cas de Monsieur K, *1933. Huile sur toile. Le personnage de Monsieur K symbolise toutes les exaspérations et défauts de l'homme dans la société. Il s'apparente au célèbre héros d'Alfred Jarry, Monsieur Ubu, qui a eu une si grande importance pour les surréalistes et qui fascinait Victor Brauner.*

Leonetto Cappiello, un Italien de Paris

ISABELLE RENARD

Leonetto Cappiello naît à Livourne, en Italie, en 1875. À l'âge de dix ans, il réalise ses premières peintures et, quelques années plus tard, un recueil de caricatures, *Lanterna Magica* (1896).

En 1898, Cappiello effectue un voyage à Paris afin de rendre visite à son frère qui travaille à la Bourse. Séduit par le rayonnement de la ville et par son effervescence culturelle, il décide de s'y installer définitivement : « J'étais venu passer un mois en touriste, en amateur. J'y suis resté trente-cinq ans. Cela, semble-t-il, suffirait à exprimer l'emprise que Paris a eue sur moi. […] j'aime la France comme un amoureux aime sa bien-aimée. Je l'aime pour sa beauté, pour son esprit, pour son harmonie et sa générosité. Je l'aime pour son grand amour de l'Art. »

Et, poursuit l'artiste, « je ne crois pas qu'il y ait un pays au monde où un artiste soit accueilli, apprécié, encouragé comme en France[1] ».

Très vite, Cappiello se fait l'interprète de la vie parisienne, et ses dessins et caricatures enrichissent les pages du *Rire*, du *Cri de Paris*, de *La Rampe*, du *Figaro*, de *L'Assiette au beurre*… Mais c'est par l'art de l'affiche qu'il atteint sa

153. Bouillon Kub, *Leonetto Cappiello, 1931. Lithographie couleur.*

154. Margarine Axa, *Leonetto Cappiello, 1931. Lithographie couleur.*

Notes
1. L. Cappiello, « Paris, la ville où l'on pense le plus, où l'on travaille le plus… », *Bravo*, octobre 1932.

popularité. Si « Frou Frou », exécutée en 1899, évoque encore la patte du caricaturiste, l'affiche pour le chocolat Klaus (1903) présentant une amazone habillée de vert montant un cheval rouge sur fond noir frappe littéralement. Par ce premier cheval aux couleurs non figuratives de l'histoire de l'affiche, Cappiello invente une image sans rapport avec l'objet à promouvoir, mais qui lui restera associée. Il signe ici une sorte de « profession de foi[2] » et donne naissance à une esthétique propre, régie par des règles précises. L'affiche, entièrement conçue à des fins publicitaires, doit capter le regard, intercepter le promeneur, provoquer « l'étonnement[3] ». Elle doit constituer, pour Cappiello, « un acte d'autorité sur le passant distrait[4] ». L'ellipse, l'utilisation, pour ses fonds, d'aplats de couleurs pures presque toujours monochromes et enfin la règle absolue de la tache sombre sur un fond clair, ou de son contraire, sont autant de principes fondateurs de l'œuvre de l'artiste.

C'est bien cette « recherche de la tache » devant se « graver dans les mémoires[5] » qui commandera l'exécution, en 1931, de la fameuse affiche pour le bouillon Kub. Une tête de bœuf noire se détache d'un fond jaune, un œil blanc coupe un fond noir pendant qu'un bouillon Kub rouge – vision métonymique de la viande – occulte de façon inattendue l'œil droit de l'animal et capte, par cette bizarrerie, le regard du spectateur. Si « Kub » marque une grande date de l'histoire de l'affiche[6], elle ne manque pas d'attirer à son époque bon nombre de commentaires. Certains critiques y décèlent même une influence directe de l'Exposition coloniale. « L'influence de l'Exposition sur l'art de l'affiche est déjà un fait acquis. Avez-vous vu, par exemple, cette affiche pour un bouillon qui n'est pas le bouillon Franklin ? Elle représente une tête de buffle traitée à la manière des béliers de l'art antique. Le dessinateur a simplement ajouté un cube de bouillon comprimé à ce motif qu'il a copié sur l'obélisque érigé à côté du palais de Madagascar. On dirait un décalque. Et c'est signé Cappiello[7]. » Ou encore, cette appréciation de Pierre Guéguen : « Pour montrer à propos du Kub, le bouillon effet, comme eût dit Hugo, il a choisi le bœuf-cause, mais il n'a retenu que la tête, qu'il a dessinée énorme, magique, comme les trophées que nous offrait l'Exposition coloniale[8]. »

1931 voit également la réalisation de l'affiche « Margarine Axa garantie fraîche », où un jeune homme noir « d'une grâce qui fait évoquer Joséphine Baker[9] » surgit d'une noix de coco sur fond vert et présente au public le produit en question. La même année, Cappiello présente à l'Exposition coloniale ses tapisseries des *Perroquets* réalisées par la Manufacture nationale de Beauvais.

Jusqu'à sa mort en 1942, Leonetto Cappiello, naturalisé français en 1930, ne cessera de travailler, élargissant son champ d'action à la publication et à l'illustration d'albums et d'ouvrages divers et à la création de décors de théâtre.

Mais l'activité dans laquelle Cappiello a montré une véritable singularité et originalité est incontestablement liée à l'art de l'affiche qu'il a, à la suite de Chéret, entièrement renouvelé et modernisé. Influencé par l'air du temps, Cappiello a marqué son époque.

Quelques années après sa mort, son ami André Rouveyre, louera le talent de ce « pur Parisien », d'origine et de naissance italienne[10]...

2. Voir J. Viénot, *L. Cappiello. Sa vie et son œuvre*. Préface de J. Cocteau, Paris, éd. de Clermont, 1946, p. 56.
3. L'expression est de Leonetto Cappiello, cité par R. Bargiel-Harry dans *Cappiello. Caricatures, affiches, peintures et projets décoratifs*, exposition Galeries nationales du Grand Palais, 3 avril-29 juin 1981, Paris : Les dossiers d'Orsay, Réunion des musées nationaux, 1981, p. 16.
4. L. Cappiello, interview pour la radio de 1939, cité dans *Cappiello. Caricatures, affiches..., op. cit.*, p. 150.
5. L. Cappiello, cité par R. Bargiel-Harry dans *Cappiello. Caricatures, affiches..., op. cit.*, p. 16.
6. J. Viénot, *L. Cappiello. Sa vie et son œuvre. op. cit.*, p. 65.
7. Le *Carnet de la Semaine*, 21 juin 1931.8. P. Guéguen 1934, cité dans *Cappiello. caricatures, affiches..., op. cit.*, p. 151.
9. J. Viénot, *L. Cappiello. Sa vie et son œuvre. op. cit.*, p. 64.
10. *Œuvres de Leonetto Cappiello*. Préface de A. Rouveyre, exposition, musée des Arts décoratifs, 8 janvier-9 février 1947, Paris, musée des Arts décoratifs, 1947, 28 p.

Les poupées « nègres[1] » d'une Russe à Paris

Marie Vassilieff et ses portraits-poupées

MAUREEN MURPHY

« Notre ère est commerciale et cérébrale – et je la combats avec toute l'âme slave, altruiste et fantaisiste qui croit à la grande divinité et qui ne connaît que la peur de la colère divine contre le monstre du mauvais goût[2]. » En 1923, la Russe Marie Vassilieff prend la plume pour défendre ses portraits-poupées, conçus comme des « démonstrations contre la sévère banalité de la sculpture moderne et classique ». Puisant sa « matière première dans les poubelles », elle réalise la tête en terre et la recouvre ensuite de tissu, de cuir ou de satin. Le modelé transparaît sous la toile lisse, agrémentée de galons de passementerie, de ficelles, de carton, de boutons ou d'aluminium.

Dans la veine des créations d'artistes d'avant-garde qui fréquentent sa cantine russe dans les années 1910 (l'Espagnol Pablo Picasso, le Français Georges Braque, l'Italien Modigliani ou le Japonais Foujita sont des familiers de son académie), Marie Vassilieff puise dans l'anodin et le « primitif » pour inventer une forme d'expressivité qui ne passerait plus par le naturalisme strict. Dans ses mains, une banale bottine se transforme en tête aux allures de reliquaire fang. Patinée, luisante, elle renoue avec les figures du Gabon, de Guinée équatoriale ou du Cameroun, popularisées par le marchand Paul Guillaume dans les années 1920. Lorsque Marie Vassilieff réalise le portrait du couturier Paul Poiret, ce sont les œuvres du Sépik (Papouasie-Nouvelle-Guinée) qui resurgissent cette fois, croisées avec des masques du Congo. L'ovale du visage, la courbe des sourcils, les yeux globuleux, le nez allongé sont autant de caractéristiques qui empruntent à l'esthétique d'objets jusqu'alors considérés comme indignes de figurer au panthéon de l'art.

Le credo des Ballets suédois, « Contre tous les académismes. Vive la vie », pourrait tout à fait s'appliquer aux créations de Marie Vassilieff, qui en réalise les costumes entre 1920 et 1925. Proches du mouvement dada, expérimentaux et pluridisciplinaires, ces Ballets mettent en scène un art total où se mêlent peinture, musique, sculpture et danse. La référence aux arts d'Afrique, levier de la remise en question de l'académisme pour les artistes d'avant-garde dans les années 1910 et 1920, est également présente dans leurs créations. Pour « La Création du monde » (1923) inspirée de l'*Anthologie nègre* publiée par Blaise Cendrars en 1921, Fernand Léger réalise, par exemple, les décors et costumes dans une esthétique à la fois cubiste et africaine ; Darius Milhaud compose la musique, tandis que le Suédois Jean Börlin conçoit une chorégraphie inspirée des danses d'Afrique. C'est sans doute à cette occasion que Marie Vassilieff réalise le portrait de Blaise Cendrars, ce Suisse naturalisé français en 1916 : un visage allongé, presque tubulaire, encadré par de grandes oreilles blanches, un regard inspiré, des dents apparentes.

155. Marie Vassilieff, **Portrait-poupée.** *Photographie noir et blanc, vers 1929.*

Notes

1. Dans les années 1910 et 1920, le terme d'art « nègre » renvoie indistinctement aux productions d'Afrique, d'Amérique et d'Océanie.
2. M. Vassilieff, « Mes poupées », revue du *Montparnasse*, décembre 1923.
3. W. Benjamin, *L'Œuvre d'art à l'époque de sa responsabilité technique*, Paris, 1936.
4. F. Fénéon, *Iront-ils au Louvre ? Enquête sur les arts forains*, Paris, 1920.
5. Marie Vassilieff a pu rencontrer Tristan Tzara lors du « Grand Bal travesti transmental » de l'Union des artistes russes, dans lequel elle joua en 1923, ou lors du « Bal banal » pour lequel elle réalisa les décors en 1924.

Teintée d'humour, la poupée offre une vision de l'homme proche de la caricature et du grotesque.

Vers 1929, Marie Vassilieff fait photographier ses créations pour les vendre sous forme d'« albums de luxe ». Au début des années 1930, alors que la vogue pour l'art « nègre » s'étend aux arts d'Océanie et des Amériques et que l'exotisme côtoie l'étrange pour se diffuser dans les milieux de la mode, de l'art décoratif ou de la publicité, la Russe tente d'accroître la diffusion de son travail par le biais de la photographie. L'heure est à la « reproductibilité technique[3] » des œuvres d'art et à une nouvelle veine primitiviste, différente de celle d'avant-guerre. Face à la persistance et à l'accroissement de l'engouement pour les « arts lointains[4] », certains commencent à parler d'« académisme » ; d'autres s'inquiètent de l'impact de cette veine sur l'identité de la nation. Lorsque l'artiste d'origine roumaine Tristan Tzara[5] organise l'« Exposition d'art africain et océanien » avec les marchands Pierre Loeb et Charles Ratton en 1930 à la galerie du Théâtre Pigalle, l'événement fait scandale. Avant même d'ouvrir, sept pièces sont retirées car jugées « obscènes » par le baron de Rothschild, propriétaire de la galerie. Les œuvres d'Afrique et d'Océanie ont beau en séduire plus d'un, elles n'en continuent pas moins de choquer et certaines sont exclues pour « attentat à la pudeur ». Invoquant l'argument de l'art, les organisateurs de l'exposition réussissent pourtant à les réintégrer, non sans avoir menacé de faire appel au préfet de la Seine.

Un an plus tard, l'Exposition coloniale internationale est inaugurée au bois de Vincennes. Profitant de l'engouement populaire pour les arts extra-occidentaux, elle met en avant des masques et des statuettes empruntés à des collectionneurs privés, au musée d'Ethnographie du Trocadéro, ou même réalisés spécialement pour l'événement. L'heure n'est plus au renversement des valeurs, mais à la réaffirmation de l'importance de l'empire. La rencontre entre artistes et œuvres des colonies à l'origine d'un bouleversement des codes et du goût se verra transformée, le temps de l'événement, en hymne à la « plus grande France ».

156. Marie Vassilieff, Portrait-poupée d'une paysanne russe. *Photographie noir et blanc, vers 1929.*

157. Marie Vassilieff, Portrait-poupée de Paul Poiret. *Photographie noir et blanc, vers 1929.*

Danseurs et danseuses exotiques dans le Paris des années 1930

ANNE DÉCORET-AHIHA

Lorsqu'en 1930, sur la scène du Casino de Paris, Joséphine Baker entonne : « J'ai deux amours, mon pays et Paris... », cet air resté dans la mémoire collective, elle est déjà une grande vedette du music-hall français. Portée aux nues en 1925 par *La Revue nègre*, la danseuse noire américaine désormais installée en France s'est imposée comme la rivale de Mistinguett, qui n'apprécie d'ailleurs guère cette concurrente exotique.

Si la postérité a retenu son nom, bien d'autres artistes venus de contrées lointaines, étrangers et « coloniaux », se sont pourtant produits à la même époque à Paris et en France, dans des danses que l'on qualifiait alors d'« exotiques ». Leurs noms brillaient au fronton des grands théâtres et des music-halls, leurs portraits faisaient la une des journaux et des magazines spécialisés. Leur présence a marqué l'actualité du spectacle et les pratiques chorégraphiques.

Par ailleurs, dans les Années folles et jusqu'à la fin des années 1930, de nouvelles musiques et de nouveaux pas venus principalement d'Amérique du Nord et du Sud ont investi bals et dancings. Ce formidable engouement, que l'on qualifia de « dansomanie exotique », provoqua de nouvelles sociabilités et une expérience interculturelle inédite. Charleston, black bottom, biguine, rumba et autres rythmes venus d'ailleurs enfiévrèrent les corps. Le Paris cosmopolite se retrouvait dans les « bals nègres », où se rencontraient également les membres de la diaspora noire.

C'est à ces lieux, aux musiciens, aux danseurs et danseuses exotiques, et aux rencontres occasionnées par la danse, que nous nous intéresserons.

158. Couverture de la partition de « Paris-biguine », musique composée par Alexandre Stellio en 1931.

Paris, scène internationale de la danse

Jusqu'au XIXe siècle, seuls quelques voyageurs et explorateurs qui se sont aventurés dans de lointaines contrées peuvent témoigner de leur rencontre avec des formes de danse culturellement autres. Mais la majorité des Français n'en ont pas encore fait l'expérience. L'occasion se présente pour la première fois en 1838. Un commerçant français du nom de Tardival engage 4 danseuses et 3 musiciens issus de Tirouvendy-Pouram, un sanctuaire dédié à Vishnou proche de Pondichéry, et les fait venir en France. L'initiative se révèle une excellente affaire : les spectateurs parisiens se précipitent pour admirer ces étonnantes danseuses, et les théâtres français, puis londoniens, se disputent leur présence.

À partir des années 1880, c'est dans les exhibitions ethnologiques qu'un vaste public fait la connaissance des danseurs et danseuses[1] venus d'Afrique, d'Asie et d'« Orient ». Ces derniers sont recrutés dans leur pays d'origine par différents agents qui visent à faire de leur altérité un spectacle lucratif[2]. Dans un dispositif scénographique similaire à celui du zoo,

Notes

1. Le terme de « danseur » est utilisé au sens large : une personne ayant interprété, face à un public, différentes danses, et non selon l'acception restreinte de danseur professionnel.

2. N. Bancel, P. Blanchard, G. Boetsch et É. Deroo, *Zoos humains. De la Vénus hottentote aux reality shows*, Paris, La Découverte et Syros, 2002.

ils sont invités à se livrer à différentes activités, dont la danse. C'est ainsi que les Parisiens ont, par exemple, découvert, au Jardin d'acclimatation, les danseurs Achanti de l'actuel Ghana.

Pour animer les pavillons des expositions universelles et coloniales, les organisateurs et responsables des festivités misent également sur les danses venues d'ailleurs. À l'époque, on les appelle « danses exotiques », ce qui indique à la fois leur provenance lointaine, mais indéterminée, et leur caractère résolument différent des codes et usages kénésiques occidentaux. Véritables objets de curiosité, ces danses comptent rapidement parmi les attractions les plus prisées des visiteurs. À l'Exposition de 1889, on se bouscule à la section égyptienne pour découvrir les « danseuses du ventre » ; on se précipite au pavillon néerlandais pour regarder 4 étranges danseuses javanaises et leur orchestre, et au palais d'Andalousie, on applaudit les « gitanes endiablées ». À l'Exposition coloniale de Marseille, en 1906, les danseuses du Ballet royal du Cambodge déchaînent les passions : elles ne peuvent sortir de leur résidence sans être assaillies par la foule. Mais ces succès sont aussi ceux d'une propagande impérialiste française qui, par le spectacle, promeut l'entreprise coloniale et en affirme le bien-fondé.

Constatant l'engouement du public pour les formes de danses non occidentales, les directeurs de music-halls commencent à programmer des danseurs venus du monde entier, qui se produisent sous la forme d'intermèdes dans des spectacles dits de variétés, au cours desquels se succèdent toutes sortes d'autres artistes (chanteurs, comiques, circassiers...). De 1918 à 1932, les scènes de music-hall voient ainsi défiler des légions de danseurs et de danseuses. Les plus célèbres danceurs s'appellent La Argentina, Teresina Boronat, Laura Santelmo, Manuela del Rio ou encore Vincente Escudero.

L'Olympia se distingue par l'audace de sa programmation exotique, invitant par exemple un duo de danseurs d'Hawaï, Kanui et Lula, qui remporte un long succès, ainsi qu'une troupe de Peaux-Rouges, les Hiawatha. Pour nombre de ces danseurs étrangers, la scène de music-hall constitue un véritable tremplin : la plupart y débutent avant de se produire dans des théâtres.

À l'orée des années 1930, alors que le music-hall entame un déclin inexorable, les salles de théâtre françaises mettent à l'affiche des danseurs venus des quatre coins du monde. Désormais, ces derniers interprètent leurs danses sous la forme de spectacles entiers, parfois accompagnés de tout un orchestre. C'est ainsi que les artistes chorégraphiques considérés comme exotiques en France et en Occident commencent à circuler à travers le monde, faisant de Paris une halte plus ou moins longue.

Vedettes et maîtres exotiques

Voyons qui sont ces artistes étrangers tant applaudis par les spectateurs parisiens, notamment ceux qui s'installent et travaillent en France.

Fille d'un émir du Kurdistan, née à Constantinople puis élevée en Suisse, Leïla Bederkhan donne son premier spectacle de « Danses d'Orient » à Paris, en 1926, à la Comédie des Champs-Élysées. Après avoir vécu en Italie, elle élit domicile dans la capitale française et connaît, jusqu'aux années 1940, un constant succès.

Quand l'Indien Uday Shankar présente son spectacle de « danses et musiques hindoues », en mars 1931, au Théâtre des Champs-Élysées, il est déjà une figure connue des spectateurs parisiens. Installé à Paris depuis 1924, il a débuté en attraction à l'Exposition des arts décoratifs puis s'est produit à plusieurs reprises à l'Olympia. Après être retourné de longs mois en Inde, il revient avec une troupe de danseurs et de musiciens et un riche programme d'une quinzaine de séquences chorégraphiques et musicales.

159. American Jazz. Album de 12 danses modernes faciles pour piano. *Illustration de Frock réalisée en 1927.*

C'est un triomphe. À chaque nouvelle apparition, Uday Shankar enthousiasme le public français. La presse rapporte les réactions hystériques de spectatrices qui vont jusqu'à arracher leurs bijoux pour les lui jeter sur scène. Shankar va de fait devenir une vedette internationale de la danse indienne et jouer un rôle décisif dans le renouveau des pratiques scéniques de danse en Inde.

Autre artiste très applaudi, le Javanais Raden Mas Jodjana arrive en Europe en 1914 et séjourne régulièrement en France. Son répertoire, qui comprend des danses traditionnelles et des créations plus personnelles, est particulièrement apprécié et salué par la critique.

Quant à l'Amérindienne Penobscot Molly Spotted Elk, dont la notoriété est bien moindre, elle arrive à Paris en 1931, à l'occasion de l'Exposition coloniale de Vincennes. Elle a été engagée comme musicienne et danseuse dans l'Indian Jazz Band chargé de l'animation du pavillon américain. Elle reste à Paris jusqu'à l'Occupation, épouse le journaliste Jean Archambaud et se produit dans différentes salles de spectacle.

L'œuvre, tout comme la trajectoire personnelle de chacun de ces artistes, se situe au croisement de différentes cultures, attestant des nombreux échanges et interactions qui traversent la création chorégraphique de cette époque. Car s'ils donnent des spectacles, ces artistes exotiques enseignent aussi leur art aux danseurs français et partagent avec eux des expériences artistiques originales. Teresina Boronat, Vincente Escudero, Leïla Bederkhan, l'Amérindien Oskomon ouvrent des classes à Paris. Le Perse Medjid Rezvani, qui donne son premier récital en France en 1932, propose à ses élèves parisiens une « méthode traditionnelle des danses persanes ». Installé dans la capitale française dès le début des années 1920 jusqu'en 1945, le Japonais Toshi Komori inaugure en 1935 son studio, que l'on dit « de caractère très oriental », où il enseigne une technique très personnelle considérée aujourd'hui comme pionnière dans l'histoire de la danse moderne japonaise.

À cette même époque, on peut également prendre à Paris des leçons de « danse orientale et moderne » avec le Japonais Yeichi Nimura, lequel s'installe à Paris entre 1932 et 1937 avec son épouse et partenaire Lisan Kay. Quant à Raden Mas Jodjana, il fonde dans le sud de la France un centre artistique et pédagogique pour la danse et l'art dramatique.

De fait, les danseurs français en quête de nouveaux langages chorégraphiques trouvent dans ces danses venues d'ailleurs une source d'inspiration et un formidable terrain d'expérimentation. La présence de leurs interprètes en France leur offre l'opportunité d'approcher de plus près ces gestuelles et d'engager des collaborations innovantes. C'est ainsi que Jeanne Ronsay, l'une des danseuses françaises majeures de l'entre-deux-guerres, collabore avec différents danseurs exotiques de passage en France. Avec Uday Shankar, qu'elle rencontre en 1925, elle noue une relation d'amitié et de travail, l'invitant à plusieurs reprises à figurer dans ses spectacles. C'est dans son école que le danseur indien fait la connaissance de Simone Barbier, une jeune élève qui deviendra sa partenaire pendant plus de vingt ans sous le nom de Simkie. Quant à Toshi Komori, qui travaille également avec Jeanne Ronsay, il s'associe sur scène avec l'une de ses élèves françaises, Souka, de son vrai nom Mlle Maze.

D'autres liens s'établissent par ailleurs entre les danseurs exotiques, donnant lieu à des propositions parfois surprenantes. Amie de Yeichi Nimura, Molly Spotted Elk se produit en 1933 dans un spectacle de danses de l'Inde avec la danseuse Anita Patel, la fille de Vallabhabhai Patel, l'un des leaders du Congrès national indien.

Figurants et pseudo-exotiques au music-hall

Si le music-hall de variétés accueille de nombreux danseurs exotiques, le music-hall de revue, qui lui succède et progressivement le supplante, fait aussi appel à des interprètes et figurants à la fois étrangers et coloniaux. Succession de somptueux tableaux chantés et dansés sans lien entre eux, une revue comporte toujours plusieurs séquences évoquant les lointaines contrées d'Afrique, d'Asie ou encore d'Orient, selon une vision marquée par le primitivisme et le colonialisme. C'est en particulier dans ces séquences que figurent les artistes exotiques. On les retrouve également à d'autres moments, car leur emploi a avant tout pour finalité de « colorer » le tableau, de lui conférer davantage de pittoresque. L'« exotique », surtout s'il est noir, constitue, par sa seule corporalité, un motif spectaculaire. Quant à la danseuse « de couleur », qui dévoile sur scène une partie de ses charmes, elle alimente les fantasmes des spectateurs masculins. Par la présence de différentes artistes étrangères, la revue présente un panorama international de nudités féminines et le music-hall s'impose comme le lieu où l'on vient voir se dénuder les femmes des colonies.

Le music-hall de revue, grand pourvoyeur d'emplois, offre dans l'entre-deux-guerres une opportunité de travail pour les immigrants. De nombreux exilés russes, et aussi des Noirs américains, des Antillais, des Indochinois y trouvent facilement un engagement. Tout juste débarqué en France, le Sénégalais Féral Benga signe son premier contrat aux *Folies-Bergère*. Il apparaît aux côtés de Joséphine Baker dans la fameuse scène des bananes de la revue « La Folie du jour », lors de la saison 1926. Devenu vedette, il figure dans de nombreuses revues des *Folies-Bergère* et du Casino de Paris, et donne également plusieurs récitals. Sa beauté et sa grâce lui valent de nombreux éloges.

Outre Joséphine Baker, assurément la plus connue, d'autres danseuses exotiques s'illustrent dans les revues de music-hall. D'origine subsaharienne, selon la presse, Melka Soudani décroche une place aux *Folies-Bergère* lorsqu'elle arrive en France, en 1931. Mayomi, venue semble-t-il d'Éthiopie, figure dans plusieurs revues de l'Alcazar. Elle se lie d'amitié avec une autre danseuse de la troupe, Saramani, de son vrai nom Suzanne Meyer, une Franco-cambodgienne arrivée adolescente en France. Citons encore la Martiniquaise Dal'Al, nom de scène de Simone Luce, bien connue du Montparnasse bohème.

Le recours à cette main-d'œuvre étrangère exacerbe à l'occasion les sensibilités xénophobes et racistes. « Si le music-hall est un art de couleur, cela ne signifie pas obligatoirement que l'on doive y produire des artistes de couleur », lit-on en 1934 dans *Paris music-hall*[4].

Le succès des danseurs et danseuses venus d'ailleurs pousse un certain nombre d'artistes français à choisir un pseudonyme à consonance exotique. Dès le début du XXe siècle et tout particulièrement dans l'entre-deux-guerres, cette pratique fait florès dans le monde du spectacle. Le nom choisi renvoie à un lieu, un personnage mythologique, ou se veut simplement évocateur d'un lointain enchanteur. À l'affiche jusque dans les années 1930, Rahna s'appelle en réalité Marcelle Lecœuvre. Rolande Caufour prend le nom de Madura. Certains danseurs se font même passer pour des exotiques et élaborent des numéros prétendant être d'authentiques danses d'ailleurs. Mata Hari inaugure dès 1905 cette stratégie, que bien d'autres adopteront par la suite. S'inventant des origines étrangères fantastiques ou entretenant savamment le mystère pour susciter la curiosité, elles élaborent des chorégraphies très fantaisistes, inspirées de manière stéréotypée par la gestuelle des danses d'ailleurs – souvent celle d'Asie, dont l'exotisme peut parfois servir de prétexte à l'érotisme.

Cette démarche, comme celle consistant à apprendre une danse d'ailleurs et à en devenir l'interprète, irrite certains danseurs exotiques. Teresina Boronat dénonce par exemple les « fausses » danseuses espagnoles qui « adoptent des noms qui [...] peuvent tromper jusqu'aux Espagnols eux-mêmes [et] ne peuvent présenter qu'une contrefaçon, une caricature de nos danses nationales[5] ».

Ce type de discours contestant la légitimité des danseurs français dans des registres exogènes se retrouve dans la presse. Le critique Fernand Divoire écrit : « Je me méfie toujours un peu quand je vois une Blanche [...] exécuter des danses qui exigent, il me semble, de la part de la danseuse d'être née en quelque pays d'Asie et d'avoir, toute sa vie, été imprégnée de ses rythmes[6]. » Il s'agit là d'une considération biologisante attribuant au

160. Académie de danse. *Illustration de Vald'es dans* La Vie parisienne, *mai 1929.*

4. *Paris music-hall*, 15 décembre 1934, p. 14.
5. Article de presse, 5 novembre 1935.

seul atavisme un talent particulier. Ce genre de discours a pu justifier le recours à un pseudonyme exotique. Il est encore malheureusement fort prégnant de nos jours.

Danser avec les exotiques

À l'Exposition coloniale de Vincennes en 1931, le bal antillais du pavillon de la Guadeloupe attire des milliers de visiteurs. Animé par l'orchestre du clarinettiste martiniquais Stellio, il popularise la musique et la danse antillaises déjà découvertes dans les « bals nègres », ces établissements où, à l'origine, se retrouvait la communauté antillaise de Paris.

Dès la fin des années 1920, quelques surréalistes et artistes de Montparnasse se sont mis à fréquenter ces lieux, qui attirent rapidement une clientèle hétéroclite. En 1931, paraît même un guide répertoriant la plupart de leurs adresses[7]. Le plus célèbre est assurément celui de la rue Blomet. Le Martiniquais Ernest Léardée, qui en dirigea l'orchestre, raconta que le lieu était devenu le point d'attraction de la capitale : « À la période de l'Exposition coloniale […], les cars défilaient dans la rue Blomet, libérant leur flot de touristes avides de sensations […]. Il arrivait parfois jusqu'à vingt cars dans la soirée. » Il était devenu à la mode d'« aller danser chez les Noirs[8] ». Le brassage de populations et l'atmosphère enfiévrée par la danse et la proximité charnelle avec des peaux exotiques ont fait du *Blomet* à la fois un lieu de divertissement et un spectacle à part entière.

Dans son roman *En dansant la biguine*, Géo Baysse décrit le parcours d'un noceur parisien qui, le soir venu, déambule de bal en bal, du *Blomet* à *La Boule Blanche* en passant par *La Jungle*, *Le Pélican* et *Le Rocher de Cancale*. C'est en fréquentant ces établissements qu'il fait la rencontre des « milieux exotiques », et notamment de la communauté des Noirs coloniaux[9].
Ces derniers, qui se retrouvent dans les bals nègres et les boîtes de jazz comme *Le Grand Duc* ou *Chez Florence*, se découvrent une condition semblable, celle de colonisés d'un vaste empire,

161. Parodie indigène. Paris, **Cabaret Damerval,** ***années 1930.***

162. Le danseur brahmane Uday Shankar, vers 1930.

6. F. Divoire, *Revue de France*, 1er juillet 1939.
7. *Bals nègres, bals pittoresques : adresses, renseignements, conseils*, Les Guides parisiens, Nouvelle édition, 1931.
8. B. Léardée, J.-P. Meunier, *La Biguine de l'Oncle Ben's*, Paris, Éditions caribéennes, 1989, p. 171-172.
9. G. Baysse, *En dansant la biguine. Souvenir de l'Exposition coloniale*, Imprimerie Senlis, 1931.
10. *Jazz Tango*, n° 1, octobre 1930, p. 1.
11. *Ibid.*, n° 7, avril 1931, p. 1.

et des racines africaines communes. Leurs revendications pour une égalité de droits entre « métropolitains » et « indigènes » croisent alors celles des intellectuels et artistes noirs américains installés ou de passage à Paris. Les échanges, les dialogues, les débats qui s'ensuivent contribuent à une prise de conscience raciale et nourrissent la militance nègre qui commence alors à se structurer.

Les boîtes et bals nègres ne sont pas les seuls lieux où on peut rencontrer et danser avec des étrangers. Les dancings de l'entre-deux-guerres se caractérisent en effet par leur cosmopolitisme. On y danse les dernières danses exotiques à la mode : le charleston, le black bottom, le lindy hop, la rumba, la conga, le meringue... Dans ces établissements, travaillent de nombreux musiciens étrangers et aussi des danseurs professionnels dont le métier consiste à faire danser, contre rémunération, les clientes sans partenaire. La profession de danseur mondain, apparue au début des années 1920, compte de nombreux immigrés. On y trouve, entre autres, des Russes ayant fui le régime bolchevique, des Sud-Américains, des Noirs américains et coloniaux. Pour ceux qui débarquaient en France, décrocher une place de danseur mondain est un bon moyen de gagner rapidement de l'argent. Mais la prédominance d'étrangers chez les danseurs mondains cristallise l'image négative du métier, déjà décrié en raison de ses revenus jugés excessifs par rapport à l'effort exigé et des soupçons de prostitution. Des mesures sont bientôt adoptées pour limiter le nombre de danseurs étrangers. Elles sont calquées sur celles prises en 1922 par le Conseil municipal de Paris pour lutter contre le chômage des musiciens français d'orchestre provoqué par l'arrivée du jazz et des musiciens exotiques. Un quota maximum de 10 % d'étrangers qui avait été imposé est ensuite appliqué à l'ensemble du personnel de chaque dancing. À cela s'ajoute l'obligation, à partir de 1928, de posséder une carte syndicale lors de l'embauche. Ces mesures ont pour effet de réduire les contingents de danseurs mondains, dont la profession finit par décliner au début des années 1930.

Il est intéressant de noter que, tandis qu'aux danseurs français qui se lancent dans la pratique des danses exotiques on reproche de ne pas être authentiques parce qu'ils n'ont pas de gènes exotiques, les organes de défense des musiciens français de musique exotique soutiennent une théorie contraire. Ainsi, le magazine *Jazz Tango*, dont l'intention affichée est de « mettre à l'honneur les orchestres français » de danse, affirme qu'il « n'est tout de même pas nécessaire d'être originaire de l'Argentine ou de l'Amérique du Nord pour faire la joie des amateurs de jazz et de tango[10] ». Aussi s'insurge-t-il contre « la légende propagée par les imprésarios, et ce dans leur intérêt personnel, qui consiste à faire croire que si le jazz n'est pas *nègre* et l'orchestre de tango *argentin*, l'établissement n'est pas coté[11] ».

Le discours sur les origines des artistes varie ainsi selon la nature des enjeux.

163. Le danseur brahmane Uday Shankar, vers 1930.

164. À La Cabane cubaine, *Montmartre. Photographie de Brassaï, vers 1932.*

165. Danseuse hindoue dans un cabaret parisien, 1931.

L'indigène au prisme de la chanson

YVES BOROWICE

Encore peu arpentée par les historiens des représentations, la chanson de variétés constitue pourtant un gisement documentaire éloquent. Au moment où s'ouvrent les fastes de l'Exposition coloniale de 1931, l'art de la ritournelle connaît un nouvel essor et s'implante davantage encore dans le paysage sonore et culturel des Français en bénéficiant d'une triple révolution médiatique initiée à la fin des années 1920 : l'enregistrement électrique des disques, qui les rend bien plus audibles ; le développement de la TSF, qui va devenir en une décennie le vecteur principal des chansons ; les débuts du cinéma parlant, qui est, à son commencement, une sorte de music-hall filmé.

Outre sa formidable popularité, qui ne peut pas être sans conséquences sur les mentalités d'une époque, la chanson a un autre avantage : art mineur, voire méprisé, destiné prioritairement au divertissement, son discours ignore les filtres d'une quelconque mauvaise conscience ou des considérations pseudo-scientifiques. Elle exprime souvent sans détour l'inconscient social. Ce qui, s'agissant d'une question comme celle de la perception des colonisés, n'est pas sans intérêt…

La manifestation de Vincennes fut d'abord l'occasion de recycler un répertoire de chansons coloniales accumulé depuis une cinquantaine d'années par les chanteurs de café-concert puis de music-hall. Même un Félix Mayol vieillissant, désireux de coller à l'actualité, retrouve les studios en 1932 pour réenregistrer certains de ses tubes du début du siècle, dont deux fleurons du genre exotique : « Il s'appelait Bou-dou-ba-da-bouh » et « À la cabane bambou ». L'air créé par Georges Milton en 1928, « La Fille du Bédouin », est encore sur toutes les lèvres. Les radios diffusent « À la Martinique », inusable succès datant de 1912. Dans une veine similaire bien qu'édulcorée, l'Exposition va directement susciter de nouveaux refrains, inspirant notamment le « chanteur-accordéoniste » Léon Raiter – célèbre compositeur des « Roses blanches » –, qui écrit et interprète coup sur coup « Viens à l'Exposition » (« Je te ferai faire tout le tour de la Terre / En allant de Vincennes à Charenton »), « Ki-Mou-Li » (un badaud s'éprend follement d'une Cochinchinoise qui « fut engagée comme attraction dans un dancing de l'Exposition ») et « Li Noix d'coco » (l'amour déçu d'« un p'tit négro qui vient du Congo », vendeur de noix de coco, pour une belle visiteuse). Quant à la chanson « Nénufar », pompeusement sous-titrée « Marche officielle de l'Exposition coloniale » et interprétée par Alibert, elle met en scène « un p'tit négro d' l'Afrique centrale » devenu le fétiche des Parisiennes : « Nénufar / T'as du retard / Mais t'es quand même débrouillard »…

Ce volumineux dossier, constitué de centaines de chansons relève globalement du genre comique et décline une palette qui va du paternalisme bon teint au racisme sans fioritures.

166. Fatma, babouches et « petit nègre » : un condensé des poncifs de la chanson coloniale sur le petit format de cette rengaine d'entre-deux-guerres.

Fondamentalement, l'indigène – que l'on déplace souvent en métropole pour mieux le moquer – y est figuré comme étranger à la « civilisation », en particulier à trois de ses attributs. Le langage tout d'abord : les chanteurs surenchérissent dans le petit nègre ou le sabir arabisant (*Allah oulla, Carnaval y'a bon, Moi tout faire pour te plaire…*) et truffent leurs interprétations d'onomatopées « sauvages ». Les noms mêmes des personnages, occasions de jeux de mots assez vaseux, traduisent leur nature primitive (Bamboula, Ali-Baba, Ki-San-Fou, Bou-bou-ba-da-bouh, Koko, Mélaoli…). L'intelligence ensuite, compensée la plupart du temps par le charme pour les femmes (notamment asiatiques) et par la « bonne nature » des hommes (notamment les Noirs), serviables et naïfs malgré leur animale balourdise. Enfin, la police des corps, où la condescendance le dispute ici à la fascination. Habitué à une quasi-nudité (« Moi aimer bien mieux la mode de chez nous / Avec pas costume du tout », « À la cabane bambou »), le colonisé s'empêtre dans le vêtement civilisé, comme Nénufar : « Pour être élégant / C'est aux pieds qu'il mettait ses gants ! » Surtout, la sexualité prétendument débridée des indigènes est le fantasme récurrent des chansons, évoquée dans un langage qui va du sous-entendu graveleux à l'obscénité pure et simple. Toutes les ressources agroalimentaires des colonies sont mobilisées pour blasonner les appâts : canne à sucre, pastèques, bananes, noix de coco, pamplemousses…
De cet océan obsessionnel émergent deux leitmotive : la virilité à toute épreuve du Noir et l'insatiabilité de la Maghrébine – *fatma, mouquère* ou *mousmé* (à l'instar de la « Fille du Bédouin », qui « connut tour à tour les trois mille Bédouins de la caravane »). Et de la chair consommée à la chair dévorée, il n'y a qu'un pas que la chanson franchit allègrement, galéjant fréquemment sur le cannibalisme des sauvages…

Toutefois, il convient de nuancer cette impression de déferlement raciste. Si violence il y a, elle est symbolique, biaisée, et rarissimes sont les chansons haineuses ou agressives. La voie de l'humour gras est certes ambiguë. Mais elle ne doit pas dispenser des précautions d'usage concernant l'analyse de l'énoncé comique : prise en compte des procédés d'exagération, de mise à distance, de satire, voire de second degré. Par ailleurs, nombre de chansons rendent un hommage appuyé, dans une optique bien sûr impériale, aux supplétifs de l'armée française ; spahis, goumiers et autres turcos dont la bravoure et le sacrifice sont louangés. Quitte à mélanger les genres : au troisième couplet de « Bou-dou-ba-da-bouh », la chanson jusqu'alors grivoise bascule dans le drame, lorsqu'un ami vient remettre à sa fiancée la croix d'honneur du tirailleur sénégalais tué au combat. Et il est des indigènes éminemment respectables, comme le « brave Abd el-Kader », qui donne son nom à la chanson du centenaire de la conquête de l'Algérie en 1930. Surtout, l'obsession de l'accouplement entre coloniaux et nationaux ne laisse pas d'interroger, d'autant que l'échange voluptueux (et procréateur : « Moi faire avec elle famille au complet / Des petits enfants couleur café au lait », « À la cabane bambou »)

167. Abd el-Kader ou l'indigène fréquentable. *Dans cette chanson du centenaire de la conquête (1930), on le ressuscite afin qu'il s'extasie devant les réalisations de la France en Algérie…*

168. L'amour à la rescousse de l'impérialisme colonial ! Chiquita, le léopard vedette de Joséphine Baker, le dit à sa maîtresse avec des fleurs...

avec l'indigène concerne aussi souvent les femmes que les hommes. Fantasme de possession de l'esclave par le maître, sans doute. Mais certainement aussi fantasme assimilateur, comme si la chanson traduisait à sa manière pataude le vœu de Robert Delavignette, important administrateur colonial de l'époque : « Le territoire [colonial] est un corps vivant et, si nous voulons le gouverner en toute connaissance de cause, il nous faut entrer en relation avec lui. »
On ne retrouve pas, d'ailleurs, en tout cas pas aussi massivement, une thématique comparable dans les chansons du monde anglo-saxon des années 1930. Ni aux États-Unis, où l'on ne badine

169. En 1931, à Paris, Joséphine Baker célèbre avec ses camarades de scène le succès de Vent de folie, *spectacle avec lequel elle triomphe aux* Folies-Bergère *depuis 1927. L'artiste est assise au centre, elle tend sa main pour attraper une banane.*

pas avec les relations sexuelles entre Noirs et Blanches, ni dans un Royaume-Uni supportant crânement le« fardeau de l'homme blanc ».

En outre, la véritable bande son de l'Exposition viendra d'ailleurs. Quand la « plus Grande France » s'apprête à s'autocélébrer sur les bords du lac Daumesnil, l'indigène possède déjà un visage, une voix, un corps : ceux de Joséphine Baker ! Que « l'Étoile noire » révélée quelques années plus tôt soit une Américaine née à Saint Louis (Missouri), loin des bananes dont elle ceint ses hanches sur scène et de la belle savane qu'elle chante dans « J'ai deux amours », n'alarme guère un public peu regardant sur l'exactitude géographique. Elle incarne plus qu'elle ne représente. Le comité organisateur lui propose d'ailleurs le titre de « Reine des colonies », mais retire son offre à la suite d'une vague de protestations officielles et médiatiques. « Harlem n'est pas une colonie française », rappelle par exemple le *New York World Telegram* du 4 mars 1931... Parallèlement au déroulement de l'Exposition, Joséphine est la vedette d'une somptueuse revue du Casino de Paris intitulée « Paris qui remue », qui est en fait une succession de tableaux évoquant – actualité oblige – les colonies. Elle s'y métamorphose en Annamite, en Africaine et en Antillaise, dansant et chantant respectivement « La Petite Tonkinoise » (version allégée et féminisée d'une rengaine de 1906), « *J'ai deux amours* » et « *Voulez-vous de la canne à sucre ?* » Ces chansons, préalablement gravées sur disque dès 1930, rencontrent un immense succès et deviendront (pour les deux premières) emblématiques de son répertoire. Si elles restent globalement conformes aux poncifs du genre – en particulier dans le registre de l'allusion sexuelle –, le fait qu'elles soient chantées par une femme noire en modifie *de facto* le sens social : l'indigène était chanté, le voici qui se chante. On peut y lire, cela a été fait, un signe suprême d'aliénation. Mais l'écoute attentive des titres conduit à une autre conclusion : de subtilités interprétatives en second degré, on assiste plutôt à un début de subversion des stéréotypes.

Il faut en effet se garder d'entendre ces chansons coloniales avec nos oreilles... postcoloniales. Ce serait nous condamner à ignorer des évolutions et significations qui, pour être infimes, n'en sont pas moins réelles. Analyser des documents sans tenir compte de leur contexte énonciatif peut conduire l'historien à l'anachronisme, son « péché entre tous irrémissible », comme disait Lucien Febvre.

170. « Joséphine Baker ne peut s'arrêter de danser en écoutant ses derniers succès de Paris qui remue, *enregistrés par Columbia. Une chanteuse qui n'a pas la voix blanche. » Aquarelle d'Henry Fournier pour* La Vie parisienne, *1930.*

171. En 1931, Joséphine Baker, allongée sur une peau de tigre, pose en studio à l'époque de la revue du Casino de Paris intitulée Paris qui remue *où elle lance pour l'occasion le titre « J'ai deux amours ».*

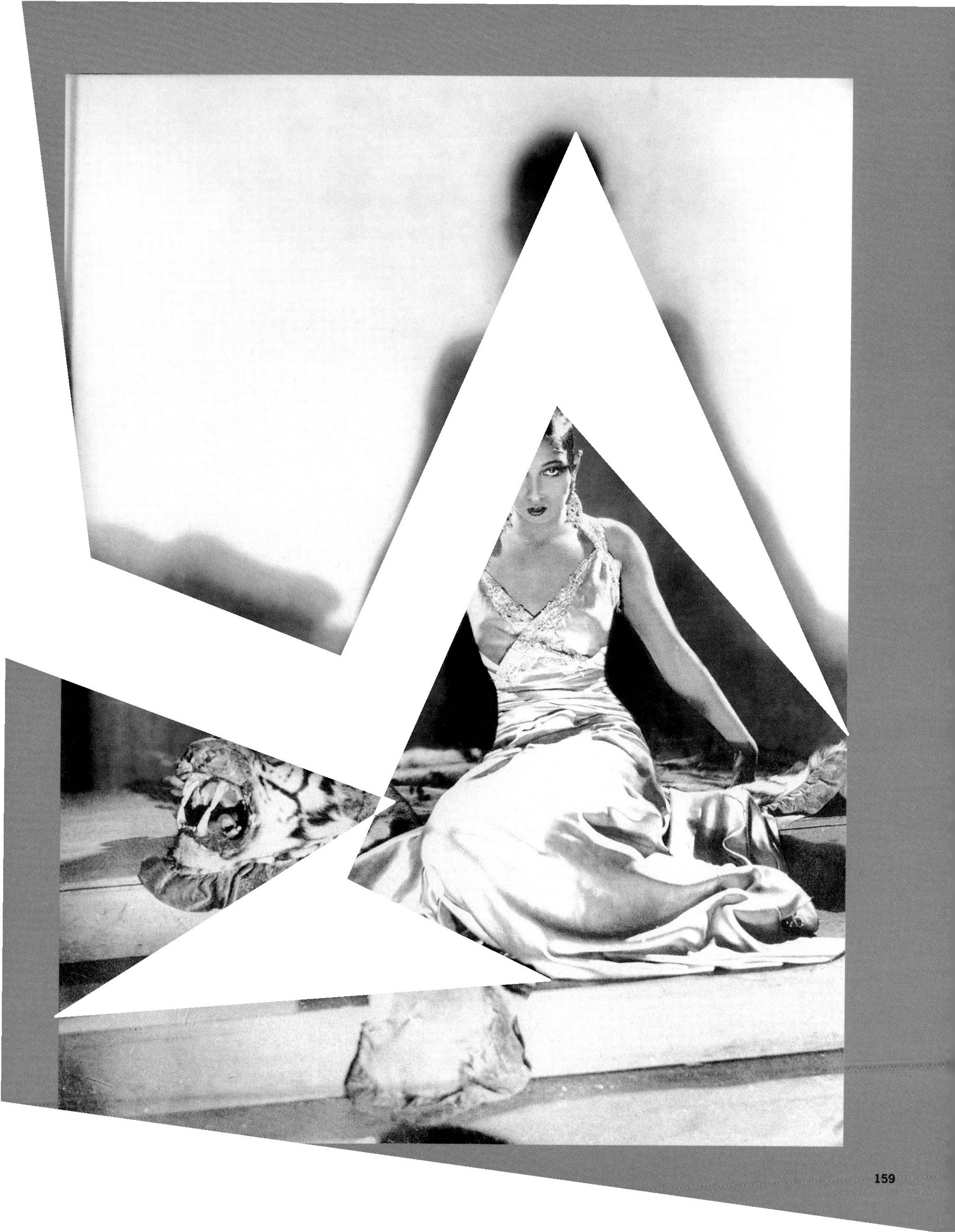

Une élégante leçon de géographie

CATHERINE ÖRMEN

« Les Parisiennes s'habillent si bien ou du moins, elles en ont tellement la réputation, qu'elles servent, en cela comme en tout, de modèle au reste du monde. »
J.-J. Rousseau

« Quoique la mode ne semble pas l'industrie la plus directement intéressée par l'Exposition coloniale, on ne pourrait passer sous silence cette splendide et grandiose manifestation nationale qui, durant quelques mois, attirera le monde entier à Paris », c'est ainsi que le journal *Les Modes* annonçait dans son numéro de juin 1931 cette manifestation, en insistant sur sa tournure mondaine : « Les vendredis y deviennent des jours de grande élégance et la mode veut que les dîners en plein air dans les restaurants réputés y soient donnés en robe du soir ou de garden-party et en smoking. »

Dans le pavillon de la métropole, édifié par la Ville de Paris, étaient présentés « non seulement une exposition de couture, mais aussi des fourrures, des chapeaux, des bijoux, de l'orfèvrerie, des sacs, de la lingerie, et une superbe exposition de soierie, de rubans, de tissus de toutes natures ». Jeanne Lanvin présidait les industries du luxe vestimentaire et exposait « une robe de style très volantée en organdi rose brodé et un pyjama d'argent », aux côtés de neuf autres maisons[1]. Toutes semblaient s'être entendues pour présenter « surtout du rose, ce qui donnait à cette section de haute couture un aspect à la fois harmonieux et gai ».

Le 24 juin, la Fédération internationale cotonnière, riche de la production coloniale, s'assemblait autour d'un banquet de 600 couverts et d'un défilé, ainsi introduit par Jean Labusquière[2] : « Le petit mannequin de Paris, tout aussi bien que sa sœur bronzée des temples khmers, accomplit avec des gestes hiératiques et consacrés par la tradition [...] la mission spirituelle que Paris lui a conférée, et qui est de plaire et d'enseigner aux femmes du monde entier l'art supérieur de parer leur forme d'esprit pour nous charmer plus profondément[3]. »

Cette mission pédagogique se retrouve dans le rapport général publié à l'issue de l'Exposition : « Les maisons de couture ont estimé indispensable que les chefs-d'œuvre du goût français fussent mis en regard – bien qu'aucune comparaison ne puisse

172. « À l'Exposition coloniale ». Couverture du journal Le Petit Echo de la Mode. *5 juillet 1931.*

s'établir – des produits du goût colonial [...]. Gardiennes fidèles des traditions d'art, héritières d'un passé renommé, les maisons de couture sont pour eux [les peuples coloniaux] des initiatrices dont les exemples leur sont infiniment profitables[4]. » C'est donc « mues par le sentiment du devoir de la métropole envers les colonies », que les maisons de couture ont participé.

En terme d'habillement, le fossé est grand entre, d'une part, des modes parisiennes à l'apogée de leur rayonnement et, d'autre part, les colonies ancrées dans leurs traditions vernaculaires. En métropole, la mode, depuis la fin de la Première Guerre mondiale, a étendu son empire sur l'ensemble de la population : les particularismes locaux se sont atténués et, même si les nuances et les distinctions sont sensibles, toutes les classes d'âge et toutes les catégories sociales sont désormais concernées et s'appliquent à se conformer aux modèles définis par Paris. Dans les colonies, comme le souligne Bruno du Roselle[5],

Notes

1. Chéruit, Philippe et Gaston, Agnès-Drecoll, Aîné Montaillé, Cecile Welly, Dupouy-Magnin, Paquin, Worth et Mirande (anciennement maison Doucet)
2. Secrétaire trésorier du groupe XIII-B.
3. Cité dans *Les Modes*, septembre 1931.
4. Cité par G. Garnier dans le catalogue de l'exposition « Paris Couture. Années 1930 », musée de la Mode et du Costume, palais Galliera, 1987, p. 225
5. B. du Roselle, *La Mode*, Imprimerie nationale, Paris, 1980, notamment le chapitre intitulé « Extension des modes européennes dans le monde », p. 189.
6. Titre adopté par l'édition française de *Vogue* dans son numéro de mai 1931, pour annoncer l'Exposition coloniale.
7. *Femina*, août 1931.
8. Nancy Cunard est photographiée par Man Ray, en 1926, les bras recouverts de bracelets africains.
9. Chastel, Crozet, Vera Schoukhaieff, Domenjoz, Férat, Georges de Feure, Georges Lepape, André Lhote, Mariette Lydis, Mouillot, Savinio, Zeilinger.
10. Rodier proposait depuis les années 1920 des tissus d'inspiration coloniale. Le « marokellaine » fit son apparition en 1931, s'ajoutant aux « djersabrah », « djersabulla bure » et « rezobakoryl ». Il s'apparentait au drap indigène du Maroc. « Sa surface est rugueuse, ce qui provient de la longueur inégale des fils et fait croire qu'il est tissé à la main », *Vogue*, septembre 1931.

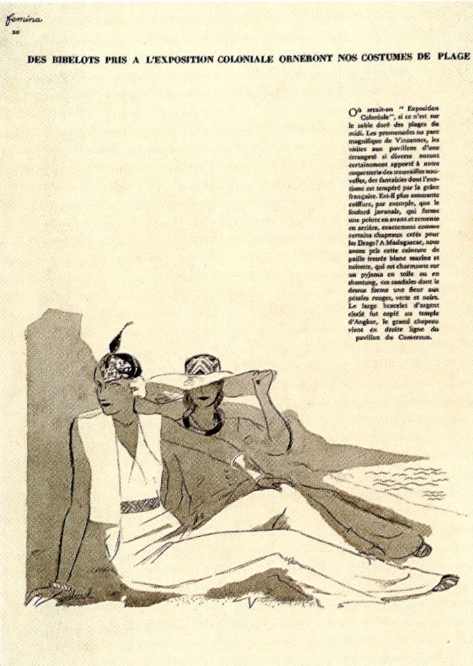

173. « *Des bibelots pris à l'Exposition coloniale orneront nos costumes de plage* ». *Revue* Fémina*, août 1931.*

se vêtir à l'occidentale est, à cette époque, le fait des élites masculines, et notamment des fonctionnaires territoriaux. Les femmes, en retrait de l'activité économique, plus conservatrices, offrent plus de résistance aux modes industrielles. L'Exposition coloniale constitue donc pour tous les visiteurs une « leçon de géographie[6] », où l'on découvre au fil des pavillons la diversité des costumes autochtones qui peuvent se comparer au fleuron des productions parisiennes.

Il faudra cependant attendre les années 1960 pour que la mode s'inspire réellement des folklores que, pour l'heure, elle s'apprête à détruire. De cette promenade à Vincennes, la mode ne retient pour l'été 1931 que quelques « fantaisies, dont l'exotisme est tempéré par la grâce française[7] » : un foulard javanais, un grand chapeau camerounais, une ceinture tressée et des sandales inspirées de Madagascar, une veste de shantung et un collier rond en coquillages nacrés d'Indochine, des colliers de fleurs de Tahiti, des bracelets inspirés d'Angkor et d'autres, en ivoire blanc et brun, en provenance d'Afrique, mode qui, d'ailleurs, régnait depuis quelque temps déjà[8]... La saison mondaine se colore d'exotisme, avec notamment la « fête coloniale » du comte Étienne de Beaumont, où les invités se sont déguisés en idoles chinoises, en maharadjahs, en danseuses siamoises ou, comme Gabrielle Chanel, en « marin nègre » ...

Plus sérieusement, le magazine Fémina soulignait en juin 1931 que les grands industriels, préfigurant la mondialisation, « ont en effet compris, les premiers, combien riche et neuve pouvait être la source d'inspiration que nous fournissaient nos provinces lointaines, si bien qu'ils ont utilisé, avant quiconque, les documents coloniaux. Certains ont même créé, en Extrême-Orient, des ateliers dans lesquels les indigènes travaillent, suivant leur propre technique et d'après leurs dessins originaux », débarrassant ainsi la production du faux orientalisme du XIXe siècle et offrant localement une production industrialisée moins onéreuse que la production artisanale, première étape vers le développement de modes industrielles copiées de l'Occident.

Vogue, en septembre 1931, retrace les collaborations d'artistes[9], qui « ont imaginé des motifs décoratifs d'une richesse de formes et de coloris unique : oiseaux, poissons, palmes, chameaux, indigènes, coquillages, cactus, imprimés, brodés, brochés ou tissés sur soie ou sur lainage », tissus d'inspiration coloniale que produisait déjà avec succès la maison Rodier[10]. Et Martine Rénier de conclure dans le *Fémina* de mars 1931 : « C'est bien servir l'industrie française que d'exploiter, pour magnifier son effort, toutes les ressources des pays jeunes et magnifiques rangés sous nos trois couleurs. »

20 VOGUE

JULIENNE

JULIENNE

Bottes d'équitation avec empeigne en antilope blanche et tige en crocodile vert.

Chaussures de sport en antilope blanche et cuir orange, attachées par trois lanières avec boucle de métal.

L'EXPOSITION COLONIALE ET LA MODE

TROUSSEAU D'UNE FEMME PARTANT AUX COLONIES. Toujours en avant-garde des tendances nouvelles, Julienne a assimilé les influences exotiques de l'Exposition Coloniale en les adaptant au goût parisien. De cette heureuse alliance est résulté une collection pleine d'imprévu. Ainsi, nous voyons les mocassins du Far-West, avec leurs lanières et leur contour natté, emprunter à Paris un talon délicatement ouvragé, et les sandales découpées comme une broderie assumer des teintes chatoyantes de scarabées d'Orient. Ce ne sont que mosaïques de cuirs provenant des jungles, des forêts, des fleuves et des mers, peaux aux écailles menues ou larges, aux dessins irréguliers, tel ce crocodile d'un vert des marais dont Julienne a composé des bottes d'amazone qui auraient fait les délices de Marie Bashkirtseff.

Sandales en bois recouvert de métal doré, ornées de lanières et de galons métalliques nattés.

Décolletés en étamine capucine. Le contrefort est entièrement formé de bandes incrustées de cuirs multicolores.

Sandales vert jade très découpées et filetées de blanc.

JULIENNE - BOTTIER - 235, RUE SAINT-HONORÉ

174. Publicité pour le bottier Julienne. Vogue, juillet 1931.

175. La mode qui vient : le style colonial. Illustration de Vallée. Fantasio, *15 mars 1931.*

7/ Et après

Que reste-il de cette histoire ? Quelques lieux de mémoire mais aussi beaucoup d'oublis et de traces éparses. Vestiges de l'Exposition coloniale cachés dans les réserves des musées, papiers d'identité éparpillés dans les centres d'archives aux quatre coins de France, quelques rares objets de la vie quotidienne dans les caves.

188. *La famille Litmanovitch se fait photographier chaque année sur les marches des escaliers au pied de la butte Montmartre.*

Restes et traces d'une illusion

L'Exposition coloniale internationale de Vincennes en 1931

NANETTE JACOMIJN SNOEP

« Je suis souvent hanté par cette question : cette Exposition est-elle un testament ou un point de départ ? »
Discours d'inauguration du maréchal Lyautey.

Il était une fois, au bord de Paris, au milieu de la zone, une ville fabuleuse faite de palais exotiques, de ruelles, de tours immenses, d'un lac grandiose, de palmiers et de mimosas, de jeux d'eau et de lumières…

Mais, après cent quatre-vingt-treize jours, cette ville éphémère fut entièrement détruite, ne laissant que quelques empreintes dans le paysage où elle avait été érigée.

Quelque soixante-quinze ans plus tard, la lligne 8 du métro parisien peut nous mener sur les lieux. C'est à la « Porte Dorée » que nous devons descendre. À la sortie de la station, après des bassins et au milieu des palmiers, nous accueille du haut de ses 5 mètres la statue d'une femme dorée, Minerve, au casque gaulois tenant dans sa main gauche la Victoire avec une corne d'abondance. Nous nous trouvons alors sur le seuil de la ville mirage, juste à l'entrée de l'Exposition coloniale, à la porte d'honneur qui a été franchie par des millions de visiteurs. En 1931.

Non loin de la Porte Dorée, située au croisement de l'avenue Daumesnil et du boulevard Poniatowski, de nombreuses rues et avenues portent le nom de grands conquérants français (Bizot, Laperrine, Archinard, Dodds…) qui ont joué un rôle dans la constitution de l'Empire français. Si, pour certains, ces noms évoquent encore la nostalgie d'un monde disparu ou une douleur, d'autres ont préféré les engloutir dans une sorte d'amnésie collective.

Replongeons-nous un instant dans le passé. À notre gauche, un bâtiment hybride aux colonnades gréco-romaines et une façade sculptée de scènes exotiques, de caravelles et d'allégories, dont peu de passants prennent la peine de décrypter ce qui constitue un véritable poème de pierre. Au-dessus du porche de l'actuelle Cité nationale de l'histoire de l'immigration trône la figure de l'Abondance, la Terra Mater.

En s'engageant dans l'allée du bois de Vincennes, on arrive au lac Daumesnil, d'où l'on peut poursuivre vers un centre bouddhiste, dont l'architecture témoigne de cette ville imaginaire à présent disparue. C'était ici que le pavillon Togo-Cameroun accueillait en 1931 ses visiteurs. Aujourd'hui, ce sont des bouddhistes qui s'y recueillent : l'Afrique semble bien loin.

176. Vue du temple d'Angkor Vat. Plaque stéréoscopique, 1931.

Un microcosme : le monde à portée de main

L'Exposition coloniale fut une véritable ville dans la ville, couvrant une superficie considérable de plus de 1 200 mètres de long (d'est en ouest) sur un peu plus de 900 mètres du nord au sud, sillonnée de plus de 10 kilomètres de chemins balisés. Une ville éphémère qui servait de cache-misère à la pauvreté en la repoussant à l'extérieur de la capitale, et avec elle le « péril rouge » qui caractérisait cette partie de Paris. C'est donc au cœur de cette réalité historique-là que l'on décida d'implanter ce lieu hors du temps, qui ne survivra pas au-delà de six mois, et qui fonctionnera comme une illusion d'optique à grande échelle. Dans une période où les grèves agitaient le pays, l'Exposition servait donc d'escapade mais aussi de leurre à la population avec plus d'une trentaine

Notes

1. P. Norindr, *Phantasmatic Indochina. French Colonial Ideology in Architecture*, Duke University Press, 1996.
2. H. Lebovics, *La Vraie France*, Paris, Berlin, p. 107-108. Voir les archives du SLOTFOM au Centre d'archives d'outre-mer, Aix-en-Provence.
3. Terme employé par les surréalistes pour désigner l'Exposition coloniale.
4. J. Baudrillard, *Simulacres et simulation*, Galilée, Paris, 1981.
5. Cité dans J. Clifford, *Malaise dans la culture. L'ethnographie, la littérature et l'art au xxe siècle*, École nationale supérieure des beaux-arts, 1996, p.121.
6. Voir aussi P. A. Morton, *Hybrid Modernities. Architecture and representation at the 1931 Colonial Exposition*, Paris, Massachusetts Institute of Technology, 2000.

d'édifices spécialement conçus et construits pour l'occasion. Même le pavillon hollandais qui fut anéanti par le feu six semaines après l'ouverture ne pouvait briser ce rêve : en moins de soixante jours, il fut reconstruit. Dans les coulisses de ce théâtre colonial, l'Empire commençait pourtant à s'effriter : la répression sanglante des révoltes de Yen Baï ou de Madagascar, la guerre du Rif, les scandales de la voie ferrée au Congo, etc., renvoient à une remise en question de plus en plus violente du fait colonial et à l'émergence de volontés d'indépendance, non seulement dans l'Empire colonial français, mais aussi dans les autres empires, hollandais, britannique ou portugais. La crise économique mondiale commençait à se faire sentir, les crises politiques à s'intensifier et les totalitarismes à naître.

Des étudiants indochinois qui protestèrent devant le fac-similé du palais d'Angkor Vat furent évacués de ce « nouvel Éden colonial[1] ». Les services de renseignements qui quadrillaient l'Exposition permirent par exemple de déjouer un plan fomenté par un groupe d'étudiants indochinois visant à briser une statue de Khaï Dinh (l'empereur d'Annam mort en 1925) érigée devant le pavillon annamite[2].

Rappelons aussi que ces « palais en carton-pâte[3] » d'un monde colonial harmonieux étaient choisis comme lieu d'expression pour la contestation coloniale. On y distribuait des tracts clandestinement, on lâchait des ballons rouges… C'est aussi à travers des reportages sur l'Exposition coloniale que la contestation coloniale se faisait entendre. Dans la presse, *L'Humanité*, *La Défense*, *Le Monde*, le colonisé – qui semblait si docile à l'Exposition coloniale – devenait une personne instruite capable d'agir.

Mais rien de ces protestations, qu'elles soient indochinoises, malgaches, nord-africaines ou autres, ne devait transparaître, et les Renseignements généraux de l'époque, appelés Service de contrôle et d'assistance des indigènes des colonies françaises, furent chargés de cette mission. Des rapports rédigés par des agents secrets (notamment ceux signés par les mystérieux « Joe » ou « Désirée »), conservés aujourd'hui dans le fonds SLOTFOM sur plus de 80 mètres linéaires de cartons au CAOM à Aix-en-Provence, témoignent du haut degré de contrôle mis en place lors de l'Exposition coloniale, de manière à s'assurer que le visiteur fasse son voyage autour du monde sans être confronté à sa misère et, plus largement, à ses problèmes, surtout quand ceux-ci relevaient d'un désaccord avec la métropole.

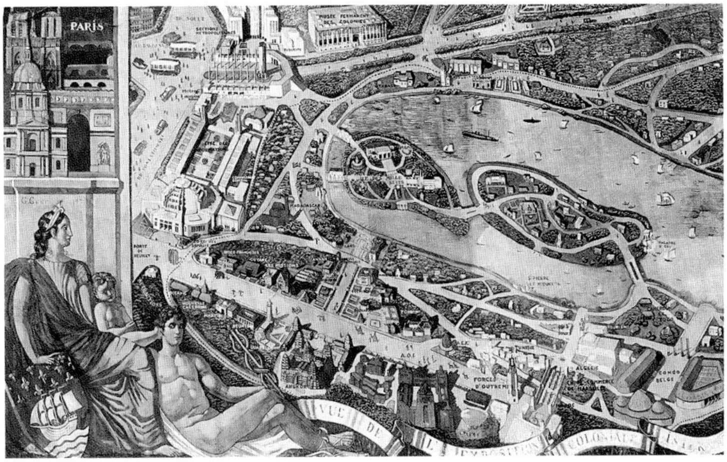

177. G. Goor, détail du plan de l'Exposition coloniale exposé dans la Cité des informations. 1931. Huile sur toile.

L'art du simulacre[4]

À l'Exposition coloniale, véritable microcosme, Angkor Vat côtoyait la Guadeloupe et le Tonkin, le Congo : les frontières s'estompaient et les genres se mélangeaient comme dans un collage surréaliste, que Max Ernst définit comme un « accouplement de deux réalités, en apparence inaccouplables, sur un plan qui en apparence ne leur convient pas[5] ». Cette juxtaposition d'éléments hétéroclites renvoie également à l'idée du cabinet de curiosités, où l'assemblage d'objets les plus hétéroclites recrée un (dés)ordre nouveau isolé de toute notion de temps ou d'espace[6] dans le but d'émerveiller le spectateur.

Ce spectacle des merveilles que furent les expositions coloniales et universelles s'inscrit dans une longue tradition initiée par les « entrées royales » médiévales organisées à l'occasion d'un couronnement, d'une victoire militaire, de la conclusion d'un traité de paix, d'un mariage ou d'un armistice, à l'instar de l'entrée royale du roi Henri II à Rouen en 1550. Les arcs de triomphe et constructions éphémères, les peintures et sculptures allégoriques, les feux d'artifice, les défilés, l'architecture hybride ou les tableaux vivants relèvent de ce type de spectacles depuis la Renaissance jusqu'au XXe siècle. L'exposition des hommes et des animaux exotiques est ainsi aussi une pratique qui se rencontre dès le XIVe siècle dans toute l'Europe. Bien que plus sophistiquée du point de vue technologique, l'Exposition coloniale de 1931 réutilise cette même grammaire : une entrée spectaculaire, des constructions éphémères, des spectacles d'eau et de lumière (où le feu d'artifice de la Renaissance est remplacé par l'électricité en 1931),

178. Bazin, Dessin préparatoire des pavillons du Togo et du Cameroun, *1930. Technique mixte.*

179. Dans le jardin du pavillon de la Nouvelle-Calédonie. Plaque stéréoscopique, 1931.

des figurants exotiques dans des « tableaux vivants » ou des défilés pour créer une illusion visuelle et mettre en valeur le vainqueur.

Les tableaux vivants

Sans davantage s'étendre sur les « indigènes » et les « zoos humains », il est intéressant de noter que déjà les dessins préparatoires de l'Exposition coloniale accordaient une place importante aux figurants exotiques. L'architecte Henry Bazin fait apparaître non seulement des palmiers et un ciel d'azur dans ses dessins d'architecture des pavillons pour « tromper » le spectateur (ill. 178), mais il ajoute des figurants exotiques. On ne sait plus où on se trouve, entre l'ici et l'ailleurs les frontières se sont estompées, comme gommées.

L'Exposition de 1931 accorde également de la place aux animaux exotiques : les poissons, dans l'aquarium au palais des Colonies et, au zoo, les fauves d'Afrique. Le zoo aussi sert à suggérer cet effet d'illusion tant recherché pour les expositions. Conçue et réalisée par le Hambourgeois Carl Hagenbeck, l'inventeur du zoo moderne en Europe (et aussi le spécialiste des spectacles d'hommes exotiques), cette nouvelle organisation de l'espace consiste à présenter des animaux en liberté apparente, séparés des visiteurs par des fossés et des grilles dissimulés par des arbres et de la verdure. Cet aménagement, bien loin des zoos auxquels on était habitué à l'époque, fait croire au public qu'il se promène en pleine nature.

La commercialisation et le grand succès des images stéréoscopiques[7] de l'Exposition coloniale, achetées massivement par les visiteurs (comme une « carte postale de luxe »), rejoignent l'idée de cette construction illusionniste.

Pompe et propagande

La recherche de la démesure est particulièrement frappante à l'Exposition coloniale. Le premier ressort de cet effet de démesure était comme un arc de triomphe : « Les 22 pylônes, érigés en deux

180. Géo Michel, **Principales exportations d'origine végétales.** *Partie d'un ensemble de sept tableaux consacré à l'économie coloniale, 1931. Huile sur toile.*

rangées parallèles sur les refuges, créaient le rythme voulu pour donner une impression de grandeur. Enfin, l'ambiance d'exotisme était complétée par d'énormes palmiers et de beaux cyprès amenés de la Côte d'Azur. L'obélisque formant le monument central était constitué par un pylône haut de 35 mètres [...]. Un grand jet d'eau jaillissait au centre du pylône. Chaque élément du pylône portait gravés les noms des coloniaux illustres de tous les pays. [...] Le soir, l'éclairage en blanc argent des jets d'eau et cascades utilisait 98 projecteurs du type immergé, d'une puissance totale de 91 kilowatts[8]. Les 90 palmiers de plus de 10 mètres de haut, plantés pour l'Exposition, participent également à cet effet.

Le deuxième ressort était la Cité des informations, symbole de la modernité et de l'Occident. L'immense frise de G. Goor de près de 3,50 mètres de haut et plus de 8 mètres de long était exposée dans la salle d'audience de cette Cité (ill. 177). Elle représente le plan de l'Exposition coloniale décoré de figures allégoriques : à gauche, l'allégorie de Paris en toge bleue avec un enfant sur ses genoux ; le beau Mercure est allongé à ses pieds, celui qui s'occupe de la paix et de la guerre, ici au service de Paris. À droite du plan, une femme tient un grand drapeau, la Victoire et un disque solaire symbolisant la vérité et la raison. Apollon avec sa lyre est couché à ses pieds : la France apporte les arts et les sciences au monde. Dans le lac croisent des caravelles, comme si l'on assistait par dessins entreposés à des spectacles d'eau à Versailles.

Cette monumentalisation se retrouve dans l'utilisation des tours du pavillon de l'armée, d'Angkor Vat ou celle du pavillon de Madagascar, la « tour des bucranes ». Les spectaculaires réverbères électriques, les fontaines illuminées et les pavillons éclairés apportaient également leur effet d'emphase. Les illuminations d'édifices réalisées par les grands éclairagistes Jacopozzi et Paz & Silva furent des plus spectaculaires ; de nuit, le temple d'Angkor Vat était éclairé dans des tons changeants d'émeraude et d'or. Les « féeries d'eau » étaient conçues par les architectes Granet et Expert. Le « Grand Signal » était une tour de 45 mètres implantée au milieu du lac Daumesnil. Les fontaines appelées « cactus »,

7. L'illusion des trois dimensions rendue par la perception simultanée de deux images semblables (le verre, le film), mais prises avec le même décalage que l'écart entre les deux yeux humains.
8. *Rapport général Olivier*, t. II, p. 91-92.

181. Marie-Antoinette Boullard-Devé, élément d'une frise représentant les populations de l'Indochine et de l'Inde française exposée dans l'escalier central du palais d'Angkor Vat, 1931. Huile sur toile, marouflée sur papier.

182. Photographie du modèle réduit d'un cortège funèbre vietnamien présenté à l'Exposition coloniale, 1931. Tirage argentique.

de 17 mètres de hauteur, étaient constituées d'une armure métallique à 12 branches retombant jusqu'au sol, le long desquelles jaillissait l'eau. Une autre fontaine illuminée, maintes fois photographiée et reproduite sur des cartes postales, était la fontaine des Totems ou « fontaine des fétiches ». Il s'agit d'un mélange qui s'inspire des sièges royaux ashanti du Ghana et de masques « africains ».

La démesure et la miniature

On retrouve cet effet dans les peintures et sculptures monumentales. En témoignent par exemple les tableaux d'Henri Milleret au texte éloquent : « C'est avec 769 000 hommes que la France assure la paix et les bienfaits de sa civilisation aux indigènes » (ill. 183) ou bien encore : « Les colonies ravagées par l'esclavage, la maladie, les luttes intestines sont délivrées par les Français… », sans oublier les tableaux historiques célébrant la conquête en Afrique du Nord[9].

Dans un autre style, les tableaux de Géo Michel accrochés dans la Section de synthèse du musée des Colonies (ill. 180, p. 169) ou les 40 mètres de frise de Marie-Antoinette Boullard-Devé représentant les peuples de l'Indochine (ill. 181) et exposées dans l'escalier du palais d'Angkor Vat, les panneaux décoratifs de Jeanne Thil et les grandes sculptures de Paul Ducuing sont aussi des exemples de cette monumentalisation[10].

L'utilisation massive des dioramas faisait partie des différents procédés illusionnistes censés recréer l'éden colonial. La section Indochine exposa à elle seule plus de 80 dioramas de toutes tailles, alors que beaucoup de monde regrettait qu'il n'y ait pas plus de reconstitutions, comparativement aux expositions précédentes (comme à Marseille en 1922). Au palais des Colonies, on pouvait admirer les dioramas « Paul et Virginie », « Hindoustan », « Brésil »… Le pavillon de l'Inde française accueillait pour sa part un diorama constitué d'une cinquantaine de petits personnages racontant l'histoire « Dupleix et le Roi de Golconde »[11]. L'ensemble des dioramas ont été démontés après la clôture de l'Exposition, puis répartis entre différents musées ou vendus en pièces détachées. Peu de dioramas ont survécu : le musée du Quai-Branly conserve la plupart des restes et quatre petits dioramas se trouvent encore dans des vitrines originales au palais de la Porte Dorée.

Il ne reste qu'un exemplaire des mannequins utilisés dans les dioramas et dans les salles, à l'exemple de ceux qui représentaient les

183. Henri Milleret, Peinture de propagande coloniale, « C'est avec 76 900 hommes que la France assure la paix et les bienfaits de la civilisation auprès de ces 60 millions d'indigènes. » *Tableau exposé au pavillon des Armées de l'Exposition coloniale, 1931. Huile sur toile.*

anciennes troupes coloniales au musée[12], la mode des mannequins étant passée.

Face à cette démesure, on remarque l'utilisation des modèles réduits et des maquettes, qui contribuent aussi à la fabrication de l'illusion : modèles de bateaux, de maisons, d'édifices culturels et d'événements étaient présentés à l'intérieur des pavillons et vendus sur les lieux de l'Exposition. Le cortège funèbre indochinois composé de plus de 90 personnages et de chars, exposé au pavillon de Cochinchine, est l'une des rares miniatures qui ait résisté au temps (ill. 182).

L'intérieur et l'extérieur

Le principe de l'opposition des « sociétés primitives » à « la modernité occidentale » traverse l'ensemble de l'Exposition : l'architecture moderne de la Cité des informations contraste avec l'architecture des pavillons africains, et l'extérieur des pavillons des colonies qui devait produire un effet d'authenticité détonne avec l'intérieur de ces pavillons consacrés à la modernisation des sociétés. Si l'extérieur du Palais d'Angkor Vat devait surprendre le visiteur par son étrangeté, son exotisme, l'intérieur au contraire mettait surtout l'accent sur une Indochine moderne représentée par des tables de statistiques, des photographies et des échantillons. Les objets ethnographiques et archéologiques étaient méthodiquement opposés aux photographies montrant les aspects de la vie moderne apportée par la France : images de chemins de fer, d'hôpitaux, d'écoles, de ports... Cette présentation binaire de ce que l'Autre nous offre (l'architecture extérieure) et de ce que Nous lui donnons fut une grammaire visuelle généralisée à l'Exposition. On peut encore la lire à travers l'architecture extérieure (la façade en pierre) et l'architecture intérieure (les fresques de Ducos de la Haille) du palais de la Porte Dorée.

L'art nègre

On a souvent tendance à penser que l'Exposition était toute faite de kitsch et donc à sous-estimer le rôle des collectionneurs d'« art nègre » dans la

184. Germaine Cass, diorama représentant Joséphine Tascher de la Pagerie, épouse de Napoléon Bonaparte, dans sa propriété de Martinique, écoutant la prédiction d'une diseuse de bonne aventure. Diorama réalisé pour la section rétrospective du Musée permanent des Colonies, 1931. Tirage argentique.

9. Aujourd'hui dans les collections du musée du Quai-Branly.
10. Tous sont aujourd'hui conservés au musée du Quai-Branly.
11. Quelques restes de ce diorama sont conservés au musée du Quai-Branly (inv. 75.3495).
12. Aujourd'hui au musée du Quai-Branly.

présentation intérieure des pavillons et du musée. Citons par exemple quelques prêteurs qui font aujourd'hui flamber les prix de l'art africain et océanien sur le marché de l'art, tels André Lefèvre (masques fang dont le fameux masque ngil exposé aujourd'hui au pavillon des Sessions du Louvre), Charles Ratton (« une grande statue en cuivre du Dahomey[13] », des colliers et des bracelets en cuivre et en bronze du Cameroun, un ivoire du sultan Njoya de Foumban du Cameroun), Louis Carré (des masques du Soudan et de la Côte d'Ivoire), etc. Stephen Chauvet, un collectionneur réputé, prêta des objets et participa activement à la conception du pavillon de l'Afrique équatoriale française.

Les objets ethnographiques étaient mêlés aux photographies montrant le développement des colonies, aux objets touristiques, à l'art colonial, mais aussi aux souvenirs de grands explorateurs (notamment des objets personnels de Savorgnan de Brazza). Les statues de divination bembé et téké ou les masques kwélé exposés au pavillon de l'AEF[14] étaient par exemple juxtaposés aux objets chrétiens fabriqués par des « indigènes », toujours dans l'optique d'opposer la vie primitive à la modernité et donc de promouvoir ainsi l'action coloniale civilisatrice.

Au palais des Colonies, dans les salles réservées à l'art du Pacifique, on trouvait cette juxtaposition d'objets dits authentiques, tels les objets surmodelés de Malekula de Vanuatu (aujourd'hui considérés comme des chefs-d'œuvre du musée du Quai-Branly) exposés à proximité des objets d'artisanat (ill. 186).

La frontière entre l'objet authentique et l'objet de reconstitution était également floue. Il est intéressant de noter que Georges Henri Rivière, directeur adjoint du musée d'Ethnographie du Trocadéro, acquit un important ensemble de pièces africaines après le démontage de l'Exposition ainsi qu'un ensemble de masques et de costumes qu'y portèrent les danseurs dogons de l'Exposition. Un de ces masques est aujourd'hui exposé au musée du Quai-Branly parmi d'autres masques véritablement « authentiques » collectés lors de la fameuse mission Dakar-Djibouti (ill. 185).

Bien que l'« art nègre » soit bien représenté à l'Exposition, l'ensemble ne s'inscrit pas pour autant dans une vision primitiviste. On peut ainsi être surpris d'apercevoir à la sortie du hall du musée des objets de toilette et des instruments de travail fabriqués par des femmes « indigènes » sur les conseils d'Européennes, censés montrer les multiples avantages que la présence coloniale apporte aux Africains. Nous sommes bien en 1931, plusieurs décennies après les grandes conquêtes : la France est dès lors installée sur le sol colonial.

185. Masque dogon représentant un lièvre, Mali. Porté par un des danseurs dogon à l'Exposition coloniale. L'ensemble des masques et des costumes des danseurs a été ensuite acquis par Georges-Henri Rivière pour le musée d'Ethnographie du Trocadéro, 1931. Bois, pigments, fibres végétales.

Restes et traces

Si les expositions universelles ont laissé beaucoup de traces dans l'architecture parisienne, les vestiges architecturaux de l'Exposition coloniale sont rares. Seul le palais des Colonies, destiné dès l'origine à demeurer et la section Togo-Cameroun sont les témoins « en dur » de l'événement 1931. L'ancien pavillon du Cameroun (transformé en pagode destinée à l'exercice du culte), celui du Togo (à présent une bibliothèque) ainsi que l'ancien abri des pirogues (qui naviguaient sur le lac Daumesnil) sont aujourd'hui, occupés par des adeptes du bouddhisme. En effet, alors que le temple d'Angkor Vat a été détruit, c'est un lieu de mémoire camerounais qui abrite maintenant l'Institut Kagyu-Dzong qui reçoit chaque année en septembre le Festival culturel du Tibet : danses sacrées et profanes, création de mandala et spécialités culinaires tibétaines envahissent cet espace qui renvoie à une Afrique imaginaire.

13. La sculpture en cuivre de Glélé conservée aujourd'hui musée Dapper.
14. Une grande partie est issue de la collection du gouverneur Antonetti, conservée au musée du Quai-Branly.
15. Une partie de l'intérieur de cet ancien pavillon composée de peintures de Maurice Denis et d'œuvres dédiées à la gloire du Père Foucauld (un des héros de l'Exposition) sont au musée du Quai-Branly.
16. Archives Pathé-Gaumont, *Pathé Journal*, PJ 1931 10611.
17. Plusieurs moulages d'antiquités ont été transférés au musée de la France d'outre-mer et sont de ce fait aujourd'hui au musée du Quai-Branly : le sphinx en plâtre d'Assouan du pavillon du canal de Suez ou moulages romains des fouilles en Afrique du Nord...
18. « La mémoire s'accroche au mythe plus qu'à l'histoire », M. Augé, *L'Impossible Voyage*, Paris, Payot, 1997, p. 87.

L'éclectisme de l'Exposition coloniale a dans un certain sens survécu.

Le zoo, bien que déplacé, demeure aussi un témoin. Il en va de même de la statue au casque gaulois de Drivier, initialement posée sur le parvis du palais des Colonies et ensuite installée sur la place. Après un long périple, le pavillon du Congo de la section Belgique a été reconstruit à 25 kilomètres de Bruxelles dans le parc de la Rocq où on peut aujourd'hui déguster des grillades d'autruche, de crocodile ou d'antilope dans une ambiance «authentiquement congolaise ». Le pavillon des missions catholiques a été remonté à Épinay-sur-Seine sous le nom de « Notre-Dame-des-Missions ». Là, passants et fidèles peuvent admirer un mélange d'architecture des cinq continents où la façade mêle style annamite et Art déco, éléments bouddhiques et fétiches africains, le tout surplombé par un « clocher-minaret » illustrant les « 4 races humaines », sur lequel trône la Vierge reposant sur un globe[15].

Fermeture du rideau de scène

« La fée Électricité jette pour la dernière fois sa lumière étincelante sur les merveilles rassemblées aux portes de Paris[16]. » C'est avec ces mots que le *Pathé Journal* annonça la clôture de l'Exposition qui fut marquée par un gigantesque spectacle de réverbères électriques, de fontaines illuminées, des pavillons éclairés et d'un défilé de troupes coloniales, auxquels près de 500 000 personnes assistèrent. Deux mois plus tard, en janvier 1932, la démolition débuta et la ville fantastique allait bientôt s'évanouir.

Les restes de l'Exposition sont nombreux : tout d'abord une truelle et un marteau, souvenirs de la pose de la première pierre le 8 novembre 1928, jour où ce conte a commencé et qui se trouvent aujourd'hui au musée du Quai-Branly. D'autres restes sont dans ce même musée, que ce soit dans les réserves ou dans l'exposition permanente : costumes, masques et sculptures d'Asie, d'Afrique et d'Océanie, trophées de Samory ou d'El Hadj Omar, mais aussi des moulages d'antiquités, des peintures et sculptures coloniales, des restes de bustes anthropologiques exposés alors dans la « Salle de la synthèse des races » du palais des Colonies et dont le choix des « 8 races de l'Empire » était défini en collaboration avec le directeur du musée d'Ethnographie du Trocadéro, Paul Rivet...

Le fameux tableau de Gauguin, *D'où venons-nous où allons-nous, qui sommes-nous ?*, qui figurait également à l'Exposition, se trouve aujourd'hui au Museum of Fine Arts de Boston ; les sculptures khmer et cham et plusieurs centaines de moulages et d'estampages, au musée Guimet à Paris, et les traces sonores (enregistrements de chansons), à la Bibliothèque nationale de France, tandis que les heures d'images animées de l'Exposition sont captées aux archives de Pathé-Gaumont. Les peintures et sculptures orientalistes sont au musée d'Orsay, alors que les antiquités gréco-romaines sont pour une grande partie retournées au Louvre[17]. D'autres restes sont arrivés à Boulogne, à Lyon, à Marseille, et jusqu'au musée municipal de Longwy, où est conservé le vase intitulé « Boule jungle » primé en 1931 à l'Exposition.

Les restes sont donc comme des éclats d'une boule de cristal magique (d'une « Boule jungle » ?) disséminés et dont souvent l'histoire est oubliée, comme si on avait honte de cet événement à connotation populaire, et en rapport avec une histoire pas tout à fait assumée. Il va falloir rassembler ces éclats afin d'arriver à reconstituer véritablement l'intérieur des pavillons. Un grand travail d'inventaire reste encore à faire. On peut ainsi se demander, en suivant Marc Augé[18], si la mémoire de l'Exposition s'accroche plus au mythe qu'à l'histoire. Les derniers éclats de ce décor de théâtre colonial, cartes, plans, médailles, bibelots..., sont aujourd'hui à rechercher dans les caves des Français. Contre toute attente, l'endroit où se poursuit le mythe de l'Exposition est aujourd'hui e-bay, où des milliers de souvenirs circulent chaque jour : cartes postales, photographies, numéros spéciaux de revue de l'année 1931, diplômes, affiches, médailles, plans, cendriers, timbres...

On réinvestit donc cette ville éphémère de 1931, on tente d'en capter un reflet, tout en la réinventant, toujours et sans cesse.

186. Masque-coiffe cérémoniel de l'Île Malekula, Vanuatu, représentant Nevimbumbao et son fils Sasndaliep, exposé au musée permanent des Colonies. Fougère arborescente, pigments.

Valeur et limites des recensements pour l'histoire sociale de l'immigration

ÉRIC GUICHARD, OLIVIER LE GUILLOU, NICOLAS MANITAKIS, GÉRARD NOIRIEL

Bien qu'elle ait fait l'objet d'un nombre beaucoup moins important d'études que les nomenclatures socio-professionnelles, la classification des nationalités est elle aussi un enjeu important dans l'histoire des recensements. Le rattachement d'un individu à une nationalité constitue une construction sociale encore plus arbitraire, peut-être, que celle qui surdétermine les classifications professionnelles, même si elle repose sur une logique très différente. La « nationalité » est en effet une notion juridique et politique désignant l'appartenance d'une personne à la population de son État. Cette appartenance est elle-même définie de façon variable selon les pays, à partir de deux notions essentielles : la naissance d'un individu sur le territoire contrôlé par l'État considéré (*jus soli*) et la nationalité de ses parents (*jus sanguinis*) [...]

On peut ajouter que, dès le XIXe siècle, la question de la nationalité est devenue un enjeu essentiel dans les rivalités entre États. Les divergences se focalisent sur la question des critères qu'il faut retenir pour comptabiliser les individus « appartenant » aux différentes nationalités dont l'existence est reconnue par le droit international. Certains États, comme la Belgique ou l'Allemagne, privilégient des critères « ethniques » et proposent que les individus soient recensés à partir de la langue qu'ils parlent effectivement dans leur vie quotidienne, à partir de leur religion, etc. D'autres États, comme la France, ne veulent retenir que le critère juridique de la nationalité, qui permet de valoriser l'opposition entre nationaux et étrangers et de classer ces derniers en fonction de leur État d'appartenance. Néanmoins, même en France, il faudra plusieurs décennies avant que cette logique prenne entièrement le dessus. Bien que la statistique des étrangers soit apparue avec le recensement de 1851, jusque dans les années 1870, la SGF admet des « nationalités » qui ne correspondent pas à des États indépendants. C'est le cas des « Italiens » et surtout des « Polonais » jusqu'à la fin du Second Empire. Avec la IIIe République, le critère strictement juridique de l'appartenance à l'État

187. Paris, Tour de Babel, *illustré en 1911 dans le journal* Mon Dimanche, *sur la base des résultats du recensement de la population.*
Les représentations des différentes nationalités mêlent stéréotypes raciaux et sociaux.

Note
1. G. Massard-Guilbaud, *Des Algériens à Lyon, de la Grande Guerre au Front populaire*, Paris, L'Harmattan, 1995, p. 24.

188. En famille. De 1926 à 1935, la famille de Sarah Litmanovitch, arrivée en France en 1923, pose chaque année au pied de la butte Montmartre, sous les yeux d'un photographe ambulant. Le temps passe, la petite fille grandit, la famille évolue.

s'impose. Du coup, les « Polonais » deviennent des « sujets » de l'Empire russe ou austro-hongrois. Dans l'entre-deux-guerres, c'est la même application rigoureuse du critère de l'appartenance à l'État qui explique que les Ukrainiens n'aient pas été comptabilisés en tant que tels dans les recensements. La création de nombreux États nouveaux au lendemain de la Première Guerre mondiale explique la complexité du problème des classifications nationales. [...]

La catégorie des « naturalisés » est elle aussi le produit d'une construction juridique extrêmement complexe. En France, le recensement des naturalisés est tributaire d'une législation constamment modifiée depuis 1889, dont les méandres échappent bien souvent aux individus concernés, alors même que ce sont leurs réponses qu'enregistrent les enquêteurs de la SGF. De même, il ne faut jamais oublier que la naturalisation n'est pas la seule façon, pour un étranger, de devenir français. En fait, dans l'entre-deux-guerres comme aujourd'hui, la majorité des individus d'origine étrangère le deviennent en acquérant la nationalité française soit à la suite d'un « mariage mixte », soit à leur majorité, parce qu'ils sont nés en France de parents étrangers. Le groupe des naturalisés sur lequel portent nos statistiques ne concerne, en principe, que les individus qui ont obtenu, par décret, leur naturalisation.

Pour finir sur ce point, il faut ajouter qu'en dépit de l'importance accordée par les pouvoirs publics français au critère juridique de l'appartenance à l'État pour définir la nationalité, ce critère a été constamment bafoué par la IIIe République elle-même à propos de la population coloniale. En effet les individus issus des colonies, recrutés par la métropole pendant la Première Guerre mondiale et qui n'ont pas été rapatriés dans les années suivantes, sont juridiquement français (bien qu'il soient privés des droits de citoyen), mais la SGF les classe dans la population étrangère. Comme l'a souligné Geneviève Massard-Guilbaud dans sa thèse sur les Algériens à Lyon dans l'entre-deux-guerres[1], le recensement de la population coloniale en France est une opération particulièrement délicate. Les instructions officielles destinées aux agents recenseurs multiplient les consignes : « On ne classera (dans cette catégorie) que les indigènes sujets ou protégés français dont le nom indique suffisamment l'origine. Au contraire, les individus de race européenne, citoyens français, sont classés comme Français alors même qu'ils seraient nés dans une colonie ou un pays de protectorat. » Comme on le voit, c'est le patronyme et non la qualité juridique réelle qui prime ici.

189. Baptême polonais, Saint-Étienne, années 1930.

Texte extrait de É. Guichard et G. Noiriel (dir.), *Construction des nationalités et immigration dans la France contemporaine*, Paris, Presses de l'École normale supérieure, 1997, p. 16 18.

Les étrangers dans les archives de 1931

SYLVAIN PONS

Alors que la présence étrangère en France en 1931, avec plus de 2 700 000 individus, est la plus importante de l'entre-deux-guerres, l'étudier au temps de l'Exposition coloniale relève paradoxalement de la gageure, tant les traces de ces derniers paraissent minces. Les documents relatifs à leur vie quotidienne, à leurs croyances ou aux écoles que fréquentent leurs enfants notamment, sont extrêmement rares. La presse française, quant à elle, reste relativement discrète à leur sujet et ne les évoque bien souvent qu'au travers des débats portant sur la crise économique et sa résolution. De même, la célébration, par les journaux, de l'aventure coloniale contribue à occulter la présence étrangère en France. L'attitude de journaux locaux comme *L'Avenir lorrain* ou *L'Avenir de la vallée de l'Orne*, en Meurthe-et-Moselle, est à cet égard révélatrice : dans une région où les étrangers constituent de véritables colonies, ces journaux sont fascinés par l'Exposition coloniale mais n'accordent dans leurs colonnes que peu de place à l'immigration. Ce n'est qu'à partir du 3 octobre que *L'Avenir lorrain* décide de consacrer une demi-page à des chroniques en polonais et en italien, une initiative toutefois exceptionnelle.

C'est en fait essentiellement au prisme des archives des préfectures et de la police, dans les archives départementales, que les étrangers peuvent être étudiés. C'est en effet dans leurs rapports avec l'administration qu'ils sont les plus visibles. Or ces archives attirent l'attention sur des procédures administratives, deux d'entre elles en particulier, les naturalisations et les expulsions : en France, les étrangers qui laissent des traces sont paradoxalement avant tout ceux qui souhaitent ne plus l'être, ou ceux qui sont sommés de quitter le territoire. Certes, ces documents permettent de reconstituer des parcours migratoires, et parfois d'évaluer le niveau d'alphabétisation des populations étrangères, notamment dans le Rhône, où des dictées sont imposées par le préfet aux candidats à la naturalisation. Cependant, ils rendent compte bien plutôt de l'attitude des pouvoirs publics à l'égard des populations étrangères, au travers des critères de naturalisation ou de la correspondance relative à la délivrance de papiers d'identité ; ils mettent aussi en scène des situations parfois aberrantes, comme le cas de Popovic, ressortissant polonais passible d'expulsion pour avoir volé, « avec préméditation », trois paires de ciseaux. La nature des documents introduit d'autre part un biais dans la visibilité des étrangers dans les archives : les pièces d'identité conservées sont par exemple bien souvent celles des étrangers expulsés.

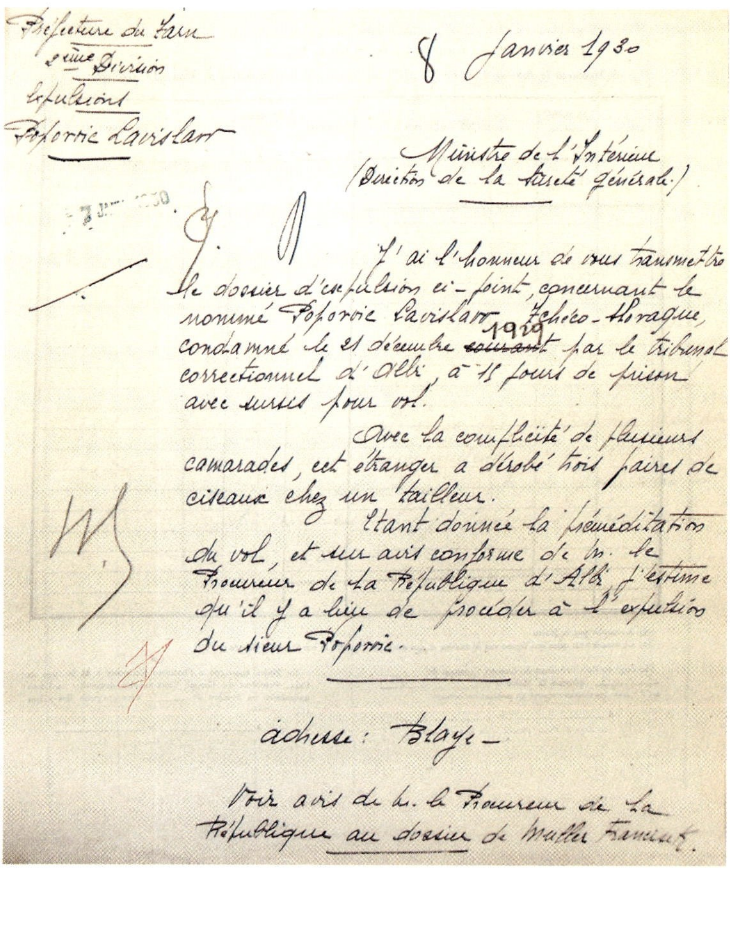
Préfecture du Tarn
2ème Division
Expulsions
Popovic Ladislaw

8 Janvier 1930

Ministre de l'Intérieur
(Direction de la Sûreté générale)

J'ai l'honneur de vous transmettre le dossier d'expulsion ci-joint, concernant le nommé Popovic Ladislaw, Tchéco-Slovaque, condamné le 21 décembre 1929 par le tribunal correctionnel d'Albi, à 15 jours de prison avec sursis pour vol.

Avec la complicité de plusieurs camarades, cet étranger a dérobé trois paires de ciseaux chez un tailleur.

Etant donné la préméditation du vol, et sur avis conforme de M. le Procureur de la République d'Albi j'estime qu'il y a lieu de procéder à l'expulsion du sieur Popovic.

adresse : Blaye –

Voir avis de M. le Procureur de la République au dossier de Muller François.

190. Dossier de Ladislaw Popovic aux archives départementales du Tarn. Condamné à quinze jours de prison pour avoir volé trois paires de ciseaux « avec préméditation » et risquant l'expulsion, Ladislaw Popovic ne reçoit finalement qu'un « sérieux avertissement » en 1931.

Les archives départementales ne conservent que peu de traces de l'enracinement des communautés étrangères, si ce n'est les statuts des associations qu'elles ont créées. En revanche, elles gardent la mémoire du passage, parfois fugace, d'un étranger à travers un passeport Nansen, une main courante ou encore un registre d'immatriculation où sont consignés les départs et les arrivées des résidents étrangers dans une

L'avenir lorrain

ORGANE RÉPUBLICAIN RÉGIONAL

SAMEDI 3 OCTOBRE 1931

Un hommage mérité

Pour les Colonies étrangères de la Région

"L'AVENIR LORRAIN" publiera désormais des articles et des informations en langues italienne et polonaise

Electeurs, souvenez-vous !

LES GRANDS PROBLÈMES ÉCONOMIQUES

DE LA NÉCESSITÉ DES MARCHÉS À TERME

LE GRAND PRIX CYCLISTE DE "L'AVENIR LORRAIN"

DIMANCHE 25 OCTOBRE

LES ÉLECTIONS CANTONALES

UNE SINGULIÈRE POLITIQUE RÉPUBLICAINE

VOUS SEREZ TOUS à LONGWY, DIMANCHE, POUR LA GRANDE BRADERIE

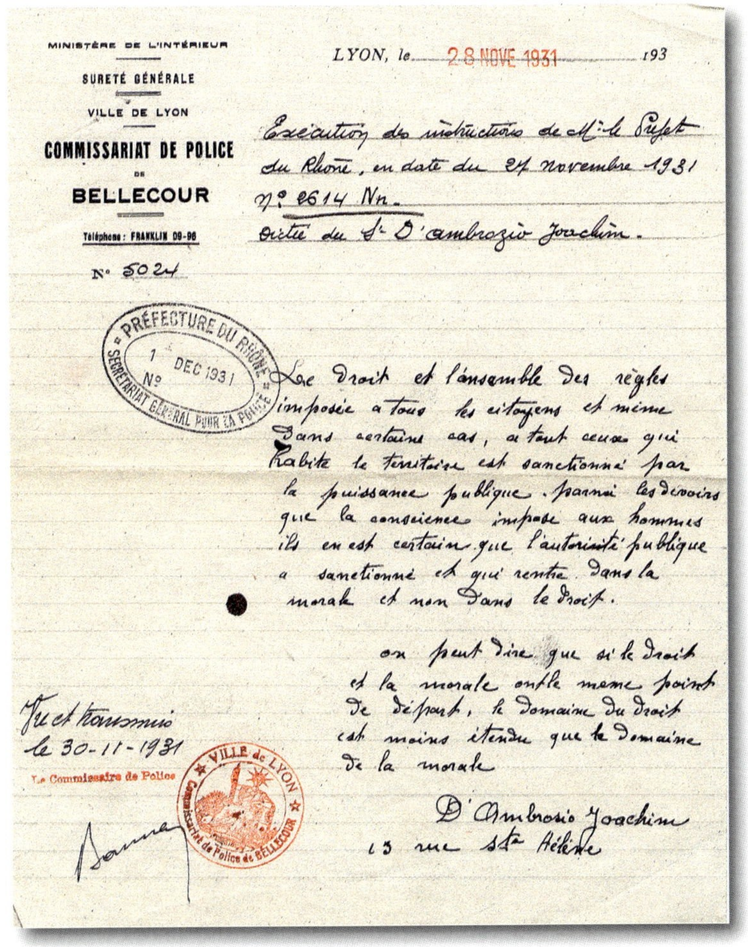

MINISTÈRE DE L'INTÉRIEUR

SURETÉ GÉNÉRALE

VILLE DE LYON

COMMISSARIAT DE POLICE DE BELLECOUR

Téléphone : FRANKLIN 09-96

N° 5024

LYON, le 28 NOVE 1931

Exécution des instructions de M. le Préfet du Rhône, en date du 27 novembre 1931 N° 2614 Nn.

Dictée du Sr D'ambrozio Joachim.

PRÉFECTURE DU RHÔNE 1 DEC 1931 N° SECRÉTARIAT GÉNÉRAL POUR LA POLICE

Le droit et l'ensemble des règles imposée à tous les citoyens et même dans certains cas, à tout ceux qui habite le territoire est sanctionné par la puissance publique. parmi les devoirs que la conscience impose aux hommes ils en est certain que l'autorité publique a sanctionné et qui rentre dans la morale et non dans le droit.

on peut dire que si le droit et la morale ont le meme point de départ, le domaine du droit est moins étendu que le domaine de la morale

D'Ambrosio Joachim
13 rue Ste Hélène

Vu et transmis le 30-11-1931

Le Commissaire de Police

VILLE de LYON Commissariat de Police de BELLECOUR

commune. Pourtant, ceux-ci sont étroitement surveillés. À cet égard, les étrangers et les coloniaux, les Indochinois en particulier, très actifs pour dénoncer l'Exposition coloniale, sont tenus dans la même suspicion : les réunions politiques, les militants antifascistes, ou communistes, dans les régions industrielles, et les distributeurs de tracts font l'objet de rapports de police circonstanciés, qui constituent en fait une large part des traces conservées de la présence étrangère en France.

De cette surveillance participe aussi la volonté systématique des préfectures de compter les étrangers dans leur département, ce qui implique en fait une forte visibilité statistique des étrangers dans les archives : les tableaux, où ils sont dénombrés nationalité par nationalité, sont relativement nombreux. Les enquêtes statistiques révèlent aussi les premiers soubresauts de la crise économique, lorsque les autorités mettent en place les premières politiques de rapatriement des étrangers visant à l'« assainissement définitif du marché du travail[1] ».

Les étrangers de 1931 ont donc laissé des traces dans les archives et ne demeurent pas complètement à leur étrangeté. Cependant, la nature des rapports de surveillance, qui évoquent une population de fait considérée comme suspecte, reste déconcertante. L'autre source importante de la connaissance des étrangers, le recensement de 1931, où étrangers et coloniaux sont d'autant plus apparents qu'ils sont signalés typographiquement par une marque, rappelle que l'immigration représente une réalité que les archives des préfectures et de la police ne sauraient à elles seules saisir. Cela place le chercheur dans une situation complexe, dans la mesure où ce sont ces documents qui portent la trace la plus visible de la présence étrangère en 1931.

191. L'Avenir lorrain, 3 octobre 1931. Le journal annonce en une la publication régulière de chroniques en polonais et en italien, à destination des « colonies étrangères de la région ».

192. Dictée de Joachim d'Ambrosio, dossier de demande de naturalisation, 1931. Les postulants à la naturalisation dans le département du Rhône étaient soumis à une dictée par la préfecture. Les sujets portaient le plus souvent sur des textes de lois.

Note

1. Archives départementales de Haute-Garonne, M3510, lettre au Préfet de Haute-Garonne, 22 janvier 1932.

Explosives, les années 1930 ?

OLIVIER SCHINZ

C'est autour de 1680 qu'un physicien français, Denis Papin, invente une marmite à cuisson sous pression. Sa découverte s'inscrit dans un ensemble de recherches qu'il mène autour de l'utilisation de la vapeur. Il publie un opuscule au titre évocateur : *Manière d'amollir les os et de faire cuire toutes sortes de viandes en fort peu de temps et à peu de frais,* avec une description de la marmite dont il faut se servir à cet effet. Grâce à son « Digesteur » (c'est ainsi qu'il baptise son invention), Papin pense pouvoir lutter contre la faim qui sévit parmi les plus pauvres, ceux-ci pouvant désormais consommer des morceaux de viande habituellement destinés au rebut.

Le principe de son Digesteur est le même que celui que nous utilisons aujourd'hui encore pour nos cuissons sous pression. Étant donné l'impossibilité physique d'élever la température de l'eau à plus de 100° C à pression atmosphérique, Papin imagine une manière d'augmenter la pression de la marmite pour que l'eau de cuisson puisse s'élever à plus haute température. En fermant hermétiquement le couvercle, il permet aux premières vapeurs produites d'élever la pression à l'intérieur du Digesteur, et à l'eau restante d'augmenter sa température sans bouillir ni se transformer en vapeur. Il atteint ainsi facilement des températures de 150° C, auxquelles plus aucun aliment ne résiste.

Le Digesteur n'explose pas entre les mains des cuisiniers pour une simple raison, essentielle : il possède une soupape de sécurité. Sans cette invention, qui permet de réguler la pression interne de cuisson (et donc la température), le Digesteur ne serait jamais né, et nos actuelles marmites à pression ne pourraient exister.

Il faut attendre deux siècles et demi et Camille Hautier pour que cette invention prenne toute son ampleur. Hautier est ingénieur, ses ateliers sont sis au 14 de la rue Béranger à Boulogne, et il dépose en 1925 le premier brevet d'invention pour un « cuiseur automatique à basse pression contrôlée ». Les Ateliers de Boulogne s'occupent

193. Auto-thermos, vers 1930. Aluminium.

194. L'Auto-thermos, méfiez-vous des imitations, *vers 1948. Affiche en lithographie de Paul Mohr.*

de produire en séries industrielles leurs fameux « Auto-thermos », qui connaissent dès les années 1930 un succès phénoménal. La production et la diffusion sont rendues possibles par un faisceau de raisons intéressantes à analyser.

Dès le début du XXe siècle sont développées et éprouvées des techniques de fonte et d'emboutissage, sans lesquelles la production rapide et à bas prix d'Auto-thermos est impossible. Mais, pour que la technique soit mise au service de l'économie, il faut qu'elle fasse écho aux désirs et aux besoins des consommateurs. C'est là sans doute que le génie marketing des Ateliers de Boulogne s'impose. Les publicités et la promotion de l'Auto-thermos se fondent sur un slogan (« Vite – Mieux – Meilleur ») et trois arguments principaux qui, à eux seuls, forment un condensé des préoccupations des années 1930 : la rapidité (de cuisson), l'économie (d'énergie) et les qualités sanitaires des aliments ainsi préparés.

La rapidité de cuisson est illustrée notamment par une publicité qui met en scène un homme d'affaires prêt au départ, mallette à la main, s'adressant à sa servante : « Marie, faites-moi un bon pot-au-feu, je prends le train dans une heure. – Facile, M'sieu, avec l'Auto-thermos. »

La volonté d'économie s'inscrit, elle, dans le contexte de la crise économique mondiale de 1929. L'Auto-thermos permet, selon les informations transmises par le fabricant, jusqu'à 75 % d'économie d'énergie : argument essentiel dans une période pénible pour tous les ménages. Les qualités sanitaires sont longuement vantées dans les livres de cuisine édités par les Ateliers de Boulogne ou à la TSF qui, en 1929, donne voix à Camille Hautier en personne. Lors de son allocution radiodiffusée, il insiste longuement sur la préservation des vitamines dans les aliments traités à l'Auto-thermos. Il s'appuie sur un ensemble de rapports de médecins, tout comme pour assurer l'hygiène des aliments qui subissent, sous pression et à une température de 120° C environ, une stérilisation partielle.

C'est ainsi que l'Auto-thermos résume, à lui seul, la vie des années 1930 prises dans une récession économique sans précédent, mais résolument tournées vers la modernité. Il peut également servir d'image à un ensemble de métaphores intéressantes, déjà pressenties par les publicitaires de l'époque. Une série d'affiches datant sans doute de 1934, déclinée sur différents modes, juxtapose l'image de l'Assemblée nationale à celle d'un Auto-thermos original. Surtitrées d'un imposant « Économies », elles proposent un slogan sans équivoque : « C'est là-dedans qu'ils devraient faire leur cuisine... »

Modernité, économies, préoccupations hygiénistes, autant de qualités à mettre en avant pour un objet qui évoque tout aussi bien l'explosibilité que la nécessité d'une soupape de sûreté : quelle autre pièce peut se vanter de proposer une sémantique aussi riche et représentative des années 1930 ?

195. J'ai deux amours... Mon Auto-thermos et mon Perco-thermos, *1946. Affiche en lithographie de Paul Mohr.*

Annexes

Table des illustrations

Bibliographie indicative

Table des illustrations

30. Groupe d'Algériens. Autochrome de Fernand Cuville de la guerre 1914-1918. Médiathèque de l'Architecture et du Patrimoine.
© Ministère de la Culture / médiathèque du Patrimoine. Dist. RMN
31. Déclaration de résidence d'Ali Ben Lahcen à Saint-Étienne, 1931. Archives départementales de la Loire, 4M1105. © Archives départementales du la Loire

Les indigènes des colonies à l'Exposition coloniale de 1931

32. Le roi Zounnon Mèdjè de Porto-Novo (Bénin) coiffé d'un bicorne à haute plume et drapé d'une toge, à bord du bateau le menant à Paris. Photographie de Bernard Maupoil, 1931. Tirage sur papier baryté. Musée du Quai-Branly, Paris. © Musée du Quai-Branly / Scala Florence 2008
33. Hommes politiques et intellectuels africains, avenue Daumesnil, sortant de l'Exposition coloniale, 1931. © Eyedea-Keystone
34. Figurante assise près du pavillon de l'Afrique occidentale française, entourée d'une foule curieuse, 1931. Médiathèque de l'Architecture du Patrimoine © Ministère de la Culture / médiathèque du Patrimoine. Dist. RMN / Blanchet
35. L'actrice Beby Rosoandrina, vedette du théâtre malgache venue pour l'Exposition coloniale de 1931. Photographie de Ramilijaona, 1931. Tirage sur papier baryté. Musée du Quai-Branly, Paris. © Ramilijaona / Musée du Quai-Branly, tous droits réservés / Scala Florence 2008
36. L'acteur Armand Razafihamefa, venu à Paris avec la troupe théâtrale malgache pour l'Exposition coloniale. Photographie de Ramilijaona, 1931. Tirage sur papier baryté. Musée du Quai-Branly, Paris. © Musée du Quai-Branly, tous droits réservés / Scala Florence 2008
37. Alphonse Rabeson, venu à Paris avec la troupe théâtrale malgache, pour l'Exposition coloniale de 1931. Photographie de Ramilijaona, 1931. Tirage sur papier baryté. Musée du Quai-Branly, Paris. © Musée du Quai-Branly, tous droits réservés / Scala Florence 2008
38. Les Kanak au Jardin d'acclimatation du bois de Boulogne au moment de l'Exposition coloniale. Autochrome. Musée Albert-Kahn, Boulogne-Billancourt. © Musée Albert-Kahn, Boulogne-Billancourt
39. Danseurs coniagui de la Guinée coiffés de grands cimiers rouges ornés de plumes de coq à l'Exposition coloniale, 1931. Plaque stéréoscopique. Musée national de l'Histoire et des Cultures de l'immigration, CNHI, Paris. © Musée national de l'Histoire et des Cultures de l'immigration, CNHI, Paris
40. Vendeurs et figurants dans un stand d'objets vietnamiens à l'Exposition coloniale, 1931. Plaque stéréoscopique. Musée national de l'Histoire et des Cultures de l'immigration, CNHI, Paris. © Musée national de l'Histoire et des Cultures de l'immigration, CNHI, Paris

Être étranger dans le XIIe arrondissement au temps de l'Exposition coloniale

41. Site de l'Exposition coloniale, aux portes du XIIe arrondissement.
© Institut géographique national
42. Les étrangers dans le XIIe arrondissement et à Paris en 1926. Source : *Annuaire statistique de la ville de Paris*, 1926. © Atelier de cartographie de Sciences-Po : J. Barrot, A. Colombani, M.-F. Durand, B. Martin et P. Mitrano.
43. Restaurant Moruzzi, 18, impasse Jean-Bouton en 1913. © Photothèque des Jeunes Parisiens
44. Les étrangers autour de l'îlot Châlon, près de la Gare de Lyon, en 1931, d'après les listes nominatives du recensement de 1931. Archives départementales de Paris. © Atelier de cartographie de Sciences-Po : J. Barrot, A. Colombani, M.-F. Durand, B. Martin et P. Mitrano / Carte réalisée avec Philcarto (http://philgeo.club.fr/Index.html)
45. Café restaurant Michel Geninatti, 253, rue du Faubourg-Saint-Antoine, vers 1930. © Photothèque des Jeunes Parisiens

II. LA CRISE

46. Maçons italiens à la pose en banlieue parisienne, entreprise de Jean Scanzaroli, 1932-1933. Musée de l'Histoire vivante, Montreuil. © Collection René Scanzaroli / Musée de l'Histoire vivante, Montreuil

Les étrangers et les naturalisés dans la société française. Commentaire du recensement de 1931

47. Les piqueteurs belges viennent louer leurs services en France pour la moisson au début du siècle. Illustration anonyme pour *Le Petit Journal illustré* de 1908. © Kharbine-Tapabor
48. Jean Castagner, rue des Balais, Valence, (Drôme), 1930. Collection Edmond Fournier. Photographie recueillie par Jean-Luc Huard et ses élèves du collège Gaston-Bachelard, Valence, pour une exposition sur les commerçants étrangers à Valence. © Collection Edmond Fournier
49. Café punch M. Castagner, Valence (Drôme), années 1930. Collection Edmond Fournier. Photographie recueillie par Jean-Luc Huard et ses élèves du collège Gaston-Bachelard, Valence, pour une exposition sur les commerçants étrangers à Valence. © Collection Edmond Fournier
50. Un ancien député de la Douma devenu cordonnier, Paris, vers 1930. © Albert Harlingue / Roger-Viollet
51. Fiche listant les effectifs présents dans l'exploitation de la mine de Roche-la-Molière (Loire) en 1931, par nationalités. Archives départementales de la Loire, 1ETP503. © Archives départementales de la Loire
52. Atelier de casquettiers, rue des Francs-Bourgeois, années 1930. Centre de documentation juive contemporaine, Paris. © C.D.J.C. / M.J.P. / Coll. Jean Lescot
53. Répartition des étrangers et des coloniaux sur le territoire métropolitain en 1931, par nationalités et zones d'origine. Source : *Recensement général de la population*, 8 mars 1931, vol. 1. © Atelier de cartographie de Sciences-Po : J. Barrot, A. Colombani, M.-F. Durand, B. Martin et P. Mitrano / Carte réalisée avec Philcarto (http://philgeo.club.fr/Index.html)
54. Les actifs coloniaux et étrangers en France en 1931 : répartition par secteurs d'activité et par statuts professionnels. Source : *Recensement général de la population*, 8 mars 1931, vol. 1. © Atelier de cartographie de Sciences-Po : J. Barrot, A. Colombani, M.-F. Durand, B. Martin et P. Mitrano
55. Les étrangers en France métropolitaine en 1931, par nationalités. Source : *Recensement général de la population*, 8 mars 1931, vol. 1. © Atelier de cartographie de Sciences-Po : J. Barrot, A. Colombani, M.-F. Durand, B. Martin et P. Mitrano

Migrants au travail. Les Italiens à Paris et à New York dans l'entre-deux-guerres

56. M. Benvenuti, mouleur, 142, rue de la Roquette, en 1910. © Photothèque des Jeunes parisiens
57. Portrait de René Scanzaroli, Italien immigré à Montreuil dans l'entre-deux-guerres. Musée de l'Histoire vivante, Montreuil. © Collection René Scanzaroli / Musée de l'Histoire vivante, Montreuil
58. Sortie dominicale des Italiens de Montreuil aux Coudreaux (Chelles). Musée de l'Histoire vivante, Montreuil. © Collection René Scanzaroli / Musée de l'Histoire vivante, Montreuil
59. Carriers italiens participant aux campagnes de reconstruction de la France dans les années 1920. © Alinari / Roger-Viollet

60. Carriers italiens participant aux campagnes de reconstruction de la France dans les années 1920.
© Alinari / Roger-Viollet
61. Italien participant à la reconstruction du chemin de fer français, 1923-1926.
© Alinari / Roger-Viollet
62. Restaurant tenu par des Italiens, à l'occasion d'une première communion, Paris début du XXe siècle.
© La Collection
63. Italiens participant à la reconstruction du chemin de fer français, 1923-1926.
© Alinari / Roger-Viollet

Précarité et déclassement : les étrangers dans les secousses de la crise

64. Soupe populaire, Paris, IIIe arrondissement, vers 1930.
© Roger-Viollet
65. La famille Srebnick au marché de la Villette dans les années 1930. Centre de documentation juive contemporaine, Paris.
© C.D.J.C. / M.J.P. / Coll. Madeleine Senior
66. À Paris, une rue du quartier du Marais, dans les années 1930.
© Bildarchiv Pisarek / akg-images
67. Vendeuse de dragons en papier à Paris, entre les deux guerres.
© Albert Harlingue / Roger-Viollet
68. Le Photo Palace, attraction foraine vers 1930. Musée du Dauphinois, Grenoble.
© Coll. Musée du Dauphinois, Grenoble
69. Album regroupant les fiches individuelles des mineurs de Carmaux, au début des années 1930. Centre culturel Jean-Baptiste Calvignac, Carmaux.
© Archives départementales du Tarn, Centre culturel Jean-Baptiste Calvignac

Les renvois d'étrangers durant les années 1930

70. Lettre d'une réfugiée arménienne, requérant du préfet du Rhône un sursis à l'arrêté d'expulsion pris à son encontre, 12 mars 1930. Archives départementales du Rhône, 3494W35.
© Archives départementales du Rhône
71. Note de la préfecture du Rhône à cette réfugiée arménienne, accordant une autorisation provisoire de séjour de trois mois dans le département, 5 octobre 1931. Archives départementales du Rhône, 3494W35.
© Archives départementales du Rhône
72. Expulsion de Polonais à Leforest, Nord-Pas-de-Calais, le 10 août 1934.
© Eyedea / Keystone
73. Circulaire de la Direction des services administratifs de reconstitution des départements inondés du Midi à l'adresse des préfets, 15 décembre 1931. Archives départementales de Haute-Garonne, M3510.
© Archives départementales de Haute-Garonne

François Kollar et le mineur marocain, destins croisés

74. François Kollar (à gauche) lors de son reportage en Lorraine, accompagné d'un contremaître. Bibliothèque Forney, Paris.
© F. Kollar / Bibliothèque Forney, Paris
75. Le « mineur marocain », seul travailleur immigrant désigné par ses origines dans l'édition de *La France travaille*, publiée par Horizons de France. Bibliothèque Forney, Paris.
© F. Kollar / Bibliothèque Forney, Paris

Le studio Paul Martial
Une maison d'édition dans le secteur de la publicité industrielle au début du XXe siècle

76. Roue de réducteurs de vitesse d'appareil moteur à turbines pour torpilleurs, vers 1930. Studio Paul Martial. Papier baryté au gélatino-argentique. Musée d'Art moderne, Saint-Étienne Métropole.
© DR - Musée d'Art moderne de Saint-Étienne Métropole
77. Roubaix, ouvrier posant devant une machine, vers 1930. Studio Paul Martial. Papier baryté au gélatino-argentique. Musée d'Art moderne, Saint-Étienne Métropole.
© DR - Musée d'Art moderne de Saint-Étienne Métropole
78. Grands réseaux de chemins de fer français, vers 1930. Studio Paul Martial. Papier baryté au gélatino-argentique. Musée d'Art moderne, Saint-Étienne Métropole.
© DR - Musée d'Art moderne de Saint-Étienne Métropole

III. MOBILISATIONS

79. Manifestation du Front commun en 1934, prémices du Front populaire.
© Eyedea-Keystone

La politisation des immigrants dans l'entre-deux-guerres

80. Tract du parti communiste distribué lors d'une réunion à Cagnac (ville minière du Tarn) en 1931, invitant ses membres à lutter auprès des ouvriers étrangers. Archives départementales du Tarn, 4M2121.
© Archives départementales du Tarn
81. Tract en espagnol, destiné aux mineurs espagnols de Carmaux, invitant à commémorer le 17e anniversaire de la mort de Jaurès, 1931. Archives départementales du Tarn, 4M2122.
© Archives départementales du Tarn
82. *Bezbonic*, brochure en polonais, éditée à Moscou et distribuée dans le Tarn en 1931. Archives départementales du Tarn, 4M2121.
© Archives départementales du Tarn
83. Tract de la CGTU, syndicat communiste, rédigé en polonais, 1931. Archives départementales du Tarn, 4M2121.
© Archives départementales du Tarn
84. Tract en arménien, Marseille, 1931. Archives départementales des Bouches-du-Rhône, 4M2354.
© Archives départementales des Bouches-du-Rhône
85. Les bundistes, membres de l'Union générale des travailleurs juifs de Russie, de Pologne et de Lituanie de Paris en 1931. Centre de documentation juive contemporaine, Paris.
© C.D.J.C. / M.J.P. / Coll. Georges Goldberg
86. Mineurs marocains en grève en 1930.
© Eyedea-Keystone
87. Les mineurs du Gard manifestent dans les rues d'Alès vers 1934.
© Eyedea-Keystone
88. Le restaurant de la famille Scanzaroli s'installe à Montreuil. Ici au parc Montreau, lors des fêtes communistes de 1936. Musée de l'Histoire vivante, Montreuil.
© Collection René Scanzaroli / Musée de l'Histoire vivante, Montreuil

En marge du bois de Vincennes
« Pendant des années, nous avons prêché dans le désert »

89. Premier tract du groupe surréaliste, avril 1931. Musée du Quai-Branly, Paris.
© 2008, musée du Quai-Branly / Scala, Florence
90. Papillons de propagande anticoloniale du Parti communiste français et des associations qui s'en réclament, 1931. Centre des archives d'outre-mer.
© Centre des archives d'outre-mer
91. À Tombouctou qui n'est plus la mystérieuse « l'autre exposition coloniale / des noirs observent des colons blancs sous des parasols / Ca, c'est Paris ! ». Illustration de Vallee (1884-1960) pour *Fantasio*, 1er juillet 1931.
© Kharbine-Tapabor
92. Lettre jointe au dossier de naturalisation de Nguyen Van Khanh, étudiant en droit et militant anticolonialiste qui explicite les raisons de sa demande en 1932. Archives de la Préfecture de police, Paris.
© Musée des collections historiques de la Préfecture de police, Paris
93. Tracts anticoloniaux en quôc-mgu, 1931. Centre des archives d'outre-mer.
© Centre des archives d'outre-mer
94. Affiche de l'Exposition anticoloniale, 1931. Parti communiste français
© Archives départementales de Seine-Saint-Denis / Archives du PCF.

Paulette Nardal ou la volonté de briser « la boîte aux accessoires exotiques »

95. Manifeste contre le colonialisme signé par Yves Tanguy, Louis Aragon, André Breton..., le 3 juillet 1931.
© Bianchetti / Leemage
96. Portrait de René Maran, premier écrivain noir à obtenir le prix Goncourt en 1921 pour son livre *Batouala*.
© Albert Harlingue / Roger-Viollet
97. Appel « À tous nos frères !... », publié à la une du premier numéro *La Voix des Nègres*, organe mensuel du Comité de la défense de la race nègre créé par Lamine Senghor en 1927. Collection particulière.
© DR
98. Portrait d'Alain LeRoy Locke publié dans *The New Negro*, 1925. Winold Reiss. National Portrait Gallery, Washington.
© National Portrait Gallery – Smithsonian / Art Resource / Scala Florence

IV. L'OPPRESSION DES PAPIERS

99. Mineurs nord-africains dans les années 1930.
© Roger-Viollet

Les immigrants et la police française durant l'entre-deux-guerres

100. Notice individuelle de la préfecture du Rhône concernant un immigré italien, arrêté en novembre 1931 pour activisme politique anarchiste. Archives départementales du Rhône, 829W53.
© Archives départementales du Rhône
101. Rapport du commissariat spécial de Lyon, concernant la surveillance de ce même immigré italien, décembre 1931. Archives départementales du Rhône, 829W53.
© Archives départementales du Rhône
102. Façade de la rue Lecomte, siège de la Brigade nord-africaine de la préfecture de la Seine, créée en 1925. Centre des archives d'outre-mer.
© Centre des archives d'outre-mer
103. Brochure de la Préfecture de police de Paris présentant l'hôpital franco-musulman de Paris, dont la construction, commencée en 1931, s'achève en 1935. Archives de la Préfecture de police, Paris.
© Musée des collections historiques de la Préfecture de police, Paris
104. Photographie de Laoussine, prise lors de son arrestation à Paris en 1930.
© Alinari / Roger-Viollet
105. Couverture du magazine *Détective* du 20 août 1931, « Les hors la loi » : la police fait une rafle dans un bistrot.
© Kharbine-Tapabor
106. Déclaration de résidence de Blanche-Alice Crauzac, marchande ambulante suisse, dans la ville de Saint-Étienne, novembre 1931. Archives départementales de la Loire, 4M1079.
© Archives départementales de la Loire

Algériens et étrangers à Nanterre et à Roubaix

107. Nord-Africain, Paris, fin des années 1930.
© Roger-Viollet
108. Mineur nord-africain dans le Pas-de-Calais, vers 1930.
© Roger-Viollet
109. Avis à la population de Roubaix, 1879. Archives municipales de Roubaix.
© Archives municipales de Roubaix

Pays d'accueil ou terre de transit ? La France et les réfugiés dans les années 1930

110. Demandes de passeports Nansen déposées par des réfugiés russes et arméniens à la préfecture des Bouches-du-Rhône en 1931, pour pouvoir obtenir l'autorisation de sortir du territoire français. Archives départementales des Bouches-du-Rhône, 4M1126.
© Archives départementales des Bouches-du-Rhône

Devenir français en 1931

111. La géographie de la répartition des Français par acquisition sur le territoire métropolitain en 1931. © Atelier de cartographie de Sciences-Po : J. Barrot, A. Colombani, M.-F. Durand, B. Martin et P. Mitrano / Carte réalisée avec Philcarto (http://philgeo.club.fr/Index.html)
112. Les pays de naissance des Français par acquisition recensés en 1931.
© Atelier de cartographie de Sciences-Po : J. Barrot, A. Colombani, M.-F. Durand, B. Martin et P. Mitrano
113. Demande de naturalisation de Cornelius van Dongen, peintre hollandais résident en France depuis 1897. Déposée en 1928, il l'obtient en 1929.
© Archives nationales, Paris
114. Dictée de Mme Roccati provenant du dossier de demande de naturalisation déposé à la préfecture du Rhône, 1931. Archives départementales du Rhône, 6MP1052.
© Archives départementales du Rhône
115. Le peintre hollandais Kees van Dongen (1877-1968), chez lui. Paris, vers 1930.
© Studio Lipnitzki / Roger-Viollet
116. Dossier de demande de naturalisation déposé à la préfecture du Rhône en février 1931. Archives départementales du Rhône, 6MP1047.
© Archives départementales du Rhône
117. « Gusti » Jordan en mars 1939. Joueur de l'équipe nationale de football autrichienne, il arrive en France en 1933 et obtient sa naturalisation en 1938.
© Presse Sport – L'Équipe

V. LES UNS ET LES AUTRES

132. Couple mixte, années 1930, Saint-Étienne.
© Le Photographe des Ponts (Louis Mathevet, Saint-Étienne / Maurice Muller

Xénophobie et antisémitisme dans la France des années 1930

118. Illustration publiée dans *Le Témoin*, 20 mai 1934.
© Kharbine-Tapabor
119. Illustration anonyme, 1935.
© Collection Dimier / Kharbine-Tapabor
120. Manifestation, dans les rues des Paris, en protestation des importations de jouets, 12 décembre 1931.
© Eyedea-Keystone
121. Papillon antisémite anonyme, vers 1935.
© Coll. Dimier / Kharbine-Tapabor
122. Page du titre du journal *L'Animateur des Temps nouveaux*, 30 décembre 1932.
© Kharbine-Tapabor
123. Planche de photographies publiée dans l'ouvrage de Georges Mauco, *Les étrangers en France*, 1932.
© DR
124. Georges Mauco en 1920.
© Rue des Archives / Coll. Bourgeron
125. Illustration anonyme pour *Le Petit Journal illustré*, avril 1926.
© Kharbine-Tapabor

Regards photographiques sur les étrangers en France autour de 1930

126 à 131. Photographies extraites de l'ouvrage de Georges Mauco, *Les Étrangers en France*, publié en 1932.
126. Planche 2, « Myslowice (Pologne) – La signature des contrats de travail. » Source : Société générale d'immigration.
© DR
127. Planche 3, « Zagreb. – La salle d'attente du centre de recrutement ; au fond, une grande carte de la France sur laquelle les émigrants peuvent situer le lieu où leur destin les appelle. » Source : Société générale d'immigration.
© DR
128. Planche 13, « Une belle famille immigrée dans l'Isère. Types d'Italiens du Nord, robustes et travailleurs. » Source inconnue.
© DR
129. Planche 4, « Type de familles espagnoles (Côte Basque) misérables et prolifiques. » Source inconnue.
© DR
130. Planche 5, « Type de cité ouvrière créée en plein champ. Cité Saint-Joseph

(Loire-Inférieure) ». Source : Compagnie aérienne française.
© DR
131. Planche 4, « Types de vieilles rues des villes méditerranéennes (Menton et Nice) peuplées exclusivement d'Italiens en Provence et d'Espagnols en Languedoc ». Source : Roston.
© DR

Les mariages mixtes dans l'entre-deux-guerres

132. Couple mixte, années 1930, Saint-Étienne.
© Le Photographe des Ponts Louis Mathevet, Saint-Étienne / Maurice Muller
133. Reale Alberto Pierrino épouse Juliette Bricourt en juin 1924, à Saint-Quentin (Aisne). Collection particulière.
© DR
134. Reale Alberto Pierrino épouse Juliette Bricourt en juin 1924, à Saint-Quentin (Aisne). Collection particulière.
© DR
135. Dernière page du dossier de demande de naturalisation de Manuel Vieira, en 1931. Archives départementales de la Meurthe-et-Moselle, 6M304.
© Archives départementales de la Meurthe-et-Moselle
136-137. Manuel Do Vale, Portugais, arrivé en France en 1920, épouse Simone Péchard, le 6 août 1933, à Vitry-sur-Seine. Collection particulière.
© DR

Les Algériens à Paris (1926-1932)

138. La rentrée des usines Renault, Boulogne-Billancourt, vers 1930.
© Roger-Viollet
139. La sortie des usines Renault, Boulogne-Billancourt, vers 1935.
© Albert Harlingue / Roger-Viollet

L'histoire de trois familles arméniennes

140. Panos Zortian devant sa boucherie rue Bouffier à Valence (1933). Collection particulière.
© Collection Vahridj Zortian
141. Garabed, Élise et Béatrice Zortian devant leur magasin de chaussures, rue Bouffier à Valence, en 1934. Collection particulière.
© Collection Béatrice Djizmadjian-Zortian
142. Laissez-passer concernant Élise Bagdalian pour se rendre de Marseille à Bollène afin de travailler dans les établissements Habermacher, en 1926. Collection particulière.
© Collection Béatrice Djizmadjian-Zortian

Les « Polonais » du Racing Club de Lens

143. Embauches de personnel aux mines de Lens, 31 août 1932. Centre historique minier du Nord-Pas-de-Calais.
© Centre historique minier du Nord-Pas-de-Calais
144. L'équipe de football Polonia de Waziers (Nord), à la fin des années 1920. Centre historique minier du Nord-Pas-de-Calais.
© Centre historique minier du Nord-Pas-de-Calais

VI. L'ÉTRANGE ÉTRANGER

145. Sortie d'école arménienne. Quartier Saint-Jérôme, Marseille, 1934.
© ARAM

Les artistes étrangers au début des années 1930

146. Les peintres de Montparnasse lors de la soirée du Nouvel An 1931.
© Eyedea-Keystone
147. Gustave Milkos, *Méduse*, vers 1930. Plâtre patiné noir, 80,5 x 52,2 x 20,5 cm. Musée d'Art moderne, Saint-Étienne Métropole.
© Musée d'Art moderne, Saint-Étienne Métropole
148. César Domela, *Énergie*, 1931. Photomontage, épreuve gélatino-argentique montée sur carton. Centre Pompidou – musée national d'Art moderne – Centre de création industrielle, Paris.
© Adagp / Cliché CNAC/MNAM/Bertand Prévost, dist. RMN
149. Léon Tutundjian, *Dessin abstrait géométrique*, 1928. Encre de Chine sur papier dessin jaune clair, 33,6 x 39,6 cm. Musée d'Art moderne, Saint-Étienne Métropole.
© Musée d'Art moderne, Saint-Étienne Métropole
150. Otto Freundlich, *Composition*, 1930. Huile sur toile, 116 x 89 cm. Musée d'Art moderne, Saint-Étienne Métropole.
© Musée d'Art moderne, Saint-Étienne Métropole

« Me voilà enfin ici, où j'ai tant désiré être », Victor Brauner

151. Victor Brauner, *Portrait d'André Breton et Paul Eluard*, 1934. Pinceau, aquarelle, plume et encre de chine sur papier vélin beige, 24,4 x 31,9 cm. Musée d'Art moderne, Saint-Étienne Métropole.
© Adagp / Musée d'Art moderne, Saint-Étienne Métropole.
152. Victor Brauner, *L'étrange cas de Monsieur K*, 1933. Huile sur toile, 81,5 x 100,5 cm. Musée d'Art moderne, Saint-Étienne Métropole.
© Adagp / Musée d'Art moderne, Saint-Étienne Métropole.

Leonetto Cappiello, un Italien de Paris

153. Leonetto Cappiello, *Bouillon Kub*, 1931. Lithographie couleur.
© Adagp / Posters Please, Inc.
154. Leonetto Cappiello, *Margarita Axa*, 1931. Lithographie couleur.
© Adagp / Posters Please, Inc.

Les poupées « nègres » de Marie Vassilieff

155. Marie Vassilieff, *Portrait-poupée*. Photographie en noir et blanc, vers 1929. Collection Claude Bernès, Paris.
© Collection Claude Bernès, Paris
156. Marie Vassilieff, *Portrait-poupée d'une paysanne russe*. Photographie noir et blanc, vers 1929. Collection Claude Bernès, Paris.
© Collection Claude Bernès, Paris
157. *Portrait-poupée de Paul Poiret*. Photographie noir et blanc, vers 1929. Collection Claude Bernès, Paris.
© Collection Claude Bernès, Paris

Danseurs et danseuses exotiques dans le Paris des années 1930

158. Alexandre Stellio (1885-1939), couverture de la partition de « Paris biguine », musique composée en 1931.
© Kharbine-Tapabor
159. *American Jazz. Album de 12 danses modernes faciles pour piano*. Illustration réalisée par Frock en 1927.
© DR / Kharbine-Tapabor
160. *Académie de danse*. Couples qui dansent. Illustration de Denis Valverane, dit Vald'es dans *La Vie parisienne*, mai 1927.
© DR / Kharbine-Tapabor
161. Parodie indigène. Paris, *Cabaret Damerval*, années 1930.
© Roger-Viollet
162. Le danseur brahmane Uday Shankar (1900-1977), vers 1930.
© Sch. / Roger-Viollet
163. Le danseur brahmane Uday Shankar (1900-1977), vers 1930.
© Studio Lipnitzki / Roger-Viollet
164. À *La Cabane cubaine*, Montmartre, vers 1932.
© Estate Brassaï / RMN / Gestion droits d'auteur RMN / Michèle Bellot
165. *Danseuse hindoue dans un cabaret parisien*, 1931.
© Roger-Viollet

L'indigène au prisme de la chanson

166. « Ya bon pour toi, kif kif pour moi ». Chanson de 1930.
© DR / Kharbine-Tapabor
167. *Abd el-Kader ou l'indigène fréquentable*. Couverture de partition, 1930.
© DR / Kharbine-Tapabor
168. « J'ai deux amours ». Couverture de partition illustrée par Zig, 1930
© DR / Kharbine-Tapabor
169. En 1931, à Paris, Joséphine Baker

célèbre avec ses camarades de scène, le succès de *Vent de folie*.
© Eyedea-Keystone

170. « Joséphine Baker ne peut s'arrêter de danser en écoutant ses derniers succès de *Paris qui remue*, enregistrés par Columbia. Une chanteuse qui n'a pas la voix blanche ». Aquarelle d'Henry Fournier pour *La Vie parisienne*, 1930.
© DR / Kharbine-Tapabor

171. Joséphine Baker, allongée sur une peau de tigre, pose en studio, en 1931, à l'époque de la revue du Casino de Paris, intitulée *Paris remue*, où elle lance pour l'occasion le titre « J'ai deux amours ».
© Eyedea-Keystone

Une élégante leçon de géographie

172. « À l 'Exposition coloniale ». Couverture du journal *Le Petit Écho de la mode*. 5 juillet 1931.
© Kharbine-Tapabor

173. *Des bibelots pris à l'Exposition coloniale orneront nos costumes de plage*. *Fémina*, août 1931. Bibliothèque Forney, Paris.
© Ville de Paris / bibliothèque Forney

174. *L'Exposition coloniale et la mode : trousseau d'une femme partant aux colonies*. Publicité pour le bottier Julienne. *Vogue*, juillet 1931.
© Selva / Leemage

175. La mode qui vient : le style colonial. *Mais ce sera toujours Paris*. Illustration de Vallée. *Fantasio*, 15 mars 1931.
© Kharbine-Tapabor

VII. ET APRÈS ?

188. En faille. De 1926 à 1935, la famille de Sarah Litmanovitch, arrivée en France en 1923, pose chaque année au pied de la butte Montmartre, sous les yeux d'un photographe ambulant. Centre de documentation juive contemporaine, Paris.
© C.D.J.C. / M.J.P.

L'Exposition coloniale internationale de Vincennes en 1931. Restes et traces d'une illusion

176. Vue du temple d'Angkor Vat. Plaque stéréoscopique, 1931. Musée national de l'Histoire et des Cultures de l'immigration, CNHI, Paris.
© Musée national de l'Histoire et des Cultures de l'immigration, CNHI, Paris

177. G. Goor, détail du plan de l'Exposition coloniale exposé dans la Cité des informations. 1931. Huile sur toile. Musée du Quai-Branly, Paris.
© RMN / DR

178. Bazin, *Dessin préparatoire des pavillons du Togo et du Cameroun*, 1930. Technique mixte. Musée du Quai-Branly, Paris.
© 2008. Musée du Quai-Branly, Paris / Scala, Florence

179. Dans le jardin du pavillon de la Nouvelle-Calédonie. Plaque stéréoscopique, 1931. Musée national de l'Histoire et des Cultures de l'immigration, CNHI, Paris.
© Musée national de l'Histoire et des Cultures de l'immigration, CNHI, Paris

180. Géo Michel, *Principales exportations d'origine végétale*. Partie d'un ensemble de sept tableaux consacré à l'économie coloniale, 1931. Huile sur toile. Musée du Quai-Branly, Paris.
© 2008. Musée du Quai-Branly / Scala, Florence

181. Marie-Antoinette Boullard-Devé, élément d'une frise représentant les populations de l'Indochine et de l'Inde française exposée dans l'escalier central du palais d'Angkor Vat, 1931. Huile sur toile, marouflée sur papier. Musée du Quai-Branly, Paris.
© DR / RMN

182. Photographie du modèle réduit d'un cortège funèbre vietnamien présenté à l'Exposition coloniale, 1931. Tirage argentique. Musée du Quai-Branly, Paris.
© 2008. Musée du Quai-Branly / Scala, Florence

183. B. Milleret, Peinture de propagande coloniale, *« C'est avec 76 900 hommes que la France assure la paix et les bienfaits de la civilisation auprès de ces 60 millions d'indigènes. »* Tableau exposé au pavillon des Armées de l'Exposition coloniale, 1931. Huile sur toile. Musée du Quai-Branly, Paris.
© Photo RMN / Hervé Lewandowski

184. Germaine Cass, diorama représentant Joséphine Tascher de la Pagerie, épouse de Napoléon Bonaparte, dans sa propriété de Martinique, écoutant la prédiction d'une diseuse de bonne aventure. Diorama réalisé pour la section rétrospective du musée permanent des Colonies, 1931. Tirage argentique. Centre des archives d'outre-mer.
© Centre des Archives d'outre-mer

185. Masque dogon représentant un lièvre, Mali. Porté par un des danseurs dogon à l'Exposition coloniale. L'ensemble des masques et des costumes des danseurs a été ensuite acquis par Georges-Henri Rivière pour le musée d'Ethnographie du Trocadéro, 1931. Bois, pigments, fibres végétales. Musée du Quai-Branly, Paris.
© 2008. Musée du Quai-Branly / Scala, Florence

186. Masque-coiffe cérémoniel de l'Île Malekula, Vanuatu, représentant Nevimbumbao et son fils Sasndaliep, exposé au musée permanent des Colonies. Fougère arborescente, pigments. Musée du Quai-Branly, Paris.
© 2008. Musée du Quai-Branly / Scala, Florence

Valeur et limites des recensements pour l'histoire sociale de l'immigration

187. Paris, *Tour de Babel*, illustré en 1911 dans le journal *Mon Dimanche*, sur la base des résultats du recensement de la population.
© Kharbine-Tapabor

188. En famille. De 1926 à 1935, la famille de Sarah Litmanovitch, arrivée en France en 1923, pose chaque année au pied de la butte Montmartre, sous les yeux d'un photographe ambulant. Centre de documentation juive contemporaine, Paris.
© C.D.J.C. / M.J.P.

189. Baptême polonais à Saint-Étienne, années 1930.
© Le Photographe des Ponts Louis Mathevet), Saint-Étienne / Maurice Muller

Les étrangers dans les archives de 1931

190. Dossier de Ladislaw Popovic aux archives départementales du Tarn, 4M1954.
© Archives départementales du Tarn

191. *L'Avenir lorrain*, 3 octobre 1931. Archives départementales de Meurthe-et-Moselle, Jour 305.
© Archives départementales de Meurthe-et-Moselle

192. Dictée de Joachim d'Ambrosio, dossier de demande de naturalisation, 1931. Archives départementales du Rhône, 6MP1048.
© Archives départementales du Rhône

Explosives, les années 1930 ?

193. Auto-thermos, vers 1930. Aluminium. Musée des Années 30, Boulogne-Billancourt.
© Musée des Années 30, Boulogne-Billancourt / Pascal Cadiou

194. *L'Auto-thermos, méfiez-vous des imitations*, vers 1948. Affiche en lithographie de Paul Mohr. Musée des Années 30, Boulogne-Billancourt.
© Musée des Années 30, Boulogne-Billancourt / Philippe Fuzeau

195. *J'ai deux amours... Mon Auto-thermos et mon Perco-thermos*, 1946. Affiche en lithographie de Paul Mohr. Musée des Années 30, Boulogne-Billancourt.
© Musée des Années 30, Boulogne-Billancourt / Pascal Cadiou

Bibliographie indicative

Généralités sur l'histoire de l'entre-deux-guerres

Barrot O. et Ory P., *Entre deux guerres*, Paris, 1990.

Becker J.-J. et Berstein S., *Victoire et frustrations. 1914-1929*, Paris, Seuil, coll. « Points Histoire », 1990.

Berstein S., *La France des années 1930*, Paris, Armand Colin, coll. « Cursus », 1988.

Bodin L. et Racine N., *Le Parti communiste français pendant l'entre-deux-guerres*, Paris, Presses de la Fondation nationale des Sciences politiques, coll. « Références », 1982, 1re éd. 1972.

Borne D. et Dubief H., *La Crise des années trente. 1929-1938*, Paris, Seuil, coll. « Nouvelle histoire de la France contemporaine, Points-Histoire », 1989.

Bruttmann T. et Joly L., *La France antijuive de 1936. L'agression de Léon Blum à la Chambre des députés*, Paris, Éditions des Équateurs, 2006.

Faure A., Lévy-Vroelant C., *Une chambre en ville. Hôtels meublés et garnis à Paris, 1860-1990*, Paris, Créaphis, 2007.

Jackson J., *The Politics of Depression in France. 1932-1936*, Cambridge (Mass.), 1985.

Rose P., *Joséphine Baker. Une Américaine à Paris*, Paris, Fayard, 1990.

Weber E., *La France des années 1930. Tourments et perplexités*, Paris, Fayard, 1995, 1re éd. 1994.

Winock M., *Nationalisme, antisémitisme et fascisme en France*, Paris, Seuil, coll. « Points Histoire », 1982.

Généralités sur l'histoire de l'immigration

« Étrangers, immigrés, Français, vingtième siècle. » *Revue d'histoire*, numéro spécial, juillet-septembre 1985.

Anglade J., *La Vie quotidienne des immigrés en France de 1919 à nos jours*, Paris, Hachette, 1976.

Blanc-Chaléard M.-C., *Les Italiens dans l'Est parisien. Une histoire d'intégration, 1880-1960*, Rome, École française de Rome, 2000.

Bonnet J-C., *Les Pouvoirs publics et l'immigration dans l'entre-deux-guerres*, thèse de troisième cycle d'histoire, université de Lyon, Publications Centre Pierre-Léon, 1974.

Bruno A-S. et Zalc C. (dir.), *Petites Entreprises et petits entrepreneurs étrangers en France, XIXe-XXe siècles*, Paris, Publibook, 2005.

Costa-Lascoux J., Temime É. (dir.), *Les Algériens en France. Genèse et devenir d'une migration*, Paris, Publisud, 1985.

Dornel L., *La France hostile. Socio-histoire de la xénophobie en France au XIXe siècle*, Paris, Hachette, 2004.

Dreyfus G., *L'Exil des républicains en France : de la guerre civile à la mort de Franco*, Albin Michel, 1999.

Gillette A., Sayad A., *L'Immigration algérienne en France*, Paris, éditions Entente, 1984.

Girard A. et Stoetzel J., *Français et immigrés. L'attitude française. L'adaptation des Italiens et des Polonais en France*, PUF-INED, coll. « Travaux et Documents », Paris, 1953, 2 vol.

Goussef C., *L'Exil russe. La fabrique du réfugié apatride*, Paris, CNRS-éditions, 2008.

Green N., *Du Sentier à la Septième Avenue, La confection et les immigrés, Paris-New York 1880-1980*, Paris, Seuil, 1998

Green N., Poinsot M. (dir.), *Histoire de l'immigration et question coloniale en France*, Paris, La Documentation française, 2008.

Guichard É. et Noiriel G. (dir.), *Construction des nationalités et immigration dans la France contemporaine*, Paris, Presses de l'École normale supérieure, 1997.

Kaspi A. et Marès A. (dir.), *Le Paris des étrangers depuis un siècle*, Paris, Imprimerie nationale, 1989.

Lewis M. D., *The Boundaries of the Republic: Migrant Rights and the Limits of Universalism in France, 1918-1940*, Palo Alto CA, Stanford University Press, 2007.

Massard-Guilbaud G., *Des Algériens à Lyon, de la Grande Guerre au Front populaire*, Paris, L'Harmattan, 1995.

Michel A., *Les Travailleurs algériens en France*, Paris, CNRS-éditions, 1956.

Milza P. (dir.), *Les Italiens en France de 1914 à 1940*, Rome, École française de Rome, 1986.

Noiriel G., *Longwy. Immigrés et prolétaires (1880-1980)*, Paris, PUF, 1984 ; *Le Creuset français, Histoire de l'immigration XIXe-XXe siècle*, Paris, Seuil, 1988 ; *La Tyrannie du national. Le droit d'asile en Europe, 1793-1993*, Paris, Calmann-Lévy, 1991.

Ponty J., *Polonais méconnus*, Paris, Publications de la Sorbonne, 1988 ; *Les Polonais du Nord ou la mémoire des corons*, Paris, Autrement, coll. « Français d'ailleurs, peuple d'ici », n° 83, mars 1995.

Rainhorn J., *Paris-New York. Des migrants italiens (années 1880-années 1930)*, Paris, CNRS-éditions, 2005.

Rosenberg C., *Policing Paris: The Origins of Modern Immigration Control between the Wars*, Ithaca, N.Y., Cornell University Press, 2006.

Rygiel P. (dir.), *Le Bon Grain et l'Ivraie. La sélection des migrants en Occident*, Montreuil, Aux lieux d'être, 2006 (1re édition 2004).

Sayad A., *La Double Absence. Des illusions de l'émigré aux souffrances de l'immigré*, Paris, Seuil-Liber, 1999

Schor R., *L'Opinion française et les étrangers, 1919-1939*, Paris, Publications de la Sorbonne, 1985 ; *L'Antisémitisme en France pendant les années trente. Prélude à Vichy*, Bruxelles, Complexe, 1992 ; *Histoire de l'immigration en France de la fin du XIXe siècle à nos jours*, Paris, Armand Colin, 1996.

Stora B., *Ils venaient d'Algérie*, Paris, Fayard, 1992.

Viet V., *La France immigrée. Construction d'une politique 1914-1997*, Paris, Fayard, 1998.

Weil P., *Qu'est-ce qu'un Français ? Histoire de la nationalité française depuis la Révolution*, Paris, Grasset, 2002 ; « Georges Mauco : un itinéraire camouflé. Ethnoracisme pratique et antisémitisme fielleux », dans P.-A. Taguieff (dir.), *L'Antisémitisme de plume, 1940-1944, études et documents*, Paris, Berg International Éditeurs, 1999, p. 267-276.

Généralités sur l'histoire de l'Exposition coloniale et de la colonisation

« La colonie rapatriée , *Politix*, numéro spécial n° 76, 2006.
« Sujets d'Empire », *Génèses*, n° 53, décembre 2003.

Ageron C.-R., « L'Exposition coloniale de 1931. Mythe républicain ou mythe impérial ? », dans P. Nora (dir.), *Les Lieux de mémoire*, vol. I, Paris, Gallimard, 1984, p. 561-591.
Ageron C.-R., *Histoire de l'Algérie contemporaine, 1871-1954*, t. II, Paris, PUF, 1979.
Bancel N., Blanchard P. *et al.*, *Zoos humains. De la Vénus hottentote aux reality shows*, Paris, La Découverte, 2002.
Bancel N., Blanchard P. et L. Gervereau, *Images et colonies*, Paris, Achac-Bdic, 1993.
Bergougniou J.-M., Clignet R., David Ph., *Villages noirs et visiteurs africains et malgaches en France et en Europe (1870-1940)*, Paris, Karthala, 2001.
Carlier O., *Entre nation et jihad. Histoire sociale des radicalismes algériens*, Paris, Presses de Sciences-Po, 1995.
Conklin A., *A "Mission to Civilize": the Republican Idea of Empire in France and West Africa 1895-1930*, Stanford University Press, 1997.
Cooper F. et Stoler A., *Tensions of Empire, Colonial Cultures in a Bourgeois World*, Cambridge University Press, 1997.
Dauphiné J., *Canaques de la Nouvelle-Calédonie à Paris en 1931 : de la case au zoo*, Paris, L'Harmattan, 1998.
Dozon J.-P., *Frères et sujets. La France et l'Afrique en perspective*, Paris, Flammarion, 2003.
Hodeir C. et Pierre M., *L'Exposition coloniale 1931*, Bruxelles, Éditions Complexe, 1991.
Lebovics H., *La Vraie France. Les enjeux de l'identité culturelle, 1900-1945*, Paris, Belin, 1995.
L'Estoile B. de, *Le Goût des autres. De l'Exposition coloniale aux arts premiers*, Paris, Flammarion, 2007.
Liauzu C. et J., *Quand on chantait les colonies. Colonisation et culture populaire de 1830 à nos jours*, Paris, Syllepse, 2002.
Liauzu C., *Histoire de l'anticolonialisme en France. Du XVIe siècle à nos jours*, Paris, Armand Colin, 2007.
Mahé A., *Histoire de la Grande Kabylie XIXe-XXe siècles. Anthropologie historique du lien social dans les communauté villageoises*, Paris, Éditions Bouchène, 2001.
Morton P. A., *Hybrid modernities. Architecture and representation at the 1931 Colonial Exposition, Paris*, Massachusetts Institute of Technology, 2000.
Musée municipal de Boulogne-Billancourt, *Coloniales 1920-1940*, Boulogne-Billancourt, 1989.
Norindr P., *Phantasmatic Indochina. French Colonial Ideology in Architecture*, Duke University Press, 1996.
Pervillé G., *De l'Empire français à la décolonisation*, Paris, Hachette, 1991.
Rivet D., *Le Maghreb à l'épreuve de la colonisation*, Paris, Hachette, 1991.
Saada É., *Les Enfants de la colonie. Les métis de l'Empire français entre sujétion et citoyenneté*, Paris, La Découverte, 2007.
Thobie J., Meynier G. et Ageron C.-R., *Histoire de la France coloniale, 1914-1990*, Paris, Arman Colin, 1990.

Discographie (enregistrements originaux)

Chansons coloniales et exotiques, 1906-1942, double CD E.P.M., n° 983312, 1995.
Les Chansons exotiques, CD E.P.M., VC 100-9, vol. 9 de l'*Anthologie de la chanson française enregistrée. 1900-1920*, 1996.
Les Cinglés du music-hall, vol. 1931 (dir. par J.-C. Averty), CD Frémeaux & Associés, CMH 31, 1999.
Joséphine Baker, l'Étoile noire des Folies-Bergère. 1926-1932, CD Chansophone, n° 103, 1990.
Léon Raiter, le chanteur-accordéoniste. 1930-1936, CD I.L.D., n° 642165, 1996.

Ruscio A., *Que la France était belle au temps des colonies... Anthologie de chansons coloniales et exotiques françaises*, Paris, Maisonneuve et Larose, 2001.

Exposition

1931. Les étrangers au temps de l'Exposition coloniale

Président du conseil d'orientation
Jacques Toubon

Président du conseil d'administration
Jean-François Roverato

Directrice générale
Patricia Sitruk

Commissariat général
Jacques Hainard
Assisté par Olivier Schinz

Commissariat de l'exposition
Laure Blévis
Hélène Lafont-Couturier
Nanette Jacomijn Snoep
Claire Zalc

Chef de projet
Maureen Murphy

Régie des œuvres
Elena Vignotto

Suivi administratif
Virginie Keller

Iconographe
Fabienne Muddu

Recherches documentaires
Martine Cagnot
Sandie Chanchah do Vale
Fabrice Grognet
Sylvain Pons
Isabelle Renard

Recherches audiovisuelle
Stéphanie Alexandre

Recherches iconographiques
Sandie Chanchah do Vale

Éditions de la Cité nationale de l'histoire de l'immigration
Marie Poinsot, responsable du département Édition
Elisabeth Lesne-Springer, responsable du suivi éditorial

Cartes et diagrammes
Atelier de cartographie de Sciences-Po
Cartographie : Marie-Françoise Durand
Documentation : Jean Barrau
Données saisies par l'équipe "Réseaux, Savoirs, Territoires" de l'ENS, sous la direction d'Éric Guichard et Philippe Rygiel

Scénographie
Massimo Quendolo

Graphisme de l'exposition
Hiroshi Maeda

Cette exposition a bénéficié de la collaboration de nombreuses personnes et institutions que nous souhaitons remercier ici :

Pour les prêts qu'ils ont consentis :
Claude Bernès
Pierre Cappiello
Danièle do Vale
Agnès de Gouvion Saint-Cyr
Liliane Karaimsky
René et Jacques Lesne
Jeannine Pissot
Fabrice Virgili
M. et Mme Djizmadjian

Archives de Paris
Archives départementales de la Loire, Saint-Étienne
Archives départementales de Meurthe-et-Moselle, Nancy
Archives départementales des Bouches-du-Rhône, Marseille
Archives départementales de Haute-Garonne
Archives départementales du Nord, Lille
Archives départementales du Rhône, Lyon
Archives départementales du Tarn, Albi
Archives historiques du diocèse de Paris
Archives municipales de Carmaux
Archives nationales du Monde du Travail, Roubaix
Archives nationales, Paris
Association arménienne pour l'archivage et la mémoire, Marseille
Bibliothèque de Sciences-Po, Paris
Bibliothèque du Film, Paris
Bibliothèque Forney, Paris

Bibliothèque nationale de France, Paris
Centre culturel Jean-Baptiste Calvignac, Carmaux
Centre du Patrimoine arménien, Valence
Centre Pompidou, Paris – Musée national d'Art moderne / Centre de création industrielle
Cinémathèque française, Paris
Kharbine-Tapabor
Musée d'Art moderne, Saint-Étienne Métropole
Musée de l'Histoire vivante, Montreuil
Musée des Années 30, Boulogne-Billancourt
Musée du Quai-Branly, Paris
Musée Picasso, Antibes
Préfecture de Police, service des Archives et du Musée
Centre des Archives nationales d'outre-mer, Aix-en-Provence
Bibliothèque du Centre des Archives nationales d'outre-mer, Aix-en-Provence

Pour leurs conseils toujours avisés, leur savoir et leur amitié :

Marianne Amar, Jean-Paul Ameline, Denys Barrau, Solange Bidou, Emmanuel Bréon, François Cavanna, Manuel Charpy, Oriane Chenain, Solange Conraux, Pascal Cordereix, Martine Dancer, Anne Demeurisse, Geneviève Dupuis-Sabron, Stéphanie Elarbi, Claude Fraisse, Sarah Frioux-Salgas, Laurence Giordano, Nancy Green, Sophie Leclercq, Michèle Lefrançois, Dominique Lesourd, Isabelle Merle, Michel Pierre, Caroline Piketty, Hélène Pinet, Michel Poivert, Philippe Rygiel, Lisette Savariaud, Alexis Spire, Hélène Vassal, Virginie Vernay, Fabrice Virgili

Pour leur aide déterminante dans nos recherches et la confiance témoignée :

Isabelle Astruc, Danielle Benazzouz, Marie-Paule Blasini, Françoise Bosman, Muriel Chagny, Martine Cornède, Véronique Fau-Vincenti, Morgan Földi, Christine Hemmet, Jean-Luc Huard, Éric Lafon, Angèle Martin, Olivia Pelletier, Carine Peltier, Laure Piaton, Jack Rennert-Posters Please, Inc., Hélène Say

Nous tenons également à remercier pour son engagement l'ensemble du personnel de la Cité nationale de l'histoire de l'immigration.

Éditions Gallimard

Direction éditoriale
Elisabeth de Farcy

Conception graphique et maquette
Alain Gouessant
Roberta Maranzano
Valentina Lepore

Suivi éditorial
Audrey Gregorczyk

Reclecture et corrections
Claire Marchandise
Max de Carvailho

Fabrication
Mélanie Lahaye
sous la direction de Christian Delval

Partenariat
Madeleine Giai-Levra

Presse et communication
Valérie Tolstoï
David Ducreux

www.gallimard.fr

Photogravure : IGS
Achevé d'imprimer en avril 2008
sur les presses de l'imprimerie Clerc
à Saint-Amand-Montrond

Imprimé en France
Dépôt légal : mai 2008
ISBN : 978-2-07-035830-4
Numéro d'édition : 159676